CNB
802
갈라디아서에 관한 체계적 주해
성경신학적 관점의 신학적 해설

갈라디아서 주해

황 원 하

2014년

교회와성경

지은이 | 황원하

- 고신대학교 신학과(B.A.)
- 고려신학대학원(M.Div.)
- University of Pretoria(Th.M., Ph.D., 신약학 전공)
- 고신대학교, 고려신학대학원 외래교수 역임
- 현재, 대구 산성교회 담임목사로 재직 중

저서
- The theological role of signs in the Gospel of John
  (Saarbrucken: VDM Verlag Dr. Müller, 2008)
- 「40일간의 성경여행」(공저, SFC, 2009)
- 「설교자를 위한 마가복음 주해」(CLC, 2009)
- 「요한문헌 개론」(역서, CLC, 2011)
- 「요한복음 해설노트」(SFC, 2011)
- 「목회서신 주해」(교회와 성경, 2014)
- 「마태복음」(총회출판국, 2014)
- 그밖에 다수의 연구 논문

갈라디아서 주해

CNB 802

갈라디아서 주해

A Commentary on the Galatians
by Wonha Hwang

Copyright ⓒ 2014 Wonha Hwang
Published by the Church & Bible Publishing House

초판 인쇄 | 2014년 8월 22일
초판 발행 | 2014년 9월 22일

발행처 | 교회와성경
주소 | 경기도 평택시 특구로 43번길 90 (서정동)
전화 | 031-662-4742
등록번호 | 제2012-03호
등록일자 | 2012년 7월 12일

발행인 | 문민규
지은이 | 황원하
편집주간 | 송영찬
편집 | 신명기
디자인 | 조혜진

───────────────────────

총판 | (주) 비전북출판유통
주소 | 경기도 고양시 일산서구 송산로 499-10(덕이동)
전화 | 031-907-3927(대) 팩스 031-905-3927

───────────────────────

저작권자 ⓒ 2014 황원하

Printed in Seoul of Korea

갈라디아서 주해

A Commentary on the Galatians

2014년

교회와성경

CNB 시리즈
서 문

CNB The Church and The Bible 시리즈는 개혁신앙의 교회관과 성경신학적 구속사 해석에 근거한 신·구약 성경 연구 시리즈이다.

이 시리즈는 보다 정확한 성경 본문 해석을 바탕으로 역사적 개혁 교회의 면모를 조명하고 우리 시대의 교회가 마땅히 추구해야 할 방향을 제시함으로써 교회의 삶과 문화를 창달하는 것을 그 목적으로 하고 있다.

따라서 이 시리즈는 진지하게 성경을 연구하며 본문이 제시하는 메시지에 충실하고 있다. 그렇다고 이 시리즈가 다분히 학문적이거나 또는 적용이라는 의미에 국한되지 않는다. 학구적인 자세는 변함 없지만 궁극적으로 하나님의 나라를 지향함에 있어 개혁주의 교회관을 분명히 하기 위해 보다 더 관심을 가진다는 의미이다.

본 시리즈의 집필자들은 이미 신·구약 계시로써 말씀하셨던 하나님께서 지금도 말씀하고 계시며, 몸된 교회의 머리이자 영원한 왕이신 그리스도께서 지금도 통치하시며, 태초부터 모든 성도들을 부르시어 복음으로 성장하게 하시는 성령께서 지금도 구원 사역을 성취하심으로써 창세로부터 종말에 이르기까지 거룩한 나라로서 교회가 여전히 존재하고 있음을 그 무엇보다도 중요하게 여기고 있다.

아무쪼록 이 시리즈를 통해 계시에 근거한 바른 교회관과 성경관을 가지고 이 땅에 진정한 그리스도인의 삶과 문화가 확장되기를 바라는 바이다.

시리즈 편집인
김영철 목사, 미문(美聞)교회 목사, Th.M.
송영찬 목사, 기독교개혁신보 편집국장, M.Div.
오광만 목사, 대한신학대학원대학교 교수, Ph.D.
이광호 목사, 실로암교회 목사, Ph.D.

머리말

바울 서신에서 갈라디아서는 매우 중요하다. 이는 갈라디아서가 바울이 기록한 첫 번째 서신이기 때문일 뿐만 아니라 그의 신학을 가장 집약적으로 보여주는 서신이기 때문이다. 참으로 이 서신에는 바울 복음의 기원과 실체가 잘 드러나 있다.

따라서 갈라디아서를 면밀히 살피는 것은 바울의 신학을 이해하는 데 가장 기본이 되는 동시에 가장 중요한 일이 된다. 이런 점에서 바울 신학을 연구하려는 분들에게 우선 갈라디아서를 공부하고 그 다음에 로마서를 비롯한 그의 다른 서신들을 공부하라고 말하고 싶다.

갈라디아서에서 우리는 바울이 갈라디아 교회를 향하여 가졌던 애절한 마음, 갈라디아 교회에 들어온 거짓 선생들에 맞서 싸우는 그의 투쟁적인 삶, 그가 이전에 유대교를 믿을 때 신봉했던 율법과 지금 그리스도인이 된 후에 전파하는 복음의 관계, 오직 그리스도를 믿는 믿음으로만 의롭게 될 수 있다는 그의 확고한 신념, 그리고 믿음이란 실천이 동반되는 것이라는 그의 가르침을 만나게 된다. 따라서 이 서신은 짧지만 대단히 강렬하다.

필자는 이 책을 쓰면서 갈라디아서의 의미를 독자들이 쉽게 이해할 수 있게끔 최선을 다하였다. 이 서신의 헬라어 원문을 충실히 검토하였고, 이 서신에 반영된 유대주의자들의 주장을 면밀히 연구하였으며, 율법과 복음의 관계를 다각도로 고찰하였다. 그리고 여러 유수한 신학자들의 연구물들을 최대한 많이 살피면서 필자의 견해를 다듬었다. 특히 바울이 그의 다른 서신들에서 말했던 것들과, 그가 즐겨 사용했던 문예적인 장치들에 관심을 두면서 해석을 시도하였다.

필자는 목회자들과 신학생들을 염두에 두었지만 지성인 그리스도인들도 충분히 고려하였다. 따라서 신학을 전문적으로 공부한 사람이 아니더라도 이 책의 내용을 이해할 수 있을 것이다.

이 책의 일차적인 목표는 각 구절 자체의 문자적인 이해에 있다. 이는 문장의 문자적인 의미를 이해하지 못하면 그 다음 단계로 넘어갈 수 없기 때문이다. 이 책을 통하여 서신의 일차적인 의미를 파악한 후에 더 깊은 연구로 나아가기를 바란다. 이 서신에는 이해하기 어려운 문장들이 제법 많지만 필자는 그런 부분들을 피해가지 않았으며 여러 해석 방법론을 사용하여 명쾌히 설명하려고 최선을 다하였다.

우리나라 학자들이 쓴 갈라디아서 연구서가 부족한 실정에 이 책이 나름대로의 기여를 하기 바란다. 하지만 성경 외의 모든 책들에는 오류가 있기 마련이다. 혹 미흡한 부분이나 어색한 부분에 대해서는 독자들의 넓은 양해를 부탁드린다.

이 책을 출판한 CNB 출판위원회와 편집을 담당해 주신 직원들에게 감사를 표한다. 하나밖에 없는 아들 현준이의 생일(8월 22일)에 이 원고를 완성하였다. 아들 현준에게 아빠의 사랑을 전한다.

2014년 8월 22일
황원하

〈표〉 바울의 생애

제1기 사역 _ 회심과 예루살렘 방문	
32/33년	바울의 회심
33-35년	시내산 방문 (예수님으로부터 계시를 받은 곳으로 보임)
	다메섹과 아라비아 사역
35/36년	회심 후 첫 번째 예루살렘 방문
36-45년	길리기아, 수리아 사역
	삼층천 경험 (42년경)
45년	바나바의 초청으로 수리아 안디옥 사역
46년	두 번째 예루살렘 방문 (기근을 위한 안디옥 교회 연보 전달)

제2기 사역 _ 제1차 전도여행과 예루살렘 공의회	
46-48년	제1차 전도여행
	① **갈라디아서** (48/49년, 안디옥에서 예루살렘으로 가는 도중)
49년	세 번째 예루살렘 방문
	예루살렘 공의회

제3기 사역 _ 제2, 3차 전도여행과 예루살렘 성전 소요 사건	
50년	제2차 전도여행 (50-52년)
51-52년	고린도 사역
	② **데살로니가전서** (51년 초, 고린도)
	③ **데살로니가후서** (51년, 고린도)
52년 여름	네 번째 예루살렘 방문
52년	제3차 전도여행 (52-57년)
52-55년	에베소 사역
	④ **고린도전서** (55년 봄, 에베소)
55-57년	마게도냐, 일루리곤, 아가야 사역
	⑤ **고린도후서** (56년초, 마게도냐)
	⑥ **로마서** (57년 봄, 고린도)
57년 5월	다섯 번째 예루살렘 방문과 유대인 소요 사건

제4기 사역 _ 가이사랴와 로마의 옥중 생활	
57-59년	가이사랴 옥중 생활
	⑦ ?**빌립보서** (로마 저작설도 유력함)
59년 9월	로마로 항해
60년 2월	로마에 도착
60-62년	로마 가택 연금
	⑧ or ⑦ **골로새서**
	⑨ or ⑧ **빌레몬서**
	⑩ or ⑨ **에베소서**
	⑩ ?**빌립보서** (가이사랴 저작설도 유력함)

제5기 사역 _ 로마 구금 이후 전도 활동과 순교	
62-64년	로마 감옥에서 풀려난 후 계속적인 전도 활동
	(서바나?, 에베소, 그레데, 마게도냐, 드로아, 밀레도,
	고린도, 니고볼리, 로마 등에서 사역)
	⑪ **디모데전서** (62/63년, 마게도냐)
	⑫ **디도서** (63년, 마게도냐 혹은 니고볼리로 향하던 도중)
64/65년?	바울의 체포와 두 번째 투옥
	⑬ **히브리서** (64년 혹은 65년?, 로마?(히 13:23))
	⑭ **디모데후서** (64년 혹은 67년?, 로마)
64(68?)년	바울의 순교

〈지도〉 로마시대의 지도

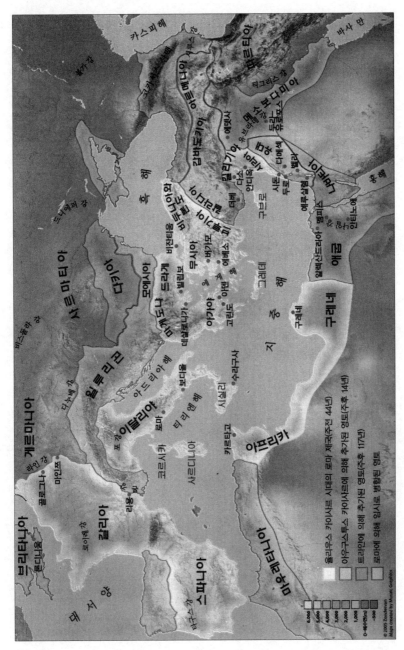

차 례

갈라디아서 주해

서 론

1. 저자

갈라디아서의 저자는 '바울'이다.[1] 이 사실은 이 서신에서 바울 자신이 저자임을 적어도 두 곳에서 밝히고 있는 데서 드러난다(참고. 1:1; 5:2). 그리고 이 서신에서 바울은 종종 자신이 누구인지를 명확히 드러낸다. 참으로 이 서신에 사용된 문체, 신학적 사상, 갈라디아 교인들을 향한 애정 등은 바울 외에 다른 저자를 생각할 수 없게 만든다.

나아가 갈라디아서 1-2장에 나오는 바울 자신의 간증은 바울 저작설에 대한 가장 강력한 증거가 된다.[2] 여기에서 그는 과거의 상태, 회심하게 된 경위, 회심한 이후의 행적 등을 소상하게 말하는데, 이 모든 이야기들의 당사자가 바울이라는 사실에는 의심할 여지가 전혀 없다.

초기 교부들 가운데 이레니우스, 알렉산드리아의 클레멘트, 오리겐, 마르시온 등은 이 서신의 바울 저작설을 지지하였으며, 이후 거의 모든 신학자들이 바울의 저작권을 의심 없이 받아들였고, 역사적으로 많은 사람들

---

1) 저자 '바울'에 대하여 1:1의 주해를 보라.
2) 갈라디아서에서 바울의 사도 직분에 관한 논의를 위하여 다음을 참고하라. B. C. Lategan, "Is Paul defending his apostleship in Galatians?," *NTS* 34 (1988): 411-430; R. Jewett, *Paul's anthropological terms: a study of their use in conflict settings*, Leiden: Brill, 1971.

이 이 서신을 바울 신학을 대단히 잘 대변하는 서신이라고 생각하였다.3)

바울이 갈라디아서를 저술했다는 사실에 대하여서는 비평학자들 사이에도 별 이견이 없었다. 심지어 바울 서신들의 바울 저작설을 광범위하게 비판한 독일의 튀빙겐 학파까지도 갈라디아서의 바울 저작설을 부인하지 않았다. 그들은 갈라디아서와 더불어 로마서, 고린도전서, 고린도후서의 네 권을 조금도 의심할 수 없는 바울의 저작으로 받아들였다.4)

2. 수신자와 기록연대

갈라디아서의 수신자는 "갈라디아 여러 교회들"(the churches in Galatia)이다(참고. 1:2).5) 이것은 '갈라디아 지역에 있는 여러 교회들' 이라는 뜻이다. 신약에서는 '하나님의 교회' (1:13)라고 불리는 보편적인 교회가 여러 지역 교회로 나뉘는 것을 인정한다.6) 그런데 여기서의 갈라디아가 어디를 가리키는지에 대하여 학자들 사이에 오랫동안 논란이 있어 왔고 아직도 해결된 것은 아니다.

바울이 활동하던 당시에는 남갈라디아와 북갈라디아가 있었다. 남갈라디아는 비시디아 안디옥, 이고니온, 루스드라, 더베 등을 가리킨다. 그리고 북갈라디아는 에베소, 마게도냐 등을 가리킨다. 바울은 주후 47-48년에

3) 갈라디아서의 바울 저작설에 관하여, R. N. Longenecker, *Galatians*, WBC, Texas: Dallas, 1990, 이덕신 역, 서울: 솔로몬, 2003, 79-81을 보라.

4) 하지만 19세기에 튀빙겐 학파의 바우어(F. C. Baur)가 아닌, 브루노 바우어(Bruno Baur)를 필두로 하여, 로만(A. D. Loman), 피어슨(A. Pierson), 나버(Naber), 루돌프 슈텍(Rudolf Steck), 대니얼 폴터(Daniel Volter), 밴 마넨(W. C. Manen), 바이세(C. H. Weisse), 제임스 크라머(James Cramer) 등이 바울 저작설을 인정하지 않았고 오늘날도 소수의 급진적인 학자들이 바울 저작설을 부정하고 있다. 그러나 이들의 주장은 학계에서 거의 받아들여지지 않고 있다. 갈라디아서의 바울 저작설은 부인할 수 없는 사실이다. R. N. Longenecker, 80.

5) 수신자 '갈라디아 여러 교회들' 에 대하여 1:2의 주해를 보라.

6) John Stott, *Only One Way: The Message of Galatians*, Downers Grove, BST, Illinois: Inter Varsity Press, 1968, 정옥배 역, 서울: IVP, 2007, 12.

있었던 제1차 전도여행 때 남갈라디아를 방문하였고(참고. 행 13-14장), 주후
53-56년에 있었던 제2차와 제3차 전도여행 때 북갈라디아를 방문하였다
(참고. 행 16:6; 18:23).

많은 학자들은 바울이 남갈라디아에 복음을 전하였고 그가 북갈라디아
에 도착하기 전에 남갈라디아 사람들이 북갈라디아에 복음을 전했을 가능
성이 있다고 본다. 지리적인 특성을 고려할 때 이러한 추정은 옳은 것 같
다. 이 책에서도 바울이 남갈라디아에 있는 교회들에게 이 서신을 보냈다
는 주장을 견지할 것이다.[7]

바울이 남갈라디아에 이 서신을 보냈다고 한다면, 그리고 이 서신에는
예루살렘 공의회에 대한 언급이 없다는 점을 고려할 때 이 서신의 기록 연
대는 제법 이른 시기임을 암시한다.

바울이 남갈라디아에서 복음을 전한 때는 주후 47-48년이었고, 예루살
렘 공의회는 주후 48/49년에 열렸다. 따라서 이 서신을 주후 48년 어간에
기록된 것으로 볼 수 있다.[8] 그렇다면 이 서신은 바울이 기록한 최초의 서
신이 된다.[9] 반면에 그가 이 서신을 어디에서 기록했는지는 알려져 있지
않다. 아마도 수리아 안디옥이나 그 인근에서 기록했을 것이다.

---

7) E. Burton은 그의 갈라디아서 주석 '서론' (Introduction)에서 갈라디아의 지명과 바울의
행적을 면밀히 관찰하고 고고학적인 결과물들을 분석한 후에 바울이 갈라디아서를 보
낸 지역은 '남갈라디아' 라고 결론을 내린다. 그는 결론 부분에서 이렇게 말한다. "In view
of all the extant evidence we conclude that the balance of probability is in favour of the South-Galatian
view." E. Burton, *A Critical and Exegetical Commentary on the Epistle to the Galatians*, The
International Critical Commentary, Edinburgh: T.&T. Clark, 1921, xvii-xliv.

8) 이 연대를 주장하는 대표적인 학자들은 Howard I. Marshall, F. F. Bruce, R. N. Longenecker
등이다.

9) 하지만 바울의 생애와 갈라디아서의 기록을 일치시키는 일은 언제나 불확실한 면이
있기 때문에 우리는 이 서신을 해석하면서 연대에 너무 많은 비중을 두지 않아야 한다.
ESV Study Bible.

3. 기록목적

바울이 갈라디아 지역에 교회를 세우고 그곳을 떠난 후에 유대주의를 신봉하는 몇몇 거짓 선생들이 들어와서 갈라디아 교인들을 미혹하였다. 그들은 사람이 의롭게 되기 위해서는 예수 그리스도를 믿는 믿음만으로 부족하며, 거기에다 모세가 전해준 할례를 받고 율법을 준수해야 한다고 주장하였다.

특히 이 거짓 선생들은 바울의 사도권을 공격함으로써 바울이 전했던 복음을 무효화하려고 하였는데, 바울이 예수 그리스도와 함께 지낸 적이 없다는 사실을 들어서 그가 사도가 될 수 없다고 주장했다.

이러한 상황 속에서 갈라디아 교인들은 거짓 선생들의 말에 미혹되어 바울의 가르침을 버리고 그들의 주장을 받아들이려 하였고, 바울은 갈라디아 교회에 이 서신을 보내어 갈라디아 교인들의 신앙을 바로 잡으려 했다.

바울은 이 서신의 앞부분에서 '다른 복음을 전하는 자는 저주를 받을 것이다'라고 단호하게 선언한다. 바울은 '다른 복음'이란 없으며 오직 예수 그리스도의 '진리의 복음'만이 있다고 힘주어 말한다. 그리고 바울은 사람이 의롭게 되는 길이란 오직 예수 그리스도에 대한 믿음뿐이며 할례를 비롯한 율법 준수가 더 이상 효력이 없다고 주장한다. 그러면서 약속과 율법과 복음의 관계를 명확하게 설명한다.

바울은 믿음으로 말미암아 의롭게 된다는 사실에 덧붙여 '믿음이란 성령으로 말미암으며 믿는 자들은 성령을 따라 행하기에 성령의 열매를 맺는다'고 주장한다. 그리고 '그리스도인들은 육신의 소욕을 버리고 오직 사랑으로 역사하는 믿음을 가져야 한다'고 당부한다.

한편, 갈라디아서 전반부의 대부분을 차지하는 주제는 바울의 사도권

입증과 관련된다. 갈라디아 교회에 들어온 거짓 선생들은 바울의 사도직을 부정하였는데, 이것은 바울이 전한 교훈의 진실성을 심각하게 훼손하는 것이었다. 따라서 바울은 개인적인 자존심을 세우기 위해서가 아니라 자신이 전한 교훈의 권위를 세우기 위하여 부활하신 예수 그리스도를 만나서 친히 사도로 임명받은 사실을 언급한다.

특히 바울은 예루살렘의 사도들이 자신의 사도직을 인정했음을 강조한다. 바울은 베드로가 유대인들을 위한 사도가 되었듯이 자신이 이방인들을 위한 사도가 되었다고 말하면서, 베드로가 전한 복음과 자신이 전한 복음이 전혀 다르지 않다고 주장한다.

4. 사도행전과 갈라디아서의 연대기

바울 서신들에 나타난 특정한 사건이 사도행전에 나타난 바울의 행적 가운데 어디에 해당되는지를 파악하는 것은 바울 서신들을 정확하게 해석하기 위하여 매우 필요하다. 갈라디아서 역시 이에 대하여 예외가 아니다. 하지만 사도행전과 갈라디아서의 연대기를 조화시키는 일은 쉽지 않다.

사실 갈라디아서에 기록되어 있는 특정한 사건을 사도행전의 어디에 적용시켜야 할지는 그리 명확하지 않다. 비록 이러한 불명확함이 갈라디아서 해석에 있어서 만큼은 '결정적인 영향' 을 미치지는 않는다. 그러나 보다 세밀하고 정확한 해석을 위해서는 이에 대한 연구가 필요하다.

사도행전과 갈라디아서의 연대기를 조화시키려고 할 때에 가장 중요하게 고려해야 할 사실은 갈라디아서의 수신자들이 남갈라디아에 있는 교회들인가 아니면 북갈라디아에 있는 교회들인가 이다. 갈라디아서의 수신자에 따라 갈라디아서의 기록 연대가 결정되기 때문이다. 이것에 근거하여 사도행전의 연대기와 갈라디아서의 연대기를 조화시킬 수 있다.

이 책에서는 앞서 언급했듯이 갈라디아서가 남갈라디아에 있는 교회들에게 주후 48년경에 기록되었다는 입장을 따른다. 이에 근거하여 사도행전과 갈라디아서의 연대기를 조화시키면 다음과 같다.[10]

연도	주요 사건들	사도행전; 갈라디아서
33	회심	행 9:1-19a
33	다메섹에서 전도함	행 9:19b-22
35	3년간 아라비아에 머물다가 다메섹으로 돌아옴	행 9:23-25; 갈 1:16-17
35	제1차 예루살렘 방문(15일간 머묾)	행 9:26-30; 갈 1:18-20
35	길리기아에 있는 다소에 가서 머묾	행 9:30; 갈 1:21
43	바나바가 바울을 다소에서 안디옥으로 데리고 옴	행 11:25
46/47	제2차 예루살렘 방문(구제헌금전달, 이방인선교논의)	행 11:30, 12:25; 갈 2:1-10
47-48	제1차 전도여행(안디옥-실루기아 ... 더베-안디옥)	행 13:1-14:28
48/49	베드로의 안디옥 방문	행 15:1-2; 갈 2:11
48/49	갈라디아서 기록	
48/49	제3차 예루살렘 방문(총회 참석)	행 15:1-35

5. 본문의 구조

1:1-5   서두
1:6-10   다른 복음은 없음
1:11-17   바울의 사도권 변호
1:18-24   바울의 독자적인 활동

2:1-5   다시 예루살렘을 방문함
2:6-10   사도들이 바울의 사역을 인정함

---

10) 이 연대기에 대한 세밀한 논의를 위해서 해당 본문의 주해를 참고하라.

갈라디아서 1장

1 사람들에게서 난 것도 아니요 사람으로 말미암은 것도 아니요 오직 예수 그리스도와 그를 죽은 자 가운데서 살리신 하나님 아버지로 말미암아 사도 된 바울은 2 함께 있는 모든 형제와 더불어 갈라디아 여러 교회들에게 3 우리 하나님 아버지와 주 예수 그리스도로부터 은혜와 평강이 있기를 원하노라 4 그리스도께서 하나님 곧 우리 아버지의 뜻을 따라 이 악한 세대에서 우리를 건지시려고 우리 죄를 대속하기 위하여 자기 몸을 주셨으니 5 영광이 그에게 세세토록 있을지어다 아멘

6 그리스도의 은혜로 너희를 부르신 이를 이같이 속히 떠나 다른 복음을 따르는 것을 내가 이상하게 여기노라 7 다른 복음은 없나니 다만 어떤 사람들이 너희를 교란하여 그리스도의 복음을 변하게 하려 함이라 8 그러나 우리나 혹은 하늘로부터 온 천사라도 우리가 너희에게 전한 복음 외에 다른 복음을 전하면 저주를 받을지어다 9 우리가 전에 말하였거니와 내가 지금 다시 말하노니 만일 누구든지 너희가 받은 것 외에 다른 복음을 전하면 저주를 받을지어다 10 이제 내가 사람들에게 좋게 하랴 하나님께 좋게 하랴 사람들에게 기쁨을 구하랴 내가 지금까지 사람들의 기쁨을 구하였다면 그리스도의 종이 아니니라

11 형제들아 내가 너희에게 알게 하노니 내가 전한 복음은 사람의 뜻을 따라 된 것이 아니니라 12 이는 내가 사람에게서 받은 것도 아니요 배운 것도 아니요 오직 예수 그리스도의 계시로 말미암은 것이라 13 내가 이전에 유대교에 있을 때에 행한 일을 너희가 들었거니와 하나님의 교회를 심히 박해하여 멸하고 14 내가 내 동족 중 여러 연갑자보다 유대교를 지나치게 믿어 내 조상의 전통에 대하여 더욱 열심이 있었으나 15 그러나 내 어머니의 태로부터 나를 택정하시고 그의 은혜로 나를 부르신 이가 16 그의 아들을 이방에 전하기 위하여 그를 내 속에 나타내시기를 기뻐하셨을 때에 내가 곧 혈육과 의논하지 아니하고 17 또 나보다 먼저 사도 된 자들을 만나려고 예루살렘으로 가지 아니하고 아라비아로 갔다가 다시 다메섹으로 돌아갔노라

18 그 후 삼 년 만에 내가 게바를 방문하려고 예루살렘에 올라가서 그와 함께 십오 일을 머무는 동안 19 주의 형제 야고보 외에 다른 사도들을 보지 못하였노라 20 보라 내가 너희에게 쓰는 것은 하나님 앞에서 거짓말이 아니로다 21 그 후에 내가 수리아와 길리기아 지방에 이르렀으나 22 그리스도 안에 있는 유대의 교회들이 나를 얼굴로는 알지 못하고 23 다만 우리를 박해하던 자가 전에 멸하려던 그 믿음을 지금 전한다 함을 듣고 24 나로 말미암아 하나님께 영광을 돌리니라

| 갈라디아서 주해 |

제1장

1:1-5 서두

¹ 사람들에게서 난 것도 아니요 사람으로 말미암은 것도 아니요 오직 예수 그리스도와 그를 죽은 자 가운데서 살리신 하나님 아버지로 말미암아 사도 된 바울은 ² 함께 있는 모든 형제와 더불어 갈라디아 여러 교회들에게 ³ 우리 하나님 아버지와 주 예수 그리스도로부터 은혜와 평강이 있기를 원하노라 ⁴ 그리스도께서 하나님 곧 우리 아버지의 뜻을 따라 이 악한 세대에서 우리를 건지시려고 우리 죄를 대속하기 위하여 자기 몸을 주셨으니 ⁵ 영광이 그에게 세세토록 있을지어다 아멘

바울은 고대 그리스 서신의 통례를 따라 발신자, 수신자, 인사말로 서신을 시작한다.[11] 그는 갈라디아 교회들이 처해 있는 상황과 자신의 신학적 관심사에 따라 내용을 적절하게 구성한다. 여기에 언급된 내용들은 서신 전체에서 다루어질 내용들을 함축한다.

1-2절a | 발신자

¹ 사람들에게서 난 것도 아니요 사람으로 말미암은 것도 아니요 오직 예수

---

11) 참고. 바울 서신서의 전형적인 형태를 위하여, T. Y. Mullins, "Formulas in New Testament Epistles," *JBL* 91 (1972): 380-90을 보라.

**그리스도와 그를 죽은 자 가운데서 살리신 하나님 아버지로 말미암아 사도
된 바울은 ² 함께 있는 모든 형제와 더불어 갈라디아 여러 교회들에게**

1절a: 서신의 발신자는 "바울"이다(참고. 5:2). 그는 자신을 "사도"라고 소
개한다. 사도(아포스톨로스)란 '보냄을 받은 자'라는 뜻이다. 사도는 예수 그
리스도에게서 직접 택함을 받고 권위를 부여받은 유일하고 배타적인
(exclusive) 집단의 사람들이다(참고. 마 10:1; 막 3:14; 눅 9:1). 즉 특정한 사람들만
이 사도라고 불린다.

바울은 자신의 사도직을 설명하면서 "사람들에게서 난 것도 아니요 사
람으로 말미암은 것도 아니요"라고 이중으로 표현하여 자신의 사도직이
사람에게서 비롯된 것이 아님을 강조한다.[12] 즉 자신의 사도직의 인간적
인 기원을 부정한다. 바울의 사도직이 사람들에게서 비롯된 것이 아니라
는 말은 갈라디아서의 인사말에서 유일하게 사용되었는데, 이 서신 전체
에서 매우 중요한 역할을 한다.[13]

물론 바울이 사도가 되는 과정에 영향을 미친 사람들이 여럿 있었다. 그
가 다메섹으로 가는 길목에서 처음으로 주님을 만나고 회심하였을 때에
아나니아라는 주님의 제자가 그를 도와주었다(참고. 행 9:10-19). 또한 그가 예
루살렘에서 사도들을 만나 교제할 때와 안디옥 교회에서 선교사로 파송을
받을 때에 바나바가 그와 함께하였다(참고. 행 9:26-30; 11:19-26).[14] 그리고 바
울은 예루살렘의 사도들과 교제하면서 사도들로부터 인정을 받았다(참고.

---

12) E. Burton은 "사람들에게서 난 것도 아니요 사람으로 말미암은 것도 아니요"라는 구
절을 다음과 같이 적절하게 설명한다. "The first phrase denies that Paul's apostleship had a
human source, the second that it had come to him through a human channel, by human agency." E.
Burton, 3.

13) R. N. Longenecker, 178.

14) 참고. R. J. Bauckham, "Barnabas in Galatians," *JSNT* 2 (1979): 61-70.

2:1-10). 하지만 바울을 사도로 임명하여 보내신 분은 분명히 하나님 아버지 이시다(참고. 행 9:15; 26:15-18).

1절b: 바울은 "예수 그리스도와 그를 죽은 자 가운데서 살리신 하나님 아버지로 말미암아" 사도가 되었다고 밝힌다. 바울이 이렇게 예수님을 살아나게 하신 하나님에 대하여 말하는 이유는 어떤 사람들이 바울은 사도가 될 수 없는데 이는 그가 예수님이 이 세상에 계실 때 그를 따른 적이 없기 때문이라고 주장한 것에 반박하여, 자신이 다메섹으로 가던 중에 부활하신 예수님을 직접 만났고 그분으로부터 친히 사도의 직분을 부여받았음을 밝히기 위해서이다.[15] 이처럼 바울은 서두에서 자신의 사도직이 주님으로부터 주어졌다는 사실을 입증하는 데 주력한다.

여기서 바울은 하나님에 대하여 말하면서 '예수 그리스도를 죽은 자 가운데서 살리신 분' 이라고 묘사한다. 이것은 하나님의 능력을 강조하기 위한 의도를 가진다. 사실 죽은 사람을 다시 살리신 분이라는 표현만큼 절대적인 힘과 능력을 드러내는 것은 없다.

바울은 하나님께서 생명을 부여하시는 놀라운 능력을 가지신 분임을 언급하면서 자신의 사도직이 가지는 능력과 역할을 강조한다. 그는 하나님의 사도로서 죽은 사람을 살리는 일을 하고 있다. 특히 그는 주님으로부터 이방인들에게 복음을 전하라는 명령을 받았는데 평생 그 일에 주력하고 있다.

바울이 이처럼 서신의 서두에서 자신의 사도권을 주장하면서 자신의 사도직이 예수님과 하나님으로부터 온 것이라고 말하는 이유는 갈라디아 교회에 있던 거짓 교사들이 자신들의 주장을 강조하는 가운데 바울의 사도

15) E. Burton, 7.

권을 비난하였기 때문이다. 이 거짓 교사들은 바울의 사도권을 부정하는 것이 그의 가르침을 무너뜨리는 효과적인 방법이라고 생각하였다.

따라서 바울의 사도권 증명은 대단히 중요한 문제였다. 이제 갈라디아 교인들은 예수님과 하나님으로부터 보냄을 받은 바울이 전하는 가르침을 숙고하여야 하는 책임을 부여받는다.

2절a: 바울은 "함께 있는 모든 형제와 더불어" 서신을 보낸다고 말한다. 아마도 바울은 함께 있는 형제들의 동의를 얻어서 편지를 썼을 수도 있고 이들의 간곡한 부탁을 받아서 편지를 썼을 수도 있다.[16] 어쨌든 바울은 다른 형제들의 존재를 언급함으로써 이 서신에서 자신이 주장하는 내용이 다른 형제들의 인정을 받고 있음을 드러낸다.

바울과 "함께 있는 모든 형제"는 바울이 서신을 쓰고 있을 때 같이 지내면서 동역하던 사람들로 보인다. 그들은 바울의 주장을 듣고 동의하였다. 따라서 갈라디아 교인들이 구원을 받기 위하여 할례를 받아야 한다는 요구를 받아들이는 것은 분명히 잘못된 판단이다.[17] 아마 "함께 있는 모든 형제"들 가운데 일부 혹은 한 사람은 이 서신을 대필하거나 이 서신을 수신자들에게 전달한 사람들일 것이다.

하지만 이 서신은 줄곧 1인칭 단수(나)를 주어로 삼아서 전개되고 있다. 따라서 비록 여러 사람이 발신자로 거론되는 것처럼 보이지만 사실은 '바울' 한 사람이 발신자라고 할 수 있다.[18]

---

16) Matthew Poole, 『갈라디아서』, 김용훈 역, 그책의 사람들, 2014, 20.

17) ESV Study Bible.

18) 바울은 서신의 말미에서 "내 손으로 너희에게 이렇게 큰 글자로 쓴 것을 보라"라고 말하는데(6:11), 이것은 당시에 유명한 사람들의 이름을 도용하여 편지를 쓰는 경우들이 있었기 때문에 그가 서신에 친필 서명을 한 것을 가리킨다. 즉 바울의 대필자가 서신을 쓰고 마지막에 바울이 친필로 서명을 한 것으로 보인다.

2절b | 수신자

² **함께 있는 모든 형제와 더불어 갈라디아 여러 교회들에게**

2절b: 바울은 갈라디아에 있는 "여러 교회들에게"(하이 에클레시아이) 이 서신을 보낸다. 따라서 갈라디아라는 한 지역에 여러 교회들이 있었음을 알 수 있다. 이 교회들은 아마도 비시디아 안디옥, 이고니온, 루스드라, 더베의 교회를 가리킬 것이다. 교회는 하나의 보편교회를 의미하지만 동시에 각 지역에 있는 여러 개의 개체교회들을 인정한다.

바울이 보낸 이 서신은 여러 개체교회들이 돌려가면서 읽도록 의도되었다. 즉 이 서신은 회람回覽을 목적으로 한다. 개체교회들은 바울의 동일한 가르침을 받음으로써 하나의 신앙과 사상을 가지게 되며 나아가서 보편교회성 혹은 공교회성을 유지한다. 실로 교회의 하나됨은 교리의 하나됨에서 비롯된다.

당시 갈라디아의 교회들은 심각한 문제를 가지고 있었다. 바울이 갈라디아 지역에 복음을 전하고 교회를 설립한 후에 그곳을 떠나자 얼마 지나지 않아 거짓 선생들이 그곳에 들어와서 잘못된 가르침으로 사람들을 미혹하였다.[19] 그들은 유대주의적 율법주의의 성향을 가지고 있는 자들이었다.

이 거짓 선생들은 바울이 가르친 복음이 잘못된 것이라고 말하면서 구원을 받기 위해서 그리스도에 대한 믿음만으로는 부족하고 그 믿음에다 할례와 같은 유대의 의식들을 지켜야 한다고 주장하였다. 이에 바울은 이 서신을 보내어 그러한 견해들을 반박하고자 하였다. 따라서 이 서신은 변

---

19) 참고. John M. G. Barclay, "Mirror-Reading a Polemical Letter: Galatians as a Test Case," *JSNT* 31 (1987): 73-93.

증적이다.[20]

    그런데 여기서 주목할 만한 사실은 바울이 갈라디아 교인들을 여전히 '교회'라고 부른다는 점이다. 갈라디아 교회는 거짓 선생들에 의하여 오염되고 있었지만 완전히 타락하거나 회복될 수 없는 지경에 이르지는 않았다. 즉 바울이 그들을 '교회'라고 부른 것은 그들이 아직은 회개하여 돌아올 수 있는 여지를 가지고 있다는 점을 시사한다.

    비록 신자들의 공동체가 잘못을 범할 수 있고 때로는 하나님을 멀리 떠날 수도 있겠지만 그들은 '성령님의 신실하심으로' 구원이 상실되지 않았으며 하나님의 자녀들로 보증된다. 따라서 그들을 '교회'라고 할 수 있다.

3–5절 | 인사말

> **3 우리 하나님 아버지와 주 예수 그리스도로부터 은혜와 평강이 있기를 원하노라 4 그리스도께서 하나님 곧 우리 아버지의 뜻을 따라 이 악한 세대에서 우리를 건지시려고 우리 죄를 대속하기 위하여 자기 몸을 주셨으니 5 영광이 그에게 세세토록 있을지어다 아멘**

    3절: 바울은 갈라디아 교인들에게 "은혜와 평강"이 있기를 원한다고 말한다. 이것은 바울이 그의 서신들에서 전형적으로 사용하는 형식의 인사말이다.[21] '은혜'는 헬라식 인사말이며 '평강'은 히브리식 인사말이지

---

20) 갈라디아서가 회람서신이라는 사실은 갈라디아의 교회들에 생긴 문제가 어느 한 개체교회에만 생긴 것이 아니라 그 지역의 교회들 전체 혹은 상당 부분에 생긴 것임을 암시한다. 즉 갈라디아 교회들은 집단적으로 잘못된 가르침에 넘어간 것이다. 이것은 매우 위험한 현상이다. 한 교회만 쓰러졌다면 다른 교회들이 세워줄 수 있지만 전부 혹은 상당수가 넘어갔다면 자력으로 일어날 수 없기 때문이다.

21) 그러나 바울의 서신들 가운데 목회서신(디모데전후서와 디도서)에는 이런 인사말에다가 '긍휼'이 첨가되어 있다. 그 이유와 의미에 대해서는, 황원하, 『목회서신주해』, 서울: 교회와성경, 2014에서 해당 부분을 참고하라. 그리고 히브리서에는 이런 인사말이

만 또한 이것들은 원인과 결과이기도 하다. 즉 은혜가 있는 자에게 평강이 있다.

우리는 은혜로 구원을 받으며 구원받음으로 인하여 평강을 얻는다. 은혜는 하나님께서 값없이 주시는 것이며 예수님의 십자가 공로에 근거하는 것이다. 평강(평화)은 여러 차원을 가진다. 구원을 받은 자는 자신과 하나님의 사이에 존재하는 평화, 다른 사람들과의 사이에 존재하는 평화, 자기 내부의 심적인 평화, 그리고 피조물과의 평화를 얻는다.

그러므로 은혜와 평강은 모든 사람들에게 반드시 필요한 요소이다. 다른 것을 다 가졌다 하더라도 은혜와 평강을 가지지 못하면 전혀 행복하지 않다. 그런데 은혜와 평강은 "하나님 아버지와 주 예수 그리스도로부터" 나온다. 이것들은 인간이나 세상의 어떤 것이 줄 수 있는 것이 아니다. 이것들은 오직 하나님과 예수님만이 주실 수 있는 독특한 신적인 선물이다.

사실 은혜와 평강은 복음의 핵심이다. 즉 복음을 한마디로 은혜와 평강이라고 규정할 수 있다. 그리스도인들은 은혜와 평강의 가치를 알고 언제나 우리와 다른 사람들에게 은혜와 평강이 있기를 기도해야 한다.

4절: 바울은 예수 그리스도께서 하신 일에 대하여 간략하면서도 명확하게 진술한다. 그리스도는 하나님 곧 우리 아버지의 뜻을 따라 이 악한 세대에서 우리를 건지시려고 우리 죄를 대속하기 위하여 자기 몸을 주셨다.

이렇게 바울이 서신의 서두에서 예수님이 하신 구속의 사역을 요약하여 진술하는 것은 이것이 그가 서신 전체에서 말하려고 하는 내용의 핵심이자 기초이기 때문이다. 실제로 갈라디아서에서 바울의 모든 논의는 이 진

없는데, 이 때문에 많은 사람들은 히브리서를 바울의 서신으로 보지 않는다. 물론 히브리서를 바울의 서신으로 보지 않는 이유는 이 외에도 여러 가지이다. 이에 대해서는 별도의 연구가 필요하다.

술에 근거한다. 이것은 진리와 비진리를 가르는 절대적인 기준이 된다. 이 것은 복음의 핵심적인 진술이다.

바울은 여기서 "그리스도께서 … 자기 몸을 주셨으니"라고 말하는데, 3:13에서는 "그리스도께서 … 저주를 받은 바 되사"라고 말한다(참고. 딤전 2:6; 딛 2:14). 이것은 그리스도의 죽음이 저주임을 뜻한다. 즉 우리가 죄로 인 하여 받아야 할 저주를 그리스도께서 우리의 죄를 담당하시고 대신해서 저주를 받으셨다는 것이다.

"이 악한 세대"는 마귀가 다스리는 이 세대를 가리킨다. 이 세대는 마귀 적이며 따라서 악하다. 이 세대에 속해 있는 사람들은 육신의 쾌락과 욕망 에 따라 살아간다. 그러나 주님은 우리를 악한 세대에서 건지시기 위하여 자신을 내어주셨다.

특히 예수님은 "하나님 곧 우리 아버지의 뜻을 따라" 자신을 내어주셨 다. 여기서 '뜻'(뗄레마)이라는 단어는 하나님께서 오랫동안 작정하신 것과 하나님이 이를 기뻐하시는 것을 의미한다. 즉 예수님의 십자가 희생은 우 발적으로 일어난 일이 아니며 정치적인 혁명의 실패로 발생한 일도 아니 다. 그것은 하나님께서 인류를 구원하시기로 작정하신 것의 성취이다. 이 어 바울이 하나님을 "우리 아버지"라고 묘사한 것은 하나님의 사랑을 강 조하면서 하나님께서 우리를 자녀로 삼으시려고 한 사실을 드러낸다. 결 국 성자는 성부께 순종하여 구속의 사역을 이루셨다.

5절: 바울은 예수 그리스도의 구속 사역을 말한 후에 영광이 그분께 세 세토록 있기를 기원한다. 이것은 '송영'(doxology)이다.[22] 그는 영광의 찬송 에 대한 자신의 진심을 담아 "아멘"이라고 말한다. 참으로 구속의 사역에

---

22) R. N. Longenecker, 186-87을 보라.

서 성부 하나님과 성자 예수님은 줄곧 함께 하신다.

바울은 예수 그리스도와 하나님 아버지로 말미암아 사도가 되었으며, 하나님 아버지와 예수 그리스도로부터 은혜와 평강이 있기를 기원했고, 예수 그리스도께서 하나님 아버지의 뜻에 따라 우리 죄를 대속하셨다고 말한다. 이제 사도로서 바울의 사명은 성부와 성자의 일을 전하는 것이다.

바울은 이렇게 서두를 마친다. 이 서신의 서두는 다른 서신의 서두에 비하여 짧고 단순하다. 하지만 이 서두에는 바울이 이 서신 전체에서 말하려는 내용이 함축되어 있다. 이제 그는 성부와 성자의 구속 사역의 기초 위에서 그의 논의를 전개할 것이다. 그리고 자신이 성부와 성자로부터 보냄을 받은 사도라는 권위를 가지고 말할 것이다.

한편, 이 서신의 서두에는 대부분의 그의 다른 서신들의 서두에서 발견되는 감사와 칭찬이 없다. 이는 갈라디아 교회가 처해 있는 급박한 현실과 무관하지 않다. 그들이 거짓 교사들로 인하여 배교의 위험에 빠져 있었기 때문에 바울은 감사와 칭찬을 생략한 채 시급하게 본론으로 넘어간다.

1:6-10 다른 복음은 없음

6 그리스도의 은혜로 너희를 부르신 이를 이같이 속히 떠나 다른 복음을 따르는 것을 내가 이상하게 여기노라 7 다른 복음은 없나니 다만 어떤 사람들이 너희를 교란하여 그리스도의 복음을 변하게 하려 함이라 8 그러나 우리나 혹은 하늘로부터 온 천사라도 우리가 너희에게 전한 복음 외에 다른 복음을 전하면 저주를 받을지어다 9 우리가 전에 말하였거니와 내가 지금 다시 말하노니 만일 누구든지 너희가 받은 것 외에 다른 복음을 전하면 저주를 받을지어다 10 이제 내가 사람들에게 좋게 하랴 하나님께 좋게 하랴 사람들에게 기쁨을 구하랴 내가 지금까지 사람들의 기쁨을 구하였다면 그리스도의 종이 아니니라

바울은 서두를 간략하게 끝내자마자 놀라움과 분노를 표시한다. 이는 그가 다른 서신들의 서두에서 인사말과 함께 감사와 칭찬을 말한 것과 크게 다르다. 이 단락에서 그는 곧바로 갈라디아 교회가 당면한 문제들을 다룬다. 이것은 그가 직면한 상황에 대한 흥분과 분노를 반영한다.[23]

바울이 갈라디아를 떠난 후에 거짓 선생들이 그곳에 들어와서 '다른 복음' (거짓 복음)을 전하였다. 이에 그는 다른 복음은 없다고 단호하게 말하면서 다른 복음을 전한 자들이 저주를 받을 것이라고 단언한다. 그는 복음이 변질되거나 훼손될 수 없는 것임을 굉장히 격앙되게 말한다.

6-7절 | 복음을 떠난 것에 놀람

> [6] 그리스도의 은혜로 너희를 부르신 이를 이같이 속히 떠나 다른 복음을 따르는 것을 내가 이상하게 여기노라 [7] 다른 복음은 없나니 다만 어떤 사람들이 너희를 교란하여 그리스도의 복음을 변하게 하려 함이라

6절a: 갈라디아 교인들은 "그리스도의 은혜"로 부르심을 받은 자들이다. "그리스도의 은혜"의 내용은 4절에 명시되어 있는데, 그리스도께서 자기 몸을 주셔서 그들을 악한 세대에서 건지신 일이다. 그들을 부르신 분은 하나님이시다(참고. 5:8; 살전 5:24; 살후 2:14). 하나님은 그리스도의 희생을 그 공로로 삼아 그들을 사셨다(속량하셨다).

따라서 하나님이 그들에게 은혜를 베푸신 것은 그리스도께서 그에 합당하면서도 엄청난 대가를 치렀기에 가능한 일이었다. 하나님은 그들을 자녀로 부르시고 거룩하고 성결하게 하셔서 그들이 그분의 뜻에 순종하며 살기를 원하셨다. 이제 그들은 하나님의 뜻에 부응하여 그분께 신실함을 보여드려야 한다.

---

23) R. N. Longenecker, 192.

6절b: 하지만 그들은 하나님을 "이같이 속히" 떠나 버렸다. 여기서 바울
은 "이같이"(후토스)라는 단어와 "속히"(타케오스)라는 단어를 결합하여 그들
이 대단히 신속하게 떠났음을 강조한다.[24]

"떠나"(메타티떼스떼)라는 단어는 고대에 군대에서 탈영하거나 반란을 일
으킨 자들의 행위를 묘사할 때 사용되었으며, 자신이 몸담고 있던 정당이
나 철학 학파를 떠나 다른 정당이나 학파로 옮기는 행위에도 사용되었다.
따라서 이 단어는 자신에게 주어진 의무를 이행하지 않거나 자기 이익에
따라 변절하는 자들의 행위를 시사한다. 게다가 이 단어는 현재 중간태로
되어 있는데, 이는 그들이 과거에 이미 떠난 것이 아니라 현재 계속해서
떠나고 있음을 보여준다.[25]

6절c: 그들은 "다른 복음"을 따랐다. "다른 복음"(other gospel)이란 거짓된
복음인데, 복음의 의미와 가치를 무참히 파괴하며 사람들로 하여금 잘못
된 길로 가게 만드는 위험한 사상이다. 이처럼 다른 복음은 그리스도의 은
혜와 반대되는 개념이다.

이 서신에서 다른 복음을 전하는 자들은 분명히 유대주의자들이다. 그
들은 구원에 있어서 믿음에다 행위를 첨부하였다(참고. 행 15:1). 그들은 믿음
만으로는 충분하지 않다고 가르쳤다. 복음은 우리에게 값없이 주어진 하
나님의 은혜를 말하는 반면에 다른 복음, 곧 거짓 복음은 하나님의 은혜만
으로는 부족하므로 거기에 인간의 행위가 필요하다고 말한다.

거짓 선생들은 그리스도께서 십자가에 달려 돌아가신 것만으로는 구원
을 얻는 조건으로 부족하며 여기에다 모세가 그들에게 명령한 할례와 같
은 율법 의식들을 지켜야 한다고 주장하였다. 다시 말해서, 그리스도께서

---

24) E. Burton, 19.

25) John Stott, 24.

시작하신 일을 모세가 끝맺도록 해야 한다고 강조했다.[26]

이것은 유대인들이나 유대교에 귀의한 이방인들에게 그럴 듯 해 보일 수 있었다. 그들은 모세의 명령을 굳이 나쁘게 볼 이유가 없다고 생각하였다. 그러나 이것은 대단히 위험한 사상이다. 왜냐하면 이것은 그리스도께서 치르신 십자가 희생의 완전성과 충족성을 부인하는 것이기 때문이다.

6절d: 바울은 갈라디아 교인들의 급속한 변질에 대하여 "내가 이상하게 여기노라"라고 말한다.[27] 한글성경 개역개정판에서 "이상하게 여기노라"라는 표현은 이에 해당하는 헬라어 단어 *따우마조*의 의미를 충분히 드러내지 못한다. 원래 이 단어는 '놀라다'(be astonished)로 번역되어야 한다.

바울은 그들의 배교에 놀란다. 이는 그들의 배교가 너무나도 급속하게 이루어졌기 때문이다. 하나님의 복음을 제대로 배우기 위해서는 시간이 많이 걸리는데, 그것을 떠나는 일은 너무나 빠르게 진행되었다. 그들은 거짓된 가르침에 대하여 아무런 의구심도 가지지 않았고 제대로 저항해 보지도 않았다. 이에 바울은 커다란 실망감을 가지고 이렇게 말한다.[28]

---

26) John Stott, 25.

27) 헬라어 본문에는 "내가 이상하게 여기노라"가 문장이 제일 앞에 있다. 이 구절의 헬라어 본문은 다음과 같다. "θαυμάζω ὅτι οὕτως ταχέως μετατίθεσθε ἀπὸ τοῦ καλέσαντος ὑμᾶς ἐν χάριτι Χριστοῦ εἰς ἕτερον εὐαγγέλιον"

28) 당시에 바울이 교회를 세우고 떠난 후에 거짓 선생들이 들어와서 사람들을 미혹하여 잘못된 교훈을 가르쳐 어긋난 길로 가게 한 경우가 많이 있었다. 바울은 사도행전 15:24에서 "들은즉 우리 가운데서 어떤 사람들이 우리의 지시도 없이 나가서 말로 너희를 괴롭게 하고 마음을 혼란하게 한다"라고 말하였다. 그리고 사도행전 20:29-30에서 "내가 떠난 후에 사나운 이리가 여러분에게 들어와서 그 양 떼를 아끼지 아니하며 또한 여러분 중에서도 제자들을 끌어 자기를 따르게 하려고 어그러진 말을 하는 사람들이 일어날 줄을 내가 아노라"라고 말하였다. 따라서 바울이 감당해야 할 책임 가운데 하나가 자신이 없을 때 나타난 거짓 선생들이었다. 바울은 이를 해결하기 위하여 서신들을 보내기도 하고 직접 가기도 하고 제자들을 보내기도 하였다.

7절a: 바울은 "다른 복음은 없나니"라고 단언한다. 그런데 한글성경 개역개정판에서 "다른 복음은 없나니"라고 한 것은 원문의 의미를 충분히 전달하지 못한다. 이 문구는 '다른 복음이라는 것 자체가 없다'(호 우크 에스틴 알로)라는 뜻이다.[29] 즉 복음에 대치되거나 복음과 유사한 뭔가가 있는 것이 아니라는 뜻이다.

복음은 오직 하나의 진리를 담고 있는 유일하고 절대적이다. 복음은 그리스도께서 우리를 대속하시기 위하여 자기 몸을 주셨다는 진리를 고수한다. 복음은 혼합적이지 않으며 변질되지도 않는다. 복음은 시대와 상황에 따라 변개될 수 있는 것이 결코 아니다.

7절b: 바울은 복음의 절대성과 불변성을 말하면서 갈라디아 교회들에 들어 온 "어떤 사람들"의 미혹을 지적한다. 그들은 거짓 선생들이다. 바울이 갈라디아 교회를 떠난 후에 그곳을 찾아온 거짓 선생들은 거짓 복음('다른 복음')을 전하였다.

그들은 유대주의적 율법주의자들이었다. 그들은 그리스도의 은혜를 부인하고 인간의 선행을 주장하였다. 그리하여 그들은 사람들을 교란하게 만들었다. 나아가서 그것은 그리스도의 복음을 변하게 하려 하였다. 여기서 바울은 교란과 변질을 하나의 정관사(호이)로 묶어서 두 가지 행동이 동시에 일어났음을 드러낸다.

복음을 교란하게 하는 일과 복음을 변질시키는 일은 대단히 위험하다. 다른 종교나 다른 사상보다 더 위험한 것이 이단 사상이다. 참으로 이단들은 복음과 전혀 다른 것을 가지고 접근하는 것이 아니라 복음과 유사하면서도 결정적으로 다른 것을 가지고 접근하여 사람들을 미혹한다.

---

29) 7절a의 헬라어 본문은 다음과 같다. "ὃ οὐκ ἔστιν ἄλλο"

특히 그들은 비신자들에게 접근하는 것이 아니라 신자들에게 접근하여 그들의 신앙을 망가뜨리고 나아가서 교회를 파괴한다. 이것은 사탄의 치명적인 전술이라 할 수 있다. 그러므로 복음에 대해서는 어떠한 혼합주의적 접근이나 절충주의적 시도도 단호하게 배격되어야 한다.

8-9절 | 사도의 저주

8 그러나 우리나 혹은 하늘로부터 온 천사라도 우리가 너희에게 전한 복음 외에 다른 복음을 전하면 저주를 받을지어다 9 우리가 전에 말하였거니와 내가 지금 다시 말하노니 만일 누구든지 너희가 받은 것 외에 다른 복음을 전하면 저주를 받을지어다

8절a: 바울은 다른 복음을 전하는 자들에 대하여 심히 분개한다. "우리나 혹은 하늘로부터 온 천사라도"라는 표현은 강조를 위한 것이다. 바울은 자신과 동료 사도들이라 하더라도, 그리고 심지어 하늘에서 온 천사라 하더라도 다른 복음을 전하는 자는 용납될 수 없다고 단언한다.

바울은 바른 복음을 전하였고 다른 사도들도 마찬가지였다. 하늘의 천사들 역시 하나님의 명령에 따라 바른 복음을 전하는 자들이다.[30] 따라서 그들은 복음을 혼합하거나 변질시킬 자들이 아니다. 따라서 바울의 말은 강조를 위한 것이다. 그는 이 일에 결코 예외가 없다고 주장한다.

8절b: 바울은 "다른 복음을 전하면 저주를 받을지어다"라고 엄숙하게 선언한다. 사실 그는 '저주를 받을지어다'(*아나떼마*)와 같은 무서운 선언을 발할 사람이 아니다. 그는 사랑과 온유와 인내를 강조하는 사도였다. 하지

---

30) 바울은 그의 서신들에게 천사를 자주 말한다(예. 롬 8:38; 고전 4:9; 13:1; 고후 11:14; 12:7; 살전 4:16; 살후 1:7; 딤전 5:21). 그는 선한 천사가 있는 반면에 악한 천사(마귀)가 있다고 말한다.

만 그는 복음을 고수하는 일에 관한한 조금도 타협하거나 양보하지 않는
다.

사실 진정한 사랑이란 진리 안에서 가치와 의미를 가진다. 진리를 파괴
하거나 거부하면서까지 사랑을 할 수는 없다. 사랑은 '진리와 함께 기뻐'
한다(참고. 고전 13:6). 참으로 복음을 변질시키는 자는 누구든지 용서받을 수
없다. 그는 반드시 저주를 받을 것이다.

9절a: "우리가 전에 말하였거니와"(호스 프로에이레카멘, NRSV: as we have said
before)라는 표현은 두 가지로 해석될 수 있다. 첫째로, 바울이 과거에 처음
으로 갈라디아 교인들에게 복음을 전할 때에 말한 것을 의미한다. 둘째로,
바울이 바로 앞 8절에서 말한 것을 의미한다.

여기에서는 두 가지 해석 중 하나를 선택할 것이 아니라 두 가지 해석을
모두 수용하는 것이 좋다. 필시 그는 복음의 순수성을 지켜야 한다는 사실
을 수도 없이 강조했을 것이다. 당시에 이단들이 많았기에 바울은 이를 염
두에 두고 복음을 전하면서 동시에 이단들을 경계했을 것이다.

9절b: "누구든지"라는 표현은 8절에서 "우리나 혹은 하늘로부터 온 천
사라도"를 확장한 것이다. 바울은 저주의 대상을 앞에서 사도들과 천사들
로 제한하였지만 여기서 모든 사람들에게 가능성을 열어 놓는다. 그는 "누
구든지" 다른 복음을 전하면 저주를 받으리라고 선언한다. 여기에는 예외
가 없다.

본문에서 "너희가 받은 것"이라는 표현은 8절에서 "우리가 너희에게 전
한"이라는 표현을 바꾼 것이다. 즉 그들이 받은 것과 사도들이 전한 것은
동일한 복음이다. 그들은 복음을 가르치고 배움으로 말미암아 순수한 교
회 공동체를 이루었다. 교회는 오직 복음의 진리를 통하여 굳건하게 세워
진다.

10절 | 하나님을 기쁘시게 함

10 이제 내가 사람들에게 좋게 하랴 하나님께 좋게 하랴 사람들에게 기쁨을 구하랴 내가 지금까지 사람들의 기쁨을 구하였다면 그리스도의 종이 아니 나라

10절: 바울은 다른 복음을 전하는 거짓 선생들을 향하여 두 번이나 저주를 선언하였다. 이것은 인간적으로 부담스러운 일이었다. 거짓 선생들은 물론이고 그들에게서 거짓된 가르침을 받은 갈라디아 교인들이 그를 미워하거나 오해할 수 있었기 때문이다.

만일 바울이 사람들을 의식하면서 사람들을 기쁘게 하거나 두려워하는 데에 관심을 가졌더라면 그런 말을 하지 못했을 것이다.[31] 그러나 바울은 하나님을 좋게 하며 하나님의 기쁨을 구하는 사람이었기에 그렇게 선언할 수 있었다(참고. 살전 2:4). 참으로 그의 마음은 오로지 하나님과 진리를 향하고 있었다.

그런데 우리는 바울이 "사람들을 좋게 하랴"와 "사람들에게 기쁨을 구하랴"라고 말한 것을 문자 그대로 이해하지 말아야 한다. 오히려 이 말을 제한적으로 이해해야 한다. 즉 '내가 하나님께 반대되는 것을 가르치고 행하게 하여 사람들을 기쁘고 즐겁게 해서야 되겠는가? 라고 이해해야 한다.[32]

주님의 종이라고 생각하면서 다른 사람들을 섬기지 않고 무시하는 것은 옳지 않다. 오히려 주님의 종은 주님이 구원하신 형제들을 기쁘게 해야 하

---

31) 앞으로 살펴보겠지만, 갈라디아 교회에 들어온 거짓 선생들은 바울이 이방인들의 마음을 얻기 위하여 그리스도인의 자유를 강조했다고 말하였다. 그리하여 바울은 이것에 대응하는 차원에서 자신의 입장을 밝힌다. 사실 바울은 자신을 적절히 변호하면서 말할 수 있었지만 그렇게 하지 않는다.

32) Matthew Poole, 28-29.

며 그들을 잘 섬겨야 한다.

마지막으로 바울은 자신을 "그리스도의 종"이라고 표현한다.[33] 이것은 그의 중심을 잘 보여준다. 그는 그리스도에게 매인 자였다.

1:11-17 바울의 사도권 변증

> [11] 형제들아 내가 너희에게 알게 하노니 내가 전한 복음은 사람의 뜻을 따라 된 것이 아니니라 [12] 이는 내가 사람에게서 받은 것도 아니요 배운 것도 아니요 오직 예수 그리스도의 계시로 말미암은 것이라 [13] 내가 이전에 유대교에 있을 때에 행한 일을 너희가 들었거니와 하나님의 교회를 심히 박해하여 멸하고 [14] 내가 내 동족 중 여러 연갑자보다 유대교를 지나치게 믿어 내 조상의 전통에 대하여 더욱 열심이 있었으나 [15] 그러나 내 어머니의 태로부터 나를 택정하시고 그의 은혜로 나를 부르신 이가 [16] 그의 아들을 이방에 전하기 위하여 그를 내 속에 나타내시기를 기뻐하셨을 때에 내가 곧 혈육과 의논하지 아니하고 [17] 또 나보다 먼저 사도 된 자들을 만나려고 예루살렘으로 가지 아니하고 아라비아로 갔다가 다시 다메섹으로 돌아갔노라

이 단락에서 바울은 자신의 사도권을 강하게 변증한다. 그가 이렇게 하는 것은 자신의 개인적인 명예를 지키기 위해서가 아니라 그가 전한 복음의 권위를 지키기 위해서이다. 즉 자신의 사도권이 입증되지 않으면 자신이 전한 메시지 역시 권위를 잃어버리기 때문이다. 갈라디아서에서 그의 사도권 변증은 2장에까지 이어진다.

11-12절 | 바울 복음의 기원

> [11] 형제들아 내가 너희에게 알게 하노니 내가 전한 복음은 사람의 뜻을 따

---

33) 참고. R. N. Longenecker, 202.

라 된 것이 아니니라 ¹² 이는 내가 사람에게서 받은 것도 아니요 배운 것도
아니요 오직 예수 그리스도의 계시로 말미암은 것이라

11절a: 바울은 갈라디아 교인들을 향하여 "형제들아"(아델포이)라고 부
른다. 갈라디아서에서 바울은 갈라디아 교인들을 향하여 "형제들" 이라고
아홉 번이나 부른다(참고. 1:11; 3:15; 4:12, 28, 31; 5:11, 13; 6:1, 18). 초기 기독교 공
동체에서 '형제' 는 동료 신자를 부르는 전문용어로 자리매김하였다. 그
들은 교회를 하나님의 가정 공동체라 여기고 교인을 한 가족이라고 생각
하였다.

그런데 지금 갈라디아 교인들은 바울이 전한 가르침을 버리고 거짓 선
생들이 가르치는 '다른 복음' 을 따라간 상태이다. 그리하여 그들은 바울
의 마음을 심히 상하게 하였다. 하지만 바울은 여전히 그들을 향하여 형제
들이라고 부름으로써 그들에 대한 변함없는 애정을 드러낸다. 하나님이
박해자였던 바울을 미워하지 않으시고 사도로 부르신 것처럼 바울은 변절
한 갈라디아 교인들을 미워하지 않고 형제들이라고 부른다.

11절b: 헬라어 본문에서 11절의 제일 앞에는 "내가 너희에게 알게 하노
니"(그노리조 휘민; NRSV: I want you to know)라는 문구가 있고 그 뒤를 이어서
"형제들아"가 있다.³⁴) "내가 너희에게 알게 하노니"라는 표현은 바울이
중요한 진술을 할 때 자주 사용하는 방식이다. 바울은 갈라디아 교인들이
자신이 말하는 것을 알기를 바란다.

바울 서신에서 앎(knowing)은 대단히 중요하다. 왜냐하면 바른 앎에서 바
른 삶이 나오기 때문이다. 갈라디아 교인들은 올바른 교리적 지식을 습득
해야 하며 잘못된 지식을 배격하여야 한다. 그들은 바울의 사도적 권위를

---

34) 11절의 헬라어 본문은 다음과 같다. "Γνωρίζω δὲ ὑμῖν ἀδελφοί τὸ εὐαγγέλιον τὸ
εὐαγγελισθὲν ὑπ ἐμοῦ ὅτι οὐκ ἔστιν κατὰ ἄνθρωπον"

알아야 하고 바울이 전한 바른 교훈, 즉 복음을 알아야 한다.

11절c: 바울은 자신이 전한 복음이 "사람의 뜻을 따라 된 것이 아니니
라"라고 말한다. 이 말의 의미는 12절에 잘 나와 있다. 바울은 자신이 전한
복음의 기원과 성격이 인간적이지 않음을 밝힌다(참고. 고전 15:1).

바울은 자신의 복음이 하늘에서 기원한 것이며 영원한 생명을 내재한
것이라고 주장한다. 이전에 바울은 복음 전하는 자들을 심히 박해하였지
만 지금 그는 복음으로 말미암아 완전히 변화되었으며 복음을 전하는 일
에 열심이다. 그리하여 그는 "이 복음을 위하여 그의 능력이 역사하시는
대로 내게 주신 하나님의 은혜의 선물을 따라 내가 일꾼이 되었노라"라고
고백하였다(엡 3:7).

12절a: 이 구절에서 바울은 11절의 "사람의 뜻을 따라 된 것이 아니니
라"라는 표현의 의미를 자세히 설명한다. 그는 자신의 복음을 "사람에게
서 받은 것도 아니요 배운 것도 아니요"라고 말한다. 이것은 철저히 반反
유대주의적인 표현이다.

먼저, "사람에게서 받은 것"이라는 표현은 전승을 가리키는데, 유대인
들은 전통을 전수하는 것을 매우 중요하게 여겼다. "배운 것"이라는 표현
은 유대의 교육과 연관되는데, 유대인들은 어려서부터 율법과 전통을 배
웠다. 따라서 이것은 바울의 복음이 결코 사람에게서 유래한 것이 아님을
의미한다. 바울은 복음을 유대의 전통과 구별하며 자신을 거짓 선생들과
구별한다.

12절b: "오직 예수 그리스도의 계시로 말미암은 것이라"는 말은 바울
복음의 기원을 밝혀준다. 바울은 사람에게서 복음을 받은 것이 아니라 예
수님에게서 직접 받았다고 말한다. 따라서 그는 자신의 복음이 인간적인

기원을 가지지 않고 신적인 기원을 가진다는 점을 분명히 밝힌다. 바울은 다메섹으로 가는 길목에서 예수님을 만나 회심하였다(참고. 행 9:1-19).[35] 이후 그는 주님으로부터 계시를 받아 복음을 깨닫게 되었다.

우리는 바울이 어떤 경로로 주님의 계시를 받았는지 모른다. 하지만 바울은 자신이 분명히 주님의 계시를 받았다고 단언한다(참고. 행 22:17-18; 26:15-18).[36] 따라서 바울이 가르친 복음은 신적인 권위를 가진다. 그것은 인간적인 기원을 가지는 거짓 선생들의 가르침과 본질적으로 다르다.

사실 바울은 회심하기 전에 구약성경을 알았으며 스데반이 설교하는 것을 직접 들었다. 그리고 다메섹 도상에서 주님을 만난 후에 아나니아의 도움을 받았고 이후 바나바와 교제하였다. 이후에 그는 여러 제자들과 만나서 교제하였고 예루살렘의 사도들과도 교제하였다(참고. 행 9:19; 9:26-27). 그는 심지어 자신이 사도들로부터 부활에 관한 전승을 받았다고 말하기도 하였다(참고. 고전 15:3).

따라서 바울은 사람들의 가르침을 전혀 받지 않았다고 볼 수는 없다. 하지만 바울은 사도들이나 제자들의 가르침을 '예수님의 계시'라고 생각하지 않았다. 분명히 바울은 그들과의 교제 이전에 주님으로부터 명확한 계시를 받은 상태였다. 결국 바울은 주님으로부터 직접 계시를 받았으며, 이후에 사도들과 교제하면서 그 계시를 확인하였다고 볼 수 있다.

13-14절 | 바울의 과거

¹³ 내가 이전에 유대교에 있을 때에 행한 일을 너희가 들었거니와 하나님의

---

35) 참고. J. Dupont, "The Conversion of Paul and Its Influence on His Understanding of Salvation by Faith," in W. W. Gasque and P. Martin (eds.) *Apostolic History and the Gospel: Biblical and Historical Essays Presented to F. F. Bruce on His 60th Birthday*, Exeter: Paternoster, 1970, 176-94.

36) 참고. E. Burton, 38-42.

교회를 심히 박해하여 멸하고 ¹⁴ 내가 내 동족 중 여러 연갑자보다 유대교
를 지나치게 믿어 내 조상의 전통에 대하여 더욱 열심이 있었으나

13절a: 바울은 이전에 유대교에 있었을 때 자신이 교회를 박해한 일을
말한다. 바울은 "너희가 들었거니와"라는 표현을 사용하는데, 이는 그가
과거에 행한 일이 유대에서 가까운 지역뿐만 아니라 멀리 소아시아의 갈
라디아 지역에 이르기까지 알려져 있었음을 보여준다(참고. 21-22절).

바울은 자신의 과거에 대하여, "나는 팔일 만에 할례를 받고 이스라엘
족속이요 베냐민 지파요 히브리인 중의 히브리인이요 율법으로는 바리새
인이요 열심으로는 교회를 박해하고 율법의 의로는 흠이 없는 자라"고 말
하였다(빌 3:5-6). 과거에 그는 철저한 유대주의자였다.

13절b: "하나님의 교회를 심히 박해하여 멸하고"는 대단히 강렬한 표현
이다. 바울은 "심히," 즉 '대단히 강하게'(카프 휘페르볼렌) 하나님의 교회를
박해하였으며 나아가서 그것을 멸하려고 시도하였다(NRSV: I was violently
persecuting the church of God and was trying to destroy it)(참고. 행 8:3; 롬 7:13; 고후 1:8).

바울은 자신이 가진 유대교적 신념에 근거하여 기독교의 등장과 성장을
용인할 수 없었다. 그리하여 그는 교회를 강하게 박해하였고 궁극에는 없
애버리려고 하였다. 여기서 그는 "하나님의 교회"라는 표현을 사용하는
데, 이것은 문맥상 유대교와 대조되며, 바울의 현재적 관점을 반영한다.[37]

14절a: "내가 내 동족 중 여러 연갑자보다 유대교를 지나치게 믿어"라는
표현은 바울이 유대교에 대하여 누구보다도 열심이었다는 것을 보여준다.
한글성경 개역개정판에서 "연갑자"(年甲者, 나이가 같은 또래)라는 표현에 해
당하는 헬라어 단어 쉬넬리키오타스는 그 의미가 애매하다. 이것은 나이

---

37) R. N. Longenecker, 216.

가 같은 사람들을 가리킬 수도 있고 동시대의 사람들을 가리킬 수도 있으며 같은 일을 하는 동료들을 뜻할 수도 있다. 아마도 동시대의 유대교인들을 가리킬 것이다. 그는 유대교를 믿는 데 있어서 지나치게 믿어 다른 유대인들보다 앞섰다(NRSV: I advanced in Judaism beyond many among my people ...).[38] 그는 유대교 열성분자였다.

14절b: 따라서 바울은 자기 "조상의 전통"에 대하여 더욱 열심이 있었다. "조상의 전통"이란 유대의 율법적 전통을 의미한다. 그것은 할례(참고. 2:3)와 선민주의(참고. 2:12)와 절기(참고. 4:10) 등을 포함한다. 바울은 이것에 남들보다 더 열심이 있었다.

사실 당시에 대부분의 유대인들은 기독교에 대해서 별로 관심이 없거나 적어도 우호적이었다. 그들은 기독교를 그렇게 적대적으로 대하지 않았다. 하지만 바울은 달랐다. 그는 종교적인 신념이 강렬했을 뿐만 아니라 성격 자체가 대단히 열정적이었고 과격했으며 성급했다. 그는 기독교를 말살하는 것이 하나님을 섬기는 일이라고 확신했다.

이렇게 바울이 자신의 부끄러운 과거를 굳이 말하는 이유는 무엇인가? 그 이유를 적어도 세 가지로 말할 수 있다.

첫째, 바울 자신이 유대교의 가르침에 대해 누구보다도 잘 알고 있다는 점을 드러내기 위해서이다. 즉 그는 자신이 갈라디아에 들어온 거짓 선생들의 잘못된 가르침을 잘 간파하고 있음을 보여주고자 한다.

둘째, 유대교의 반反 기독교성을 드러내기 위해서이다. 그는 유대주의적 율법주의가 복음과 결코 어울릴 수 없다는 점을 강조하고자 한다.

셋째, 그토록 극악했던 자신이 변화되었다면 자신보다 순수한 갈라디아

---

38) 14절a의 헬라어 본문은 다음과 같다. "καὶ προέκοπτον ἐν τῷ Ἰουδαϊσμῷ ὑπὲρ πολλοὺς συνηλικιώτας ἐν τῷ γένει μου"

교인들도 변화될 수 있을 것이라는 자신감을 심어주기 위해서이다.

15-16절a: 바울의 소명

> **15 그러나 내 어머니의 태로부터 나를 택정하시고 그의 은혜로 나를 부르신 이가 16 그의 아들을 이방에 전하기 위하여 그를 내 속에 나타내시기를 기뻐하셨을 때에 내가 곧 혈육과 의논하지 아니하고**

15절a: 이제 바울은 자신이 부르심을 받은 것(소명)에 대해서 언급한다. 그는 "내 어머니의 태로부터 나를 택정하시고"라고 말한다.[39] "택정하시고"라는 표현에 해당하는 헬라어 단어 *아포리조*는 '구별하다'(set apart)로 번역하는 것이 적절하다.

하나님은 바울이 세상에 태어나기도 전에 그를 하나님의 일꾼으로 삼으시려고 구별하셨다. 바울이 태어나기도 전에 하나님의 부르심을 받았다는 것은 여기에 어떤 인간적이거나 외부적인 영향이 개입된 것이 아님을 보여준다. 하나님은 오로지 그분의 주권에 따라 일하신다. 그분은 주권적으로 바울을 구별하셨다.

15절b: 그는 하나님께서 은혜로 자신을 부르셨다고 말한다. 바울이 '은혜'라는 단어를 사용하는 것은 자신의 과거 행적 때문이다. 그는 전에 하나님의 교회를 심히 박해한 자였다(참고. 13절). 그는 종종 자신의 부끄러운 과거를 언급하였는데, 생애의 마지막에 이르러 기록한 목회서신에서도 "내가 전에는 비방자요 박해자요 폭행자였으나"라고 하였다(딤전 1:13). 그는 하나님이 자신을 부르신 사실을 나중에야 알았다. 하나님의 예정과 섭리는 인간이 처음부터 알 수 있는 것이 아니다. 그것은 시간이 흐른 후에

---

39) 신약성경에서 오직 이곳에서만 바울의 어머니가 언급되어 있다.

성령 하나님이 깨닫게 하심으로 알려진다.

실로 바울은 자신이 하나님을 찾은 것이 아니라 하나님이 자신을 찾아
오셨다고 고백한다. 그는 하나님의 일꾼이 될 아무런 자격을 가지고 있지
않았다. 오히려 그는 그리스도인들을 박해하고 교회를 파괴하는 데 앞장
섰던 사람이었다. 그러나 하나님은 그러한 사람을 사용하셔서 교회를 세
우게 하셨다.

실제로 바울이 회심한 후에도 신자들은 바울을 경계하였다. 심지어 예
루살렘의 사도들조차도 바울이 회심한 것을 믿지 않았을 정도였다(참고. 행
9:26). 이는 바울이 그리스도인들에게 너무나도 악명 높은 사람이었기 때문
이다. 하지만 하나님은 그를 강권적으로 부르셨다. 이것이 바로 '하나님의
은혜'였다.

16절a: 하나님이 바울을 구별하신 목적은 그를 통하여 "그의 아들"이신
예수 그리스도를 이방 세계에 전하기 위해서이다(참고. 행 9:15; 롬 11:13; 15:16).
하나님의 아들 예수 그리스도는 반드시 사람을 통하여 세상에 전해져야
한다. 이에 하나님은 바울을 적임자로 생각하셔서 그를 구별하셨다.

"그를 내 속에 나타내시기를"이라는 표현은 하나님께서 예수 그리스도
를 바울 안에 나타내셨다는 뜻이다.[40] 이것은 하나님의 계시를 의미한다.
하나님은 감추어졌던 비밀을 때가 이르러 드러내셨는데, 하나님의 비밀은
예수 그리스도이시다. 이 비밀이 바울에게 나타났다.

바울은 과거에 자기중심적으로 살았다. 이는 13-14절에서 그가 과거의
일에 대해서 자신('나')을 중심으로 하여 말하는 데에서 잘 드러난다. 그러

---

40) 16절a의 헬라어 본문에는 이 문구가 문장의 제일 앞에 있다. 이 구절의 헬라어 본문
은 다음과 같다. "ἀποκαλύψαι τὸν υἱὸν αὐτοῦ ἐν ἐμοί"

나 하나님은 그를 은혜로 부르셔서 사도가 되게 하셨다. 그는 아무 것도 한 일이 없다. 그리하여 그는 "내가 복음을 전할지라도 자랑할 것이 없음은 내가 부득불 할 일임이라 만일 복음을 전하지 아니하면 내게 화가 있을 것이로다"(고전 9:16)라고까지 말하면서 자기의 태생적인 사명을 고백하였다. 그는 사사로운 욕심을 일체 가지고 있지 않았다. 그에게는 오로지 그리스도의 복음에 대한 일념만 남아있었다. 그는 진정으로 '그리스도의 종'이었다(참고. 10절).

16절b-17절 | 사람들을 만나지 않았음

> 16 그의 아들을 이방에 전하기 위하여 그를 내 속에 나타내시기를 기뻐하셨을 때에 내가 곧 혈육과 의논하지 아니하고 17 또 나보다 먼저 사도 된 자들을 만나려고 예루살렘으로 가지 아니하고 아라비아로 갔다가 다시 다메섹으로 돌아갔노라

16절b: 앞에서 바울은 복음을 사람으로부터 받지 않았고 그들로부터 배우지 않았다고 말하였는데, 이제 여기서는 자신이 처음 부르심을 받았을 때에 혈육과 의논하지 않았다고 말한다. 그는 "곧 혈육과 의논하지 아니하고"라고 말하는데, "곧"에 해당하는 헬라어 단어 유데오스는 '즉시'라는 뜻이다. 이것은 단호한 결단을 뜻한다. "혈육"(사르키 카이 하이마티; human being)은 믿고 의지할 수 있는 사람을 의미한다. 그는 극도로 혼란스러운 상황에서 자신이 편하게 의지할 수 있는 사람들을 찾아가서 문의하거나 상의할 수 있었지만 그렇게 하지 않았다.

17절a: 심지어 바울은 자신보다 먼저 사도 된 자들을 만나려고 예루살렘으로 가지도 않았다. 당시에 예루살렘은 기독교의 중심지로서 사도들이

머물고 있는 곳이었다. 사실 사도로 부르심을 받았으면 일단 '먼저 사도가 된 자들'을 찾아가서 문의하고 상의하는 것이 당연해 보인다. 하지만 그는 자신을 부르신 분이 하나님이심을 깨닫고 결코 사람들을 의지하지 않으려고 하였다. 그는 하나님이 자신의 앞길을 주권적으로 보여주실 것이라고 믿었다. 그리하여 그는 비록 사도들이라 할지라도 의지하지 않았다. 그렇다고 해서 그가 예루살렘의 사도들을 무시한 것은 아니다. 그는 예루살렘의 사도들과 좋은 관계를 유지한다.

17절b: 바울은 아라비아로 갔다가 다시 다메섹으로 돌아갔다. 이것은 사도행전 9장 23-25절의 기록과 일치한다. 바울은 회심한 후에 다메섹에서 예수님이 하나님의 아들이심을 전파하였다(참고. 행 9:19b-22). 그후에 그는 아라비아로 갔다. 그는 아라비아에서 3년간 머물렀다가 다시 다메섹으로 돌아온다(참고. 18절).

아라비아는 다메섹에 닿아 있었기 때문에 그가 먼 거리를 다녀온 것은 아니었다. 그가 아라비아에서 무엇을 했는지에 대해서 여러 견해가 있다. 어떤 학자들은 그가 거기서 조용히 기도하며 성경을 공부했다고 주장하지만 근거가 충분하지 않다.

보다 설득력 있는 견해는 바울이 복음을 전하기 위해서 아라비아에 갔다는 것이다. 이렇게 보는 이유는 고린도후서 11장 32-33절에 기록되어 있는 바울의 증언 때문이다. 여기에는 아레다 왕의 고관이 사울(바울)을 잡으려고 다메섹 성을 지켰지만 바울이 광주리를 타고 들창문으로 성벽을 내려가 도망을 했다는 언급이 나온다. 그렇다면 바울은 아라비아에 머무는 동안 아레다 왕의 정책에 반하는 행동을 한 것으로 보인다. 그리하여 그는 왕으로부터 위협을 느껴서 다메섹으로 도망쳐 온 것 같다. 그렇다면 아레다 왕의 정책에 반하는 행동은 무엇이었을까?

그것은 하나님의 복음을 전하는 일이었다. 즉 그는 아라비아에서 조용히 기도하며 공부한 것이 아니라 오히려 적극적으로 나바티아(Nabatea) 백성들에게 복음을 전했던 것이다. 이에 화가 난 아레다 왕은 사울을 잡으려고 하였고 사울이 다메섹으로 도망하자 사람들을 보내어 그를 잡아오게 하였다. 그리고 이 일에 유대인들이 협력했던 것이다(참고. 행 9:24). 당시에 다메섹은 아레다 왕과 긴밀한 정치적인 관계를 가지고 있어서 이러한 일이 가능했다. 하지만 사울의 제자들은 밤에 그를 탈출시켜서 잡히지 않게 하였다(참고. 행 9:25).

1:18-24 바울의 독자적인 활동

18 그 후 삼 년 만에 내가 게바를 방문하려고 예루살렘에 올라가서 그와 함께 십오 일을 머무는 동안 19 주의 형제 야고보 외에 다른 사도들을 보지 못하였노라 20 보라 내가 너희에게 쓰는 것은 하나님 앞에서 거짓말이 아니로다 21 그 후에 내가 수리아와 길리기아 지방에 이르렀으나 22 그리스도 안에 있는 유대의 교회들이 나를 얼굴로는 알지 못하고 23 다만 우리를 박해하던 자가 전에 멸하려던 그 믿음을 지금 전한다 함을 듣고 24 나로 말미암아 하나님께 영광을 돌리니라

바울은 예루살렘을 방문한 일과 수리아와 길리기아에서 전도한 일을 언급한다. 여기서 바울이 일관되게 말하고자 하는 것은 그의 복음이 사람들에게서 비롯된 것이 아니라 예수 그리스도에게서 비롯된 것이라는 사실이다. 그렇지만 동시에 그는 예루살렘의 사도들과 만나 교제한 일을 말함으로써 자신의 복음이 사도들의 복음과 다르지 않다는 점을 드러낸다.

18-20절 | 예루살렘 방문

18 그 후 삼 년 만에 내가 게바를 방문하려고 예루살렘에 올라가서 그와 함

께 십오 일을 머무는 동안 ¹⁹ 주의 형제 야고보 외에 다른 사도들을 보지 못하였노라 ²⁰ 보라 내가 너희에게 쓰는 것은 하나님 앞에서 거짓말이 아니로다

18절a: 바울은 "삼 년 만에" 예루살렘을 방문한다. 여기서의 "삼 년 만에"의 의미는 분명하지 않다.[41] 이것은 바울이 회심한 지 삼 년 만이라는 뜻일 수도 있고, 아라비아로 가서 삼 년을 머물렀다가 다메섹으로 돌아와서 곧 예루살렘을 방문했다는 뜻일 수도 있다. 두 가지를 모두 포함할 가능성이 높다. 바울은 회심한 지 얼마 되지 않아서 아라비아로 갔으며 거기서 비교적 오래 머물렀다. 이후 다메섹으로 돌아왔지만 얼마 지나지 않아 유대인들이 그를 죽이려 하자 제자들의 도움을 받아 몰래 그곳을 도망한 후에 예루살렘을 방문하였다(참고. 행 9:26-30).

18절b: 바울에게 있어서 이번 예루살렘 방문은 회심한 후 첫 번째 방문이었다. 여기서 바울은 예루살렘으로 가는 것에 대해 '올라가다'(아넬톤)라는 단어를 사용한다. 이렇게 표현하는 것은 당시의 관행이었다. 이것은 특히 복음서에서 두드러지는데, 복음서에는 어느 지역에서 예루살렘으로 가든 언제나 '올라가다'라고 표현되어 있다. 이것은 유대인들에게 있어서 예루살렘이 신앙적 혹은 정신적 중심 지역이었기 때문이다. 바울은 비록 이방 지역에서 지내면서 이방인들을 위하여 일했지만, 유대인으로서 예루살렘을 존중하였고 유대의 교회들을 생각하였다.

18절c: 바울은 예루살렘에서 게바와 함께 십오 일을 머물렀다. 바울이 게바를 만나기 위해서 예루살렘에 갔는지 아니면 예루살렘에 갔다가 우연히 게바를 만났는지 분명하지가 않다. 게바는 베드로이다. 바울은 베드로

---

41) 참고. R. N. Longenecker, 230.

를 게바라고 불렀으며, 베드로는 바울을 사울이라고 불렀다.

게바와 사울은 히브리식 이름인데, 그들이 유대인들이기에 서로를 이렇게 불렀을 것이다. 반면에 바울과 베드로는 헬라식 이름인데, 그들은 당시 습관대로 히브리식 이름과 헬라식 이름을 같이 사용하였다. 특히 바울은 헬라 지역에서 활동했으므로 이후부터 주로 바울로 불린다.

19절a: 바울은 예루살렘에서 게바와 더불어 "주의 형제 야고보"를 만났다. "주의 형제 야고보"는 예수님의 친동생 야고보이다(참고. 행 12:17).[42] 바울이 야고보라는 이름에다가 "주의 형제"라는 수식어를 붙인 이유는 당시 야고보라는 이름이 흔했기 때문에 다른 야고보들과 구분하기 위해서이다. 게다가 야고보는 당시 예루살렘 교회의 기둥 같은 존재였기 때문에 그의 권위를 감안하여 이렇게 말한 것이다(참고. 2:9). 당시 예루살렘 교회에서 주님의 형제 야고보는 사도들 중의 한 명으로 여겨진 것 같다(참고. 고전 9:4-5).[43] 그는 예루살렘 교회 회의(공의회, 총회)를 진행하였고 성공적인 결과를 이끌어냈다(참고. 행 15장).

19절b: 바울은 베드로와 주님의 형제 야고보 외에 "다른 사도들"을 보지 못하였다고 말한다. 그가 다른 사도들을 보지 못한 이유는 아마도 일부 사도들이 복음을 전하러 여러 지역으로 떠났고 다른 일부 사도들은 바울을 여전히 두려워하거나 싫어하여 그를 만나려 하지 않았기 때문이다.

이에 대하여 누가는 "사울이 예루살렘에 가서 제자들을 사귀고자 하나 다 두려워하여 그가 제자 됨을 믿지 아니하니"라고 말하였다(행 9:26). 결국 바울은 게바와 주의 형제 야고보만 만난 셈이다. 하지만 그들이 예루살렘

---

42) 참고. G. Howard, "Was James an Apostle? A Reflection on a New Proposal for Gal. I. 19," *NovT* 19 (1977): 63-64.

43) John Stott, 41.

교회의 대표자였으니 바울로서는 예루살렘의 사도들과 충분히 교제했다고 볼 수 있다.

바울은 예루살렘에서 "십오 일"을 머물렀다. 이 기간은 제법 긴 기간이다. 이때 그가 게바와 야고보를 만나서 아무런 대화도 나누지 않았을까? 물론 그렇지는 않았을 것이다. 바울은 게바와 야고보로부터 예수님의 공생애에 대해서 생생하게 들었을 것이다. 이것은 바울이 경험하지 못했던 부분이다. 하지만 바울이 다메섹에서 주님을 만났을 때 받은 계시와 사도들이 말한 내용들에 차이가 있는 것은 아니었다. 바울은 그들과 대화를 나누는 가운데 자신이 받은 계시가 옳았음을 확인했을 것이다. 따라서 바울이 그들에게서 새로운 계시를 배웠다고 할 수는 없다.

결국 바울이 말하고자 하는 것은 그가 받은 복음의 기원이다. 그는 회심한 후 시간이 제법 흐르면서 많은 일들을 겪은 후에야 비로소 예루살렘을 처음으로 방문하였다. 우리들의 일반적인 추측으로는 회심한 후 얼마 지나지 않아서 예루살렘을 방문하여 사도들을 만나 앞으로의 일을 상의하거나 사역에 대하여 배워야 했었겠지만 바울은 그렇게 하지 않았다. 오히려 삼 년이라는 세월이 지났기 때문에 그의 복음은 완전히 형성되어 있었을 것이다. 따라서 그가 예루살렘을 방문한 것은 결코 사도들로부터 가르침을 받기 위해서가 아니었다. 그는 겨우 두 주간 동안 예루살렘에 머물렀으며 오직 베드로 사도와 주님의 형제 야고보를 만났을 뿐이다.

한편, 사도행전 9장 26-29절에 따르면, 그는 이 기간에 오히려 사도들에게 가서 자신이 어떻게 주님을 보았는지, 주님께서 무엇이라 말씀하셨는지, 그리고 다메섹에서 어떻게 예수님의 이름으로 담대히 말했는지를 전하였다. 그리고 그는 제자들과 함께 예루살렘에 출입하며 주 예수님의 이름으로 담대히 말하고 헬라파 유대인들과 함께 말하며 변론하였다. 그러므로 바울이 예루살렘에 머무는 동안 대부분의 시간을 전도하는 데 사용하였다고 볼 수 있다.

20절: 바울은 "보라 내가 너희에게 쓰는 것은 하나님 앞에서 거짓말이 아니로다"라고 말한다. 바울은 자신의 말이 거짓이 아니라 사실임을 밝힌다. 그는 '보라'라는 표현과 '내가 너희에게 쓴다'라는 표현과 '하나님 앞에서'라는 표현을 사용하여 자신의 말의 진실성을 강조한다. 이것은 바울이 하나님 앞에서 맹세하는 것이다.

바울은 하나님이 그의 진실을 보증하신다고 주장한다. 바울은 거짓말을 하지 않았고 언제나 진실만을 말하였다. 그는 "이것으로 말미암아 나도 하나님과 사람에 대하여 항상 양심에 거리낌이 없기를 힘쓰나이다"라고 하였다(행 24:16).

바울이 이렇게까지 강조하여 자신의 말이 진실하다는 것을 밝히는 이유는 자신을 모함한 거짓 선생들과 그들의 말에 넘어간 갈라디아 교인들을 설득하기 위해서이다. 그들은 바울을 불신하였고 따라서 바울이 가르친 교훈(복음)도 불신하였다. 그래서 바울은 자신이 결코 거짓말을 하지 않는다고 강조하여 말하는 것이다.

바울의 사도권과 그가 받은 복음의 신적 기원을 밝히는 일은 그 자신의 명예를 지키려는 개인적인 사안이 아니라 그가 전한 복음의 권위를 지키려는 공적인 사안이었다. 그래서 바울은 이렇게까지 강조하면서 그간 자신이 행한 일을 설명한다.

21-24절 | 수리아와 길리기아 전도

²¹ 그 후에 내가 수리아와 길리기아 지방에 이르렀으나 ²² 그리스도 안에 있

**는 유대의 교회들이 나를 얼굴로는 알지 못하고 23 다만 우리를 박해하던
자가 전에 멸하려던 그 믿음을 지금 전한다 함을 듣고 24 나로 말미암아 하
나님께 영광을 돌리니라**

21절: 바울은 예루살렘을 방문한 후에 수리아와 길리기아 지방으로 간
다.44) 사도행전에서 수리아와 길리기아는 항상 같이 나온다(참고. 행 15:23,
41). 수리아의 중심지는 안디옥이고, 길리기아의 중심지는 다소이다.

사도행전 9장 28-30절에 따르면, 바울은 예루살렘에서 제자들과 함께
지내면서 주 예수님의 이름을 담대히 말하고 헬라파 유대인들과 변론을
하자 그들이 바울을 죽이려고 하였다. 그래서 다른 신자들이 바울을 가이
사랴로 데리고 갔다가 거기서 다소로 보냈다. 아마도 이때 바울은 다소(길
리기아)를 방문하면서 안디옥(수리아)을 방문하였을 것이다.

바울은 예루살렘에서 15일간 짧게 머물면서 복음을 전하였고 이후 수리
아와 길리기아에서 10년 가까이 머물면서 복음을 전하였다. 이 모든 곳들
에서 바울은 사도의 권위를 가지고 독자적으로 활동하였다. 바울이 예루
살렘을 떠나 길리기아에 있는 다소로 간 때는 주후 35년경이다.

이후에 바나바는 다소를 방문하여 바울을 안디옥(수리아)으로 데리고 오
는데, 이때는 주후 43-45년경이다(참고. 행 11:25).45) 안디옥에서 바나바와 바
울은 함께 일 년간 큰 무리의 그리스도인들을 가르쳤다(참고. 행 11:26). 그리
하여 안디옥 교회가 더욱 든든히 세워졌다.

22절: 결국 "그리스도 안에 있는 유대의 교회들"은 바울을 "얼굴로는"
알지 못하였다. "유대의 교회들"이란 유대 지역에 세워진 교회들을 뜻한

---

44) 참고. E. Burton, 62.
45) 이 책의 앞부분에 있는 '갈라디아서 서론'의 '사도행전과 갈라디아서의 연대기'에
대한 논의를 참고하라.

다. 그들은 바울의 "얼굴"을 몰랐다. 서로 만난 적이 없었기 때문이다. 그들은 바울의 이름을 들었을 뿐이다. 이 사실 역시 바울이 유대의 교회들과 깊은 교제가 없었으며 따라서 그들로부터 배운 적이 없었음을 보여준다.

여기서 바울은 유대의 교회들에게 "그리스도 안에 있는"이라는 수식어를 붙임으로써 유대의 교회들에 대한 존경심을 나타낸다. 그런데 이 말에는 또한 보편교회의 본질적인 가치가 담겨 있다. 모든 교회는 "그리스도 안에" 있다. 교회는 그리스도를 기초로 하여 세워지고 그리스도에 의하여 견실해진다. 교회는 그리스도를 주님으로 고백하며 그리스도의 가르침을 받아들인다.

23절: 유대의 신자들은 바울이 이전에는 신자들을 박해했었지만 이제는 오히려 그 믿음을 전한다는 말을 들었다. 그들은 바울의 얼굴을 몰랐으나 바울에 대한 소문을 들었다. 이전에 그리스도인들을 극심하게 박해하였던 자가 이제 그 믿음을 전한다는 것은 쉽게 받아들이기 어려운 일이다.

그런데 여기서 '믿음을 전하다'라는 표현은 이신칭의 개념을 연상시킨다. 갈라디아에 들어온 거짓 선생들은 유대주의적 율법주의자들로서 행위를 강조하는 다른 복음을 전하였다. 그러나 바울은 오직 믿음으로 구원받는다는 바른 복음을 전하였다(참고. 엡 2:8-9).

24절: 사람들은 바울로 말미암아 하나님께 영광을 돌렸다. 사람들은 복음을 파괴하고 교회를 멸하려 했던 바울이 완전히 변화되어 오히려 복음을 전하는 모습에 감탄하였다. 그들은 바울과 같이 완악한 죄인을 완전히 변화시키신 하나님의 놀라운 은혜와 위대한 능력을 목격하였다.

참으로 바울이 위대한 것이 아니라 하나님이 위대하셨다. 그리하여 그들은 바울을 찬양하지 않고 바울 안에서 역사하신 하나님을 찬양하였다.

바울은 하나님의 은혜의 증거가 되었다.[46] 무엇보다도 바울 자신이 하나님의 영광을 드러내는 도구가 된 것을 자랑스럽게 생각하였다.

바울은 2장 1절에서 "십사 년 후에 내가 바나바와 함께 디도를 데리고 다시 예루살렘에 올라갔나니"라고 말한다(참고. 2:1의 주해). 이것은 바울이 회심한 이후부터 14년 만에 예루살렘을 두 번째로 방문하였다는 뜻이다(참고. 행 11:30; 12:25). 따라서 바울은 회심하고서 3년 만에 예루살렘을 처음으로 방문하였고 이후 10년 동안 예루살렘을 방문하지 않은 것이 된다.

바울은 회심한 후 대부분의 시간을 아라비아와 수리아와 길리기아에서 보냈다. 그는 사도들과 시간을 별로 가지지 않았고 사람들로부터 배운 적도 없었다. 그는 오로지 주님으로부터 배웠을 뿐이다. 그의 복음의 유일한 원천은 주님이셨고 그의 권위의 유일한 원천도 주님이셨다.

따라서 바울이 다음과 같이 말한 것은 옳다. "형제들아 내가 너희에게 알게 하노니 내가 전한 복음은 사람의 뜻을 따라 된 것이 아니니라 이는 내가 사람에게서 받은 것도 아니요 배운 것도 아니요 오직 예수 그리스도의 계시로 말미암은 것이라"(1:11-12).

바울의 가르침은 예수님에게서 기초한 것이고 예수님에게서 비롯된 것이므로 바울의 복음과 예수님의 복음은 동일하다. 바울의 복음의 주인공은 예수님이시며 그는 예수님으로부터 부르심을 받았고 사명을 부여받았다. 바울은 이점을 분명히 선언했고 실제로 행했음으로 이에 대한 혼란이 없어야 한다.

---

46) John Stott, 42.

갈라디아서 2장

1 십사 년 후에 내가 바나바와 함께 디도를 데리고 다시 예루살렘에 올라갔나니 2 계시를 따라 올라가 내가 이방 가운데서 전파하는 복음을 그들에게 제시하되 유력한 자들에게 사사로이 한 것은 내가 달음질하는 것이나 달음질한 것이 헛되지 않게 하려 함이라 3 그러나 나와 함께 있는 헬라인 디도까지도 억지로 할례를 받게 하지 아니하였으니 4 이는 가만히 들어온 거짓 형제들 때문이라 그들이 가만히 들어온 것은 그리스도 예수 안에서 우리가 가진 자유를 엿보고 우리를 종으로 삼고자 함이로되 5 그들에게 우리가 한시도 복종하지 아니하였으니 이는 복음의 진리가 항상 너희 가운데 있게 하려 함이라

6 유력하다는 이들 중에 (본래 어떤 이들이든지 내게 상관이 없으며 하나님은 사람을 외모로 취하지 아니하시나니) 저 유력한 이들은 내게 의무를 더하여 준 것이 없고 7 도리어 그들은 내가 무할례자에게 복음 전함을 맡은 것이 베드로가 할례자에게 맡음과 같은 것을 보았고 8 베드로에게 역사하사 그를 할례자의 사도로 삼으신 이가 또한 내게 역사하사 나를 이방인의 사도로 삼으셨느니라 9 또 기둥 같이 여기는 야고보와 게바와 요한도 내게 주신 은혜를 알므로 나와 바나바에게 친교의 악수를 하였으니 우리는 이방인에게로, 그들은 할례자에게로 가게 하려 함이라 10 다만 우리에게 가난한 자들을 기억하도록 부탁하였으니 이것은 나도 본래부터 힘써 행하여 왔노라

11 게바가 안디옥에 이르렀을 때에 책망 받을 일이 있기로 내가 그를 대면하여 책망하였노라 12 야고보에게서 온 어떤 이들이 이르기 전에 게바가 이방인과 함께 먹다가 그들이 오매 그가 할례자들을 두려워하여 떠나 물러가매 13 남은 유대인들도 그와 같이 외식하므로 바나바도 그들의 외식에 유혹되었느니라 14 그러므로 나는 그들이 복음의 진리를 따라 바르게 행하지 아니함을 보고 모든 자 앞에서 게바에게 이르되 네가 유대인으로서 이방인을 따르고 유대인답게 살지 아니하면서 어찌하여 억지로 이방인을 유대인답게 살게 하려느냐 하였노라

15 우리는 본래 유대인이요 이방 죄인이 아니로되 16 사람이 의롭게 되는 것은 율법의 행위로 말미암음이 아니요 오직 예수 그리스도를 믿음으로 말미암는 줄 알므로 우리도 그리스도 예수를 믿나니 이는 우리가 율법의 행위로써가 아니고 그리스도를 믿음으로써 의롭다 함을 얻으려 함이라 율법의 행위로써는 의롭다 함을 얻을 육체가 없느니라 17 만일 우리가 그리스도 안에서 의롭게 되려 하다가 죄인으로 드러나면 그리스도께서 죄를 짓게 하는 자냐 결코 그럴 수 없느니라 18 만일 내가 헐었던 것을 다시 세우면 내가 나를 범법한 자로 만드는 것이라 19 내가 율법으로 말미암아 율법에 대하여 죽었나니 이는 하나님에 대하여 살려 함이라 20 내가 그리스도와 함께 십자가에 못 박혔나니 그런즉 이제는 내가 사는 것이 아니요 오직 내 안에 그리스도께서 사시는 것이라 이제 내가 육체 가운데 사는 것은 나를 사랑하사 나를 위하여 자기 자신을 버리신 하나님의 아들을 믿는 믿음 안에서 사는 것이라 21 내가 하나님의 은혜를 폐하지 아니하노니 만일 의롭게 되는 것이 율법으로 말미암으면 그리스도께서 헛되이 죽으셨느니라

| 갈라디아서 주해 |

제2장

2:1-5 다시 예루살렘을 방문함

¹ 십사 년 후에 내가 바나바와 함께 디도를 데리고 다시 예루살렘에 올라갔나니 ² 계시를 따라 올라가 내가 이방 가운데서 전파하는 복음을 그들에게 제시하되 유력한 자들에게 사사로이 한 것은 내가 달음질하는 것이나 달음질한 것이 헛되지 않게 하려 함이라 ³ 그러나 나와 함께 있는 헬라인 디도까지도 억지로 할례를 받게 하지 아니하였으니 ⁴ 이는 가만히 들어온 거짓 형제들 때문이라 그들이 가만히 들어온 것은 그리스도 예수 안에서 우리가 가진 자유를 엿보고 우리를 종으로 삼고자 함이로되 ⁵ 그들에게 우리가 한시도 복종하지 아니하였으니 이는 복음의 진리가 항상 너희 가운데 있게 하려 함이라

바울은 다시 예루살렘을 방문한다. 그는 자신을 비방하는 자들을 반박하면서 자신이 이방 가운데에서 전파하는 복음에 대한 강한 확신과 자신감을 피력한다. 특히 그는 헬라인 디도에게 억지로 할례를 행하지 않은 것을 말하면서 자신이 복음의 진리를 사수하기 위하여 노력했음을 강조한다. 결국 그는 자신이 전하는 복음과 다른 사도들이 전하는 복음이 똑같음을 드러낸다.

1절 | 예루살렘을 방문한 시기

**¹ 십사 년 후에 내가 바나바와 함께 디도를 데리고 다시 예루살렘에 올라갔
나니**

1절a: 바울은 "십사 년 후에" 다시 예루살렘을 방문한다.[47] 여기서 "십
사 년 후에"가 언제를 가리키는지에 대해서 상당한 논란이 있다.[48] 이것이
1장 18절에 기록된 첫 번째 예루살렘 방문으로부터 14년을 가리키는지 아
니면 바울이 회심한 때로부터 14년을 가리키는지에 대해서 논란이 있다.

만일 전자라면 이 시기는 사도행전 15장에 기록된 예루살렘 교회 회의(총
회, 공의회)의 때이다. 그러나 만일 후자라면 이 시기는 사도행전 11장 19-30
절에 기록된 예루살렘 방문의 때이다. 사도행전의 연대기와 갈라디아서의
연대기의 일치를 모색하는 데 있어서 이 부분을 해결하기가 제일 어렵다.

사도행전에 따르면, 바울은 적어도 네 차례 예루살렘을 방문하였다.

먼저 그는 다메섹을 탈출한 후에 첫 번째로 예루살렘을 방문하였는데
(참고. 행 9:26-30), 이것은 갈라디아서 1장 18-20절에 기록된 때와 정확히 일
치한다. 다음으로 그는 바나바와 함께 안디옥 교인들의 구제금을 가지고
두 번째로 예루살렘을 방문하였다(참고. 행 11:19-30, 12:25).

그리고 그는 예루살렘 교회 회의(공의회)에 참석하기 위하여 세 번째로

---

47) 참고. R. N. Longenecker, 243-44.
48) 한글 개역개정판의 '십사 년 후에'에 해당하는 헬라어 본문은 에페이타 디아 데카테
사론 에톤(Ἔπειτα διὰ δεκατεσσάρων ἐτῶν)이다. 이 표현을 분석하면 다음과 같다. 우
선 에페이타는 '그 후에'라는 뜻이다. 이 단어는 1:18과 1:21에 나왔는데, 여기에 세 번째
로 나온다. 이것은 시간의 경과를 가리킨다. 또한 디아는 '지나서'라는 뜻을 가진 전치사
이다. 그리고 데카테사론 에톤은 '십사 년'을 의미한다. 따라서 이 표현의 헬라어 원문을
직역하면 '그 후에 십사 년을 지나서'가 된다. 영어성경 NRSV는 이 표현을 'then after
fourteen years'라고 정확하게 번역하였다.

예루살렘을 방문하였다(참고. 행 15:1-35). 이때는 그가 안디옥과 실루기아와 더베 등지에서 제1차 전도여행을 마친 후였다. 이 방문에서 그는 이방인 신자들에게 유대의 관습을 적용할 것인지 말 것인지에 대해서 예루살렘의 사도들과 진지하게 논의하였다.

이후 그는 제3차 전도여행을 마치고 네 번째로 예루살렘을 방문하여서 이방 신자들의 연보를 전달하였다(참고. 행 21:17-23:22). 그리고 그는 체포되어서 2년간 가이사랴에 구금되어 있다가 베스도와 아그립바 앞에서 심문을 받았고 로마로 압송되었다.[49]

사도행전과 이 단락을 비교해 볼 때 여기서의 방문을 두 번째 방문으로 볼 수 있다. 사도행전 11장 27-30절에는 '글라우디오 때에'(in the days of Cluadius) 천하에 큰 흉년이 들었다는 사실이 기록되어 있다. 글라우디오는 주후 41-54년에 로마의 황제로 재임했는데, 요세푸스에 따르면 주후 46-48년경에 실제로 큰 흉년이 있었다(Antiquities, 3.15.3; 20.2.5). 이에 바울은 안디옥 교인들의 구제금을 가지고 예루살렘을 방문하였다. 이때는 주후 47년이다. 바울은 주후 33년경에 회심하였으므로 주후 47년은 그가 회심한 지 대략 '십사 년'이 지난 때이다.

1절b: 바울은 예루살렘을 다시 방문하면서 바나바와 함께 디도를 데리고 갔다. 바나바는 바울의 귀중한 인도자였다.[50] 그는 바울이 회심한 이후

---

49) 사도행전 18:22에서 바울은 제2차 전도여행을 마친 후에 에베소를 떠나 배를 타고 가이사랴에 상륙하여 '올라가' 교회의 안부를 물은 후에 안디옥으로 내려갔다. 어떤 학자들은 바울이 가이사랴에 상륙하였다고 예루살렘에 '올라가' 교회의 안부를 물은 것으로 추정한다. 이것은 어느 정도 타당성이 있다. 왜냐하면 신약성경은 많은 곳에서 예루살렘에 가는 것을 '올라가다'라고 표현하기 때문이다. 하지만 확실한 증거가 없어서 뭐라고 단정하기가 쉽지 않다. 만일 이때 바울이 예루살렘을 방문했다면 사도행전에서 바울이 예루살렘을 방문한 횟수는 다섯 번이 된다.

50) 참고. R. J. Bauckham, "Barnabas in Galatians," *JSNT* 2 (1979): 61-70.

그가 예루살렘의 사도들과 만날 수 있도록 도와주었다(참고. 행 9:26-30). 그리고 바울이 다소에 머물고 있을 때 그를 안디옥으로 데리고 와 안디옥 교회에서 함께 일하게 하였다(참고. 행 11:26).

디도에 대해서는 알려진 것이 별로 없다. 그가 언제 믿음을 가졌는지 그리고 그의 가족 배경이 어떠한지에 대한 기록을 찾아볼 수 없다. 그에 대하여 유일하게 확실한 것은 그가 헬라인이라는 사실이다. 바울은 그를 영적인 아들로 생각하여서 매우 사랑하였고 신뢰하였다.

결국 바나바는 바울을 이끌어 주었고 바울은 디도를 이끌어 주었다고 볼 수 있다. 바나바가 없었으면 바울이 없었을 것이고 바울이 없었으면 디도가 없었을 것이다. 우리는 바나바와 바울과 디도를 보면서 신앙의 세대를 잇는 정신과 신앙의 세대를 초월하는 정신에 관하여 생각하게 된다. 그리고 바나바는 유대인이었으며 디도는 헬라인이었는데, 바울은 유대인으로서 헬라 세계에서 일한 사람이었다. 따라서 이 세 사람이 함께 예루살렘을 방문한 것을 보면서 민족을 초월하는 신앙에 관하여 생각하게 된다. 참으로 이들의 동행에는 특별한 의미가 있었다.

당시 유대인들과 이방인들은 함께 교제하지 않았다. 그리고 나이가 젊은 사람들과 나이가 많은 사람들도 쉽게 어울리지 않았다. 그러나 바나바와 바울과 디도는 세대와 민족을 초월하여 함께 교제하며 함께 일하였다. 그들은 당시의 사회와 문화에서 도저히 함께 할 수 없는 위치에 있었지만 신앙으로 세대와 출신의 차이를 극복하였다.

기독교 신앙은 하나님의 은혜로 이루어지지만 동시에 누군가의 도움을 필요로 한다. 하나님은 사람을 사용하셔서 복음이 전해지게 하시고 사람을 통하여 누군가가 성장하게 하신다. 이때 하나님은 인종과 세대를 뛰어넘어서 일하시는 경우가 많다. 실로 기독교 신앙은 민족과 세대를 의존하면서 동시에 초월한다.

2절 | 예루살렘을 방문한 이유

> ² 계시를 따라 올라가 내가 이방 가운데서 전파하는 복음을 그들에게 제시
> 하되 유력한 자들에게 사사로이 한 것은 내가 달음질하는 것이나 달음질한
> 것이 헛되지 않게 하려 함이라

2절a: 바울은 "계시를 따라" 예루살렘에 올라갔다. 여기서 "계시를 따라"(카타 아포칼신)라는 표현은 '계시에 반응하여'(NRSV: in response to a revelation)라는 뜻이다.[51] 이것은 1장 11절에 나오는 "사람의 뜻을 따라"와 대조된다. 그는 하나님께서 예루살렘에 올라가라고 명령하셨기 때문에 그 명령에 순종하여 올라갔을 뿐이다. 그는 예루살렘의 사도들에게서 자신의 사도직을 승인받기 위하여 올라가지 않았다. 그리고 예루살렘의 사도들이 그를 소환하였기 때문에 올라간 것도 아니었다. 그는 오로지 하나님의 계시에 따라 올라갔다. 그는 하나님의 뜻대로 움직였다.

우리는 하나님이 바울에게 어떻게 계시하셨는지 알 수 없다. 당시에 아가보라는 한 선지자가 일어나서 성령으로 충만하여 천하에 큰 흉년이 들 것이라고 예언하였다. 그리고 그의 예언대로 실제로 큰 흉년이 들었으며 이에 안디옥 교회는 유대에 사는 형제들에게 부조를 보내기로 작정하고 이를 실행하여 바울과 바나바의 손으로 보내었다(참고. 행 11:27-30). 아마도 바울은 이러한 외적인 요인과 교회의 신중한 결정을 하나님의 계시로 이해하였던 것 같다. 그렇지 않으면 우리에게 알려지지는 않았지만 하나님께서 안디옥 교회와 바울에게 직접 말씀을 주셨을 수도 있다.

---

51) 참고. R. N. Longenecker, 247.

2절b: 바울은 예루살렘에 올라가서 사도들 앞에 자신이 전하는 복음에 대하여 말하였다. 그는 "내가 [이방 가운데서] 전파하는 복음"(토 유앙겔리온 호 케뤼쏘; NRSV: the gospel that I proclaim)이라는 표현을 사용한다. 이것은 바울에게 자신이 전파하는 복음에 대한 강한 확신과 자신감이 있었음을 반영한다. 그는 자신이 사람들에게서 난 사람이 아니라 하나님 아버지로 말미암아 났다고 확신하였다(참고. 1:1). 그리고 그가 전파하는 복음이 사람의 뜻을 따라 된 것이 아니며 사람에게서 배운 것도 아니고 오직 예수 그리스도의 계시로 말미암은 것이라고 믿었다(참고. 1:11-12).

2절c: 바울은 예루살렘에 올라가서 자신이 이방 가운데 전파하던 복음을 "유력한 자들에게 사사로이" 제시하였다. 여기서 "유력한 자들"(the acknowledged leaders)은 사도들을 가리킨다. 특히 예루살렘 교회의 지도자들이었던 야고보와 게바(베드로)와 요한을 뜻한다(참고. 9절). 그리고 "사사로이"(privately) 하였다는 말은 '공적으로'(publicly) 하지 않았다는 뜻인데, 그가 사도들과 사적인 자리에서 복음에 관해 대화한 것을 가리킨다. 앞에서 말했듯이, 그는 자신이 전파하는 복음이 옳은지 틀린지를 인준받기 위하여 그들에게 복음을 제시한 것이 아니었다.

2절d: 바울이 그들에게 복음을 제시한 이유는 그동안 "달음질하는 것이나 달음질한 것이 헛되지 않게" 하기 위해서였다. 그는 지금까지 14년 동안 이방인들에게 복음을 전해 왔다. 그리고 앞으로도 이방인들에게 복음을 전할 것이다. 분명히 복음은 유대에서 시작되어 이방으로 퍼져 나갔다.

그런데 초기 기독교 공동체가 직면한 딜레마 가운데 하나는 이방 신자들이 유대의 관습을 따라야 하느냐 아니면 따르지 않아도 되느냐 하는 것이었다. 이 문제에 대하여 바울은 처음부터 이방인들이 유대의 관습을 따를 필요가 없다고 생각하였다. 따라서 그는 예루살렘의 유대주의자들의 영향력을 봉쇄시키기 위해 "내가 달음질하는 것이나 달음질한 것이 헛되지 않게 하려 함이라"라고 말했던 것이다.

그렇지만 바울은 예루살렘의 사도들이 이 문제에 대해서 어떻게 생각하는지 궁금했을 것이다. 그는 정통파 유대인이면서도 이방 지역에서 오래 살았기 때문에 유대인과 이방인의 사회적, 문화적, 종교적 차이를 잘 알고 있었으며 복음이 유대인들에게 받아들여질 때와 이방인들에게 받아들여질 때의 반응 차이에 대해서도 잘 알고 있었다. 아마도 그는 이때 유대인들과 이방인들에게 복음을 전하는 방법의 문제에 대해서 예루살렘의 '유력한 자들'과 진지한 토론을 벌였을 가능성이 있다. 즉 복음이 전파되는 방법에 대해서는 열린 마음으로 대화했을 것이다.

3-4절 | 디도의 예

> ³ 그러나 나와 함께 있는 헬라인 디도까지도 억지로 할례를 받게 하지 아니하였으니 ⁴ 이는 가만히 들어온 거짓 형제들 때문이라 그들이 가만히 들어온 것은 그리스도 예수 안에서 우리가 가진 자유를 엿보고 우리를 종으로 삼고자 함이로되

3절a: 바울은 디도에 대하여 "나와 함께 있는"이라는 표현을 사용한다. 그는 1절에서 디도를 데리고 예루살렘에 올라간 사실을 이미 언급하였다. 그런데 여기서 "나와 함께 있는"이라는 표현을 굳이 사용하는 이유는 무엇인가? 그것은 바울 자신과 디도의 친밀한 관계를 강조하기 위한 것으로 보인다.

바울은 자신과 디도가 동역하는 관계에 있다는 사실을 사람들에게 드러내기 위하여 이렇게 말하는 것이다. 특히 디도가 헬라인이라는 사실을 의도적으로 밝힘으로써 하나님의 복음이 모든 인류(유대인과 이방인)에게 대등

하게 전파되고 있음을 말하려고 한다.

3절b: 바울은 디도에게 억지로 할례를 받게 하지 아니하였다고 말한다. 이것은 당시에 일부 유대주의자들이 디도에게 할례를 행하여야 한다고 압박한 것을 반영한다. 유대주의자들은 할례를 행하여야 하고 절기를 준수하여야 하며 음식규례를 지켜야 한다는 등 유대의 관습을 따라야만 구원을 받는다고 주장하였다. 그들은 그리스도를 믿는 믿음으로는 충분하지 않다고 생각하였다. 다시 말해서, 그들은 그리스도의 십자가 공로가 구원에 충분하고 완전한 조건이 된다는 사실을 부정하였다. 이렇게 하여 그들은 그리스도인들에게 심각한 혼란을 가져왔다(참고. 5:2-12; 6:12-15).[52]

하지만 바울은 구원을 받기 위하여서 믿음만으로 충분하다고 생각하였다. 그는 할례를 행하고 절기를 지키는 것이 그리스도의 십자가에 역행하는 것이라고 보았다. 그는 이것을 강조하기 위하여 디도에게 일부러 할례를 받게 하지 않았다. 그런데 이것은 예루살렘의 사도들이 할례가 필요하지 않다고 한 바울의 주장에 전적으로 동의하였다는 사실을 시사한다. 즉 바울이 디도에게 의도적으로 할례를 행하지 않았는데 이에 대하여 예루살렘의 사도들이 어떠한 거부 반응도 보이지 않은 것은 그들이 디도에게 할례를 행하는 것이 옳지 않다고 생각했기 때문이다.

그렇지만 이후에 바울은 디모데에게 할례를 행한다(참고. 행 16:3). 이것은 디모데가 이미 구원을 받은 사람이지만 그들이 일하는 지역에 있는 유대인들에게 효과적으로 복음을 전하기 위해서는 디모데에게 할례를 행하는 것이 유리하다고 판단했기 때문이다. 즉 바울은 할례 자체에 아무런 의미를 부여하지 않고 단지 그렇게 하는 것이 유대인들에게 접근하기 편리하

---

52) 참고. E. Burton, 75-76.

며 그들의 저항을 받지 않는다는 점을 고려한 것이다(참고. 행 15:1-35; 롬 2:25-29). 바울은 본질적인 문제가 아니라면 모든 상황을 고려하여 가장 적절하고 적실하게 판단하고 행동하였다.

4절a: 바울이 디도에게 할례를 행하지 않은 이유는 "가만히 들어온 거짓 형제들" 때문이었다. 그들은 디도에게 할례를 행해야 한다고 강하게 촉구했지만, 바울은 일부러 그렇게 하지 않음으로써 그들이 마음껏 활동할 수 있는 여지를 없애버렸다. "가만히 들어온"에 해당하는 헬라어 단어 *파레이셀톤*은 신약성경에서 이곳과 로마서 5장 20절에만 나온다. 로마서 5장 20절에서는 죄가 슬며시 들어온 것을 가리킬 때 이 단어가 사용되었는데, 여기서는 거짓 형제들이 가만히 들어온 것을 가리킬 때 이 단어가 사용된다. 따라서 "거짓 형제들"은 부정적인 무리들임이 암시된다.

바울이 "거짓 형제들"(프슈드아델푸스)이라는 표현을 사용한 것은 그들이 '진짜 형제들'과 유사하지만 사실은 다르다는 메시지를 내포한다. 그들은 그리스도인들인 것처럼 속일 뿐 그리스도인들이 아니다. 그들은 유대의 관습을 강조했던 유대주의자들이다. 그들은 바울과 예루살렘의 사도들이 대화할 때 슬며시 끼어들었다.

바울은 예루살렘의 사도들과 더불어 신자들이 유대의 관습을 따르지 않아도 된다는 사실에 일치를 보았는데, 이들은 그들의 대화에 살짝 끼어들어서 이방인들이 유대의 관습을 따라야 한다고 주장하였다. 그들의 주장은 갈라디아서 전체에서 계속하여 바울에 의하여 비판을 받는다.

4절b: 바울은 그들이 가만히 들어온 이유를 좀 더 분명하게 말한다. 바울은 그들이 그리스도 예수 안에서 신자들이 가진 자유를 엿보고 신자들을 종으로 삼고자 한다고 지적한다. 여기서 '엿보다'에 해당하는 헬라어 단어 *카타스코페오*는 비열하고 흉악한 이미지를 가진다. 이것은 어떤 자들이 못된 목적을 가지고 염탐하는 것을 의미한다.

신자들은 자유를 가지고 즐겁게 살아가고 있었는데, 거짓 형제들은 그들의 자유를 몰래 엿보면서 그들이 자유를 누리지 못하게 하려고 하였다. 그들은 신자들의 자유를 박탈하였고 그들을 율법의 규례들에 종속되게 하여 더 이상 자유를 누리지 못하게 하려 한 것이다. 따라서 그들은 극악하고 악랄한 자들이었다.

5절 | 복음을 수호함

> 5 그들에게 우리가 한시도 복종하지 아니하였으니 이는 복음의 진리가 항상 너희 가운데 있게 하려 함이라

5절a: 그러나 바울은 확고하였다. 그는 거짓 형제들에게 "한시도" 복종하지 않았다고 말한다. 이 구절의 헬라어 원문에서 "한시도"(프로스 호란)라는 표현이 문장 앞에 위치하면서 강조되었다.[53]

거짓 형제들은 남들이 눈치채지 못하게 슬며시 들어와서 거짓 교리를 유포하였다. 즉 그들은 드러나지 않게 은밀히 활동하였다. 어찌 보면 이런 수법을 쓰는 자들이 더 위협적이다. 잠시만 긴장을 늦추면 당할 수 있으며, 조금이라도 마음을 빼앗기면 넘어가게 된다. 그러나 바울은 한시도 긴장을 늦추지 않고 그들을 경계함으로써 그들의 미혹에 넘어가지 않았다.

5절b: 바울이 그들에게 조금이라도 복종하지 않은 이유는 "복음의 진리"를 보존하기 위해서였다. 여기서 바울은 '복음'이라는 용어와 '진리'

---

53) 5절의 헬라어 본문은 다음과 같다. "οἷς οὐδὲ πρὸς ὥραν εἴξαμεν τῇ ὑποταγῇ γελίου διαμείνῃ πρὸς ὑμᾶς."

라는 용어를 붙여서 사용함으로 복음이 진리라는 사실을 강조한다. 그는 복음의 진리가 훼손되지 않도록 노력하였다. 유대주의자들은 오직 믿음으로 구원을 받는다는 교의를 파괴하려고 하였다.

유대주의자들은 예수님이 십자가 위에서 이루신 구원의 사역을 완전한 것으로 받아들이지 않았다. 그들은 이방인들을 그리스도인으로 만드는 것이 아니라 유대교인으로 만들려고 하였다. 하지만 바울은 그들과 맞서서 싸웠다. 그는 주님의 복음이 누구에게든지 훼손되지 않고 언제든지 고스란히 전파되어야 한다고 믿었다.

2:6-10 사도들이 바울의 사역을 인정함

> 6 유력하다는 이들 중에 (본래 어떤 이들이든지 내게 상관이 없으며 하나님은 사람을 외모로 취하지 아니하시나니) 저 유력한 이들은 내게 의무를 더하여 준 것이 없고 7 도리어 그들은 내가 무할례자에게 복음 전함을 맡은 것이 베드로가 할례자에게 맡음과 같은 것을 보았고 8 베드로에게 역사하사 그를 할례자의 사도로 삼으신 이가 또한 내게 역사하사 나를 이방인의 사도로 삼으셨느니라 9 또 기둥 같이 여기는 야고보와 게바와 요한도 내게 주신 은혜를 알므로 나와 바나바에게 친교의 악수를 하였으니 우리는 이방인에게로, 그들은 할례자에게로 가게 하려 함이라 10 다만 우리에게 가난한 자들을 기억하도록 부탁하였으니 이것은 나도 본래부터 힘써 행하여 왔노라

바울은 앞 단락에서의 논의를 이어간다. 그는 앞 단락에서 자신이 이방 가운데에서 전파하는 복음에 대한 강한 확신과 자신감을 피력하였는데, 이 단락에서 예루살렘 교회의 사도들로부터 자신이 전파하는 복음을 인정받았으며 존중받았음을 명확히 밝힌다. 그는 자신과 베드로를 대조하면서 자신의 사도직이 베드로의 사도직만큼 참되고 권위 있다고 주장한다. 이렇게 함으로써 그는 갈라디아 지역에서 자신이 전파했던 복음이 예수 그

리스도의 가르침을 순수하게 담고 있다는 사실을 드러낸다.

6절 | 바울의 독자성

> **6** 유력하다는 이들 중에 (본래 어떤 이들이든지 내게 상관이 없으며 하나님
> 은 사람을 외모로 취하지 아니하시나니) 저 유력한 이들은 내게 의무를 더
> 하여 준 것이 없고

6절a: 바울은 "유력하다는 이들"에 관하여 말한다. 여기에 나오는 "유력하다는 이들"이란 2절에 나오는 "유력한 자들"과 같으며 9절에 나오는 "기둥 같이 여기는" 자들과도 같다. 이들은 구체적으로 야고보와 게바(베드로)와 요한이다(참고. 9절).

언뜻 보면, 바울이 예루살렘 교회의 사도들을 '유력한 자들' 혹은 '유력하다는 이들'이라고 표현한 것은 마치 그들을 경멸적으로 대하는 것처럼 느껴진다. 하지만 이것은 갈라디아 교회의 거짓 선생들이 사도들을 '유력한 자들'이라고 잔뜩 띄워 놓았기에 그들이 사용한 표현을 그대로 쓴 것뿐이다. 따라서 바울이 그들을 무시한 것은 아니다. 오히려 바울은 그들을 존중한다(참고. 1:17).

6절b: 괄호로 묶인 "본래 어떤 이들이든지 내게 상관이 없으며 하나님은 사람을 외모로 취하지 아니하시나니"라는 말은 유력한 자들에 대한 바울의 견해를 반영한다. 바울은 자신이 유력한 자들에 의해서 좌지우지되는 사람이 아님을 밝힌다.

바울은 오로지 주님이 명령하시는 대로 움직이는 사람일 뿐이다. 그리고 그는 하나님이 사람을 외모로 취하지 않으신다고 믿는다. 즉 하나님께서는 사람의 명성이나 외적인 조건을 중요하게 보지 않으신다는 것이다.

그는 사도들의 직분을 존중하고 인정하지만 그렇다고 해서 그들이 가진 기세와 지위에 눌리지 않는다.

6절c: "내게 의무를 더하여 준 것이 없고"(NRSV: those leaders contributed nothing to me)라는 표현은 두 가지로 해석할 수 있다.

먼저, 이 말은 예루살렘의 사도들이 바울에게 긍정적인 도움을 준 것이 없다는 뜻이다. 이것은 바울이 어느 누구의 도움도 받지 않았다는 사실과 연관된다. 다음으로, 이 말은 예루살렘의 사도들이 구원을 받기 위하여 유대의 규례를 지켜야 한다는 의무를 바울에게 부과한 적이 없다는 뜻이다. 이것은 사도들이 바울의 사역을 인정하였으며 바울이 전하는 복음에 무엇인가를 첨가하지 않았다는 뜻이다.

우리는 이 두 가지 해석을 모두 받아들일 수 있다. 바울은 의도적으로 두 가지 의미를 모두 내포한 말을 하였던 것이다.

7절 | 바울의 사역과 베드로의 사역

> [7] 도리어 그들은 내가 무할례자에게 복음 전함을 맡은 것이 베드로가 할례자에게 맡음과 같은 것을 보았고

7절: 바울은 야고보와 베드로와 요한이 그가 무할례자(이방인)에게 복음 전함을 맡은 것이 베드로가 할례자(유대인)에게 복음 전함을 맡음과 같은 것으로 보았다고 진술한다. 초기 기독교인들은 베드로가 유대인들에게 복음 전하는 것을 권위 있게 여겼다. 이에 바울은 자신이 예루살렘의 사도들로부터 베드로의 사역과 대등한 차원에서 이방인들을 대상으로 일하는 자로 인정받았다고 말하는 것이다.

물론 그렇다고 해서 베드로가 이방인들에게 복음을 전하지 않은 것이

아니며 바울이 유대인들에게 복음을 전하지 않은 것도 아니다(참고. 행 9:15; 10:1-48). 다만 베드로는 '주로' 유대인들에게, 그리고 바울은 '주로' 이방인들에게 복음을 전한 것이다.

그런데 헬라어 원문에서 "무할례자에게"와 "할례자에게"라는 표현은 각각 '무할례의 복음'(토 유앙겔리온 테스 아크로뷔스티아스)과 '할례의 복음' (토 유앙겔리온 테스 페리토메스)으로 되어 있다.[54] 이것은 마치 두 개의 다른 복음이 있는 것 같은 인상을 준다.

하지만 여기서 '할례'는 할례를 받은 유대인을 가리키고, '무할례'는 할례를 받지 않은 이방인을 가리킨다. 이것은 환유법으로서 복음 자체가 아니라 복음을 듣는 대상을 뜻한다. 바울이 무할례자에게 전하는 복음과 베드로가 할례자에게 전하는 복음은 전혀 다르지 않았다. 복음은 언제나 동일하다.

8절 | 직분의 동등성과 다양성

> **8 베드로에게 역사하사 그를 할례자의 사도로 삼으신 이가 또한 내게 역사하사 나를 이방인의 사도로 삼으셨느니라**

8절: 하나님께서는 베드로와 바울을 사도로 임명하셨다. 하나님은 베드로에게 역사하셔서 그를 "할례자의 사도"로 삼으셨으며 바울에게 역사하셔서 그를 "이방인의 사도"로 삼으셨다. 즉 한 분이신 하나님께서 여러 명의 사도를 임명하신 것이다. 비록 그들은 동일하신 하나님에게서 동일한 직분을 받고 동일한 복음을 받았지만 다른 사람들에게 다른 방식으로 복음을 전하였다. 이러한 사실은 직분의 다양성이 인정되어야 하며 모든 직

---

54) 7절의 헬라어 본문은 다음과 같다. "ἀλλὰ τοὐναντίον ἰδόντες ὅτι πεπίστευμαι τὸ εὐαγγέλιον τῆς ἀκροβυστίας καθὼς Πέτρος τῆς περιτομῆς."

분이 동등하게 중요한 것으로 취급되어야 한다는 사실을 보여준다. 어느 특정한 직분이 강조되거나 무시되어서는 안 된다.

　참으로 하나님은 다양한 사람들을 다양한 방식으로 사용하신다. 베드로는 대단한 사람임에 틀림이 없었지만 그가 혼자서 모든 일을 하지는 못했다. 바울도 마찬가지였다. 그의 소명의식과 능력은 다른 사람의 추종을 불허했지만 그가 혼자서 모든 일을 할 수 있었던 것은 아니다.
　하나님은 베드로를 유대인들을 위한 사도로 세우시고 바울을 이방인들을 위한 사도로 세우셔서 다르게 일하게 하셨다. 따라서 일꾼들은 자신들에게 주어진 일이 무엇인지를 알아서 자신들의 일에 충실해야 한다. 그리고 다른 사람들의 일을 존중해야 하고 서로 침해하지 말아야 한다.

　여기서 바울은 일을 하는 주체가 사람이 아니라 하나님이심을 분명히 한다. 그는 '역사하다'(에네르게오)라는 단어를 두 번 사용하면서 하나님의 일하심을 드러낸다. 사람이 복음을 전하는 것같이 보이지만 그 배후에는 하나님이 계신다. 필시 사람이 일하는 것이 아니라 하나님께서 일하시는 것이다.
　하나님이 복음을 주셨고, 하나님이 복음을 전할 수 있는 힘을 주셨고, 하나님이 복음을 듣는 사람의 마음에 믿음을 주셔서 복음을 받아들이게 하신 것이다. 따라서 복음을 전하는 자들은 겸손해야 하며 영광을 하나님께 돌려야 한다. 반면에 복음을 듣는 자들은 하나님이 사역자들을 보내셨음을 알고 그들을 존중해야 하며 그들의 말에 순종해야 한다.

9-10절 | 사도들의 부탁

　9 또 기둥 같이 여기는 야고보와 게바와 요한도 내게 주신 은혜를 알므로

나와 바나바에게 친교의 악수를 하였으니 우리는 이방인에게로, 그들은 할 례자에게로 가게 하려 함이라 ¹⁰ 다만 우리에게 가난한 자들을 기억하도록 부탁하였으니 이것은 나도 본래부터 힘써 행하여 왔노라

9절: 바울은 비로소 "야고보와 게바(베드로)와 요한"의 이름을 언급한 다.[55] 그런데 그들의 이름에는 "기둥 같이 여기는"이라는 표현이 붙어 있 다. 이것은 건축 은유인데, 2절과 6절의 '유력한 자들'이라는 표현과 같은 의미를 가진다. 야고보와 게바와 요한은 예루살렘 교회에서 매우 중요한 인물이었다.

역사적으로 교회에는 중요한 역할을 맡은 사람들이 있었고 그렇지 않은 사람들이 있었다. 하나님은 그분의 뜻에 따라 사람들을 다르게 사용하신 다. 모든 사람이 같은 중요한 인물이 될 수는 없으나 모든 사람이 중요한 인물이 될 수 있도록 준비되어야 한다.

그들은 하나님이 바울에게 주신 "은혜"를 알아서 바울과 바나바에게 "친교의 악수"를 하였다. 하나님이 바울에게 주신 "은혜"는 그를 이방인 들을 위한 사도로 부르신 것을 의미한다. 그리고 "친교의 악수"는 동의와 신뢰와 동역을 뜻한다.

예루살렘 교회의 사도들은 자신들이 유대인들에게 복음을 전하는 자들 로 부름을 받았듯이 바울과 바나바가 이방인들에게 복음을 전하는 자들로 부름을 받았음을 인정하였으며 함께 동역하고자 하는 마음을 가졌다. 이 것은 대단히 바람직한 자세이다. 일꾼들은 하나의 몸을 이루면서 각기 지 체로서의 역할을 수행해야 한다.

10절: 예루살렘 교회의 지도자들은 바울과 바나바에게 "가난한 자들을

55) 참고. R. N. Longenecker, 261.

기억하도록" 부탁하였다. 이것은 그들이 바울과 바나바에게 예루살렘에 있는 가난한 신자들을 물질로 도와달라고 부탁하였다는 뜻이다. 지금 바울과 바나바는 안디옥 교인들의 부조금을 가지고 예루살렘을 방문한 상태이다(참고. 행 11:27-30). 그런데 그들에게 다시 가난한 자들을 기억하도록 부탁하는 것은 그들의 선행에 감동한 것과 동시에 앞으로도 계속해서 이방인들과 유대인들이 어려울 때에 서로 도울 수 있기를 바라는 것이다. 사실 이것은 바울이 이미 관심을 가지고 있던 일이었다.

후에 바울은 제3차 전도여행을 마치고 네 번째로 예루살렘을 방문할 때에 이방 그리스도인들의 연보를 예루살렘 교회의 가난한 그리스도인들에게 다시금 전달한다(참고. 롬 15:25-26; 고전 16:1-3). 바울은 이러한 구제금을 통하여 예루살렘의 그리스도인들에게 실질적인 도움을 주려고 했을 뿐만 아니라 이방인 그리스도인들과 유대인 그리스도인들 사이의 연합과 이해를 더욱 돈독히 하려고 하였다.

복음은 이론으로만 존재하는 것이 아니다. 복음은 반드시 실천을 동반한다. 바울은 복음을 전하면서 실질적인 행동을 취함으로써 이러한 복음의 속성을 잘 보여주었다. 이것은 예수님이 복음을 전하시면서 병든 자들을 고쳐주신 일에서 잘 드러나 있다.

2:11-14 바울이 베드로를 책망함

11 게바가 안디옥에 이르렀을 때에 책망 받을 일이 있기로 내가 그를 대면하여 책망하였노라 12 야고보에게서 온 어떤 이들이 이르기 전에 게바가 이방인과 함께 먹다가 그들이 오매 그가 할례자들을 두려워하여 떠나 물러가매 13 남은 유대인들도 그와 같이 외식하므로 바나바도 그들의 외식에 유혹되었느니라 14 그러므로 나는 그들이 복음의 진리를 따라 바르게 행하지 아니함을 보고 모든 자 앞에서 게바에게 이르되 네가 유대인으로서 이방인을 따

르고 유대인답게 살지 아니하면서 어찌하여 억지로 이방인을 유대인답게
살게 하려느냐 하였노라

바울은 안디옥을 방문한 게바(베드로)를 책망했던 일을 소개한다. 이것은
대표적인 두 사도가 정면으로 부딪힌 사건이다. 바울은 베드로의 잘못된
행동이 함의하는 것과 그것이 가져온 심각한 결과를 언급하면서 복음을
수호하기 위해서는 어떠한 잘못도 용인될 수 없으며 어떠한 인물도 예외
일 수 없음을 밝힌다. 이 사건에서 바울과 베드로의 행동이 무엇을 의미하
는지를 탐구하는 것은 매우 중요하다. 그것은 복음의 본질과 복음에 대한
우리의 자세를 가르쳐준다.

11절 | 베드로가 안디옥을 방문함

**11 게바가 안디옥에 이르렀을 때에 책망 받을 일이 있기로 내가 그를 대면
하여 책망하였노라**

11절a: 게바가 안디옥을 방문하였다. '게바' 는 베드로의 히브리식 이름
이다. 사도행전에서 바울은 베드로에 대하여 헬라식 이름인 '베드로' 라고
부르지 않고 시종 히브리식 이름인 '게바' 라고 부른다. 반대로 베드로 역
시 바울을 부를 때 히브리식 이름인 '사울' 이라고 부른다.

베드로는 예루살렘에서 유대인들을 상대로 복음을 전하였지만 그렇다
고 해서 그가 언제나 예루살렘에만 머물렀던 것은 아니다. 지금 그는 예루
살렘을 벗어나고 유대를 넘어서 시리아 안디옥에 이르렀다. 그는 여러 지
역을 활발하게 다니며 복음을 전하였다. 더군다나 사도행전에 따르면, 다
른 사도들도 베드로와 마찬가지로 여러 지역을 다니면서 적극적으로 복음
을 전하였다.

베드로가 언제 안디옥을 방문했는지는 알려져 있지 않다. 사도행전을 비롯하여 다른 성경이나 문헌들에 이 일에 대한 기록이 없다.[56] 아마도 바울과 바나바가 예루살렘을 방문하고 안디옥으로 돌아간 지 얼마 지나지 않아서 이 방문이 있었을 것이다. 그렇다면 이 방문은 바울이 바나바와 함께 제1차 전도여행을 떠나기 직전에 일어났을 가능성이 높다.

사실상 가장 유력한 가능성은 이 방문을 사도행전 15장과 연관시키는 것인데, 이는 사도행전 15장의 예루살렘 총회(공의회)가 유대인 신자들이 이방인 신자들에게 모세의 법을 지키라고 강요한 일로 인하여 열렸기 때문이다.[57]

만일 이 방문을 사도행전 15장의 방문과 일치시킨다면, 이 방문은 바울 일행이 제1차 전도여행에서 돌아온 직후에 있었던 것이 된다. 바울은 주후 46-47년에 예루살렘을 두 번째로 방문하였다가 안디옥으로 돌아왔고(참고. 행 12:25), 주후 47-48년에 제1차 전도여행을 떠났다(참고. 행 13:1-14:28). 그는 주후 48-49년에 예루살렘을 세 번째로 방문하여 총회에 참석하였다(참고. 행 15:1-35). 당시에 시리아 안디옥에는 이미 교회가 세워져 있었으며, 이 교회는 바울과 바나바의 사역으로 말미암아 상당한 부흥을 경험하고 있었다(참고. 행 11:25-26).

11절b: 이때 바울은 베드로가 책망 받을 일이 있어서 자신이 그를 "대면하여" 책망하였다고 말한다. 한글성경 개역개정판에는 "내가 그를 대면하여 책망하였노라"라고 기록되어 있는데, 이 문장을 직역하면 '내가 그를 대면하여 대항하였다' (카타 프로소폰 아우토 안테스텐; NRSV: I opposed him to his

---

56) R. N. Longenecker, 273-74를 보라.

57) 이 책의 앞부분에 있는 '갈라디아서 서론'의 '사도행전과 갈라디아서의 연대기'에 있는 논의를 참고하라.

face)가 된다.[58] 여기서 "대면하여"에 해당하는 헬라어 단어 카타 프로소폰
은 대등한 입장에서 얼굴을 직접적으로 마주대하는 것을 의미한다. 바울
은 베드로가 잘못된 일을 했을 때 위축되거나 머뭇거리거나 하지 않고 그
의 얼굴을 바라보면서 책망했다.

이전에 바울이 바나바와 더불어 예루살렘을 방문하였을 때 베드로와 다
른 사도들은 바울을 자신들과 동등한 사도로 인정하였으며 베드로가 유대
인들을 대상으로 일한 것과 마찬가지로 바울이 이방인들을 대상으로 일한
것을 받아들였다. 그리하여 사도들은 바울과 더불어 '친교의 악수'를 하
였다(참고. 2:9).

그러나 바울은 베드로가 안디옥을 방문했을 때 복음에 위반되는 행위를
하자 비록 그가 예루살렘 교회의 대표적인 사도라 할지라도 그냥 넘어가
지 않고 책망하였다. 이것은 바울이 복음의 진리를 수호하려는 강력한 의
지를 가지고 있음을 반영한다.

게다가 바울의 처신은 이 서신의 1차 독자인 갈라디아 교인들과 2차 독
자인 모든 신자들에게 매우 중요한 메시지를 전해준다. 그것은 아무리 베
드로와 같은 권위 있는 사도라 할지라도 다른 복음을 전하거나 따르면 책
망을 받는다는 사실을 통하여 갈라디아 교회에 들어온 거짓 교사들과 그
들을 따르는 일부 교인들에게 보내는 경고의 메시지이다(참고. 1:8-9).

사실 바울이 베드로를 책망하는 것은 쉽지 않았을 것이다. 그리고 설혹
그가 베드로를 책망했다 하더라도 그 내용을 서신에 기록하기란 어려웠
을 것이다. 하지만 그는 복음의 진리를 수호하기 위하여 베드로를 책망했
던 일을 일부러 언급한다. 그는 이런 일에 아무런 두려움이나 주저함이

---

58) 11절의 헬라어 본문은 다음과 같다. "Ὅτε δὲ ἦλθεν Πέτρος εἰς Ἀντιόχειαν
κατὰ πρόσωπον αὐτῷ ἀντέστην ὅτι κατεγνωσμένος ἦν"

없다.

12절 | 베드로의 실수

12 야고보에게서 온 어떤 이들이 이르기 전에 게바가 이방인과 함께 먹다가 그들이 오매 그가 할례자들을 두려워하여 떠나 물러가매

12절a: 바울은 베드로가 범한 잘못이 무엇인지를 밝힌다. 어느 날 베드로는 이방인들과 함께 음식을 먹고 있었다. 그런데 "야고보에게서 온 어떤 이들이" 안디옥에 느닷없이 이르렀다. "야고보에게서 온 어떤 이들"이라는 표현은 '야고보에게서 공식적으로 파송을 받은 어떤 이들'이라는 뜻이 아니다.

야고보는 공식적인 회의 자리에서 "내 의견에는 이방인 중에서 하나님께로 돌아오는 자들을 괴롭게 하지 말고"라면서 자신의 의견을 피력한 바가 있다(행 15:19). 그리고 갈라디아서에서도 바울은 야고보가 자신의 복음을 인정했다고 말하였다(참고. 2:9).

더군다나 이들의 방문이 공식적인 것이었다면 베드로가 이들의 방문을 미리 들어서 알고 있었을 것이고 따라서 괜히 이방인들과 더불어 음식을 먹어서 오해를 사려 하지 않았을 것이다. 그러므로 이 표현은 그들이 야고보가 지도하는 예루살렘 교회로부터 온 유대인 신자들이라는 사실을 시사하는 것으로 보아야 한다.

그렇다면 야고보뿐만 아니라 베드로 역시 이 사람들의 지도자였기 때문에 베드로는 그들 앞에서 당당한 모습을 보여주었어야 했다. 하지만 베드로는 그렇게 하지 못했다. 이들이 어떠한 경위로 안디옥을 방문했는지는 알려져 있지 않다. 어쨌든 갑작스럽게 방문한 것은 분명하다.

12절b: 베드로는 이방인들과 함께 음식을 먹고 있었다. 여기서 '함께 먹다'(쉰에스띠엔)에 해당하는 동사의 시제가 미완료인 것으로 보아 이것은 한 번만 먹은 식사가 아니라 반복해서 혹은 습관적으로 먹은 식사이다.[59] 아마도 초기 기독교 공동체의 공동식사로 보인다.

초기 기독교회의 신자들은 함께 모여서 음식 먹는 것을 중요하게 생각하였다. 그리고 이때 그들은 성찬을 같이 행하였다. 함께 식사하고 함께 성찬을 행한 것은 원래 예루살렘 교회에서 시작된 전통이었으나 이후에 점차 이방 교회로 확대되었다(참고. 행 2:42, 46; 고전 10장). 그들은 함께 음식을 먹음으로써 하나님의 가정 공동체(Family of God)로서의 개념을 공고히 하였다.

그러나 당시에 유대인들과 이방인들은 함께 음식을 먹지 않으려 하였다. 심지어 그리스도인들이라 하더라도 유대의 오랜 관습에 젖어 있는 자들은 그렇게 하는 것을 꺼림칙하게 여겼다.

반면에 베드로는 이미 욥바에 있을 때에 하나님으로부터 받은 계시로 말미암아 유대인으로서 이방인들과 함께 음식을 먹는 것을 괜찮게 여기게 되었다(참고. 행 10:9-15, 28). 분명히 그는 이러한 일을 하나님의 뜻으로 간주하면서 아무렇지도 않게 생각하였고 실제로 종종 그렇게 행동하였다. 그리하여 그는 안디옥에서도 자연스럽게 이방인들과 더불어 음식을 먹었던 것이다.

12절c: 베드로는 이방인들과 함께 음식을 먹다가 할례자들(야고보에게서 온 유대인들)이 도착하자 그들을 두려워하여 떠나 물러갔다. 따라서 베드로의 행동은 신학의 혼란 때문이 아니라 단순한 두려움 때문이었다.

여기서 "떠나 물러가매"에 해당하는 헬라어 단어 *아포리젠*은 미완료 시

---

59) E. Burton, 104.

제로서 점차적으로 물러갔음을 의미한다. 즉 베드로는 갑자기 식탁으로부터 도망을 한 것이 아니라 슬슬 뒷걸음질하면서 물러간 것이다. 이것은 유대인들이 두려워서 취한 행동이었다. 그렇지만 이것은 분명히 책망 받을 만한 일이 되었다. 베드로는 큰 잘못을 범하였다.

　사도행전 11장에는 베드로가 예루살렘에 올라갔을 때에 할례자들(유대인들)이 비난하여 말하기를 "네가 무할례자의 집에 들어가 함께 먹었다"라고 하자 베드로가 그들에게 자신의 일을 차례로 설명하였던 일이 기록되어 있다. 베드로는 욥바에서 본 환상(계시)을 언급하고 고넬료의 가정에 가서 복음을 전한 일을 말하였으며 이때 성령이 그들에게 임하신 일을 이야기하였다. 베드로는 "내가 누구이기에 하나님을 능히 막겠느냐?"라고 물음으로 이야기를 마쳤다. 그리고 이때 예루살렘의 유대인들은 하나님께서 이방인에게도 생명 얻는 회개를 주셨다고 긍정적으로 반응하였다.

　그런데 이제 일부 유대인들이 안디옥에 이르렀을 때에 베드로가 이방인들과 음식을 먹은 일에 대하여 담대하지 못했다는 것은 아이러니컬하다. 과연 그는 욥바에서 하나님의 계시를 받은 것과 그가 고넬료의 가족들에게 복음을 전한 일과 고넬료의 가정에서 많은 사람들에게 성령이 임하신 일을 잊어버렸는가? 결코 그렇지 않다. 그는 그 계시를 기억하고 있었으며 그때 일어난 일들로 인하여 받은 깊은 감명을 간직하고 있었다. 그는 그것에 기초하여 바울과 바나바와 친교의 악수를 나누었다. 그런데 이제 그는 사람들을 두려워하여 자신의 신념을 굽히고 있다.

13절 | 베드로의 실수 결과

> ¹³ 남은 유대인들도 그와 같이 외식하므로 바나바도 그들의 외식에 유혹되었느니라

13절a: 예상했던 대로 베드로의 실수는 다른 사람들에게 피해를 주었다. 즉 다른 유대인들도 그와 같이 외식하였다. 여기서 바울은 "외식"이라는 용어를 사용하는데, 이것은 헬라어로 *휘포크리시스*로서 '위선'(hypocrisy)을 의미한다. 이것은 고대에 연극배우들이 무대 위에서 가면을 쓰고 '연기'한 것을 가리키는 용어이다. 따라서 이방인들과 더불어 음식을 먹던 유대인들의 행동은 부끄러운 것이었다. 그들의 내적인 생각은 복음적이었고 정당하였지만 그들의 외적인 행동은 정당하지 않았다. 그들은 사람들을 의식하여 거짓되게 행동하였다.

13절b: 베드로의 실수는 또 다른 잘못된 결과를 가져왔다. 그의 실수는 평범한 유대인들뿐만 아니라 그들의 지도자 바나바에게도 영향을 미쳤다. 여기서 "바나바도"라는 표현을 직역하면 '심지어 바나바조차도'(*카이 바르나바스*, even Barnabas)가 된다.

바나바는 이방 지역인 구브로 출신이었고 바울과 함께 오랜 세월 이방인들에게 복음을 전하고 있었다. 그는 이런 일에 흔들리지 않을 정도의 확실한 믿음과 명확한 분별력을 가지고 있었다. 따라서 바나바가 베드로의 실수 때문에 유혹을 받은 것은 이해하기가 쉽지 않다. 그만큼 베드로의 행동은 큰 영향을 미쳤던 것이다.

앞에서 말했다시피 베드로는 이미 유대인 그리스도인들 앞에서 이방 선교의 정당성과 필요성을 강하게 말한 적이 있다(참고. 행 11장). 그리고 그의 말에 유대인 그리스도인들은 감동을 받았다. 그러나 베드로의 실수 때문에 사람들은 실족하였다. 최고의 교회 지도자인 베드로의 행동 하나가 사람들에게 큰 영향을 미쳤던 것이다. 만일 이날 바울이 베드로를 공개적으로 책망하지 않았더라면 유대인 신자들과 이방인 신자들 사이의 간극이 더 넓어져서 두 개의 다른 교회가 생겨났을지도 모른다. 그러나 바울이 그를 심하게 책망함으로 그런 일이 방지되었다.

14절 | 바울의 책망

14 그러므로 나는 그들이 복음의 진리를 따라 바르게 행하지 아니함을 보고 모든 자 앞에서 게바에게 이르되 네가 유대인으로서 이방인을 따르고 유대 인답게 살지 아니하면서 어찌하여 억지로 이방인을 유대인답게 살게 하려 느냐 하였노라

14절a: 그러므로 바울은 그들이 복음의 진리를 따라 바르게 행하지 아니함을 보고 베드로를 책망하였다. 비록 그들이 복음의 진리를 알고 있었다고 하나 복음의 진리를 따라 바르게 행하지 않은 것은 결국 복음의 진리를 모르고 있었던 것이 된다. 지식과 행함은 항상 일치해야 하기 때문이다.

그들의 행동은 예수 그리스도가 십자가에서 죽으심으로 유대인들과 이방인들이 차별 없이 주님께 나아와서 그분을 믿기만 하면 구원을 받는다는 사실을 부인하는 결과를 가져왔다. 특히 많은 사람에게 큰 영향력을 미치는 위치에 있었던 베드로가 그렇게 했다는 것은 납득할 수 없는 일이었다.

14절b: 바울은 "모든 자 앞에서" 베드로를 책망하였다. 이것은 공개적인 책망으로서 베드로뿐만 아니라 다른 사람들에게도 경고하는 기능을 가진다(참고. 딤전 5:20). 바울은 애매모호하게 말하거나 뒤에서 살짝 말하지 않았다. 그는 베드로에게 개인적인 토론을 하자고 제안하지도 않았다. 그는 공개적으로 단호하게 말함으로써 복음의 진리가 무엇인지를 밝히 드러냈다.

이것은 베드로에게 엄청난 수치를 가져다 주었음에 틀림없다. 그렇지만 이것은 바울에게도 고통스러운 일이었음이 분명하다. 바울과 베드로는 이미 기독교계의 대표적인 지도자들이었으며 바울로서도 베드로의 자존심을 구기고 싶지는 않았을 것이기 때문이다. 하지만 그에게 있어서 보다 중요한 것은 개인의 자존심이 아니라 복음의 진리였기 때문에 그는 이렇게 하였다.

14절c: 바울은 베드로에게 "네가 유대인으로서 이방인을 따르고 유대인답게 살지 아니하면서 어찌하여 억지로 이방인을 유대인답게 살게 하려느냐?"라고 말하였다. 당시에 유대인들은 이방인들을 무시하는 경향을 가지고 있었고, 이방인들은 유대인들을 증오하는 경향을 가지고 있었다.

베드로는 유대인으로서 유대인답게 살아야 했다. 그러나 그는 그렇게 하지 못했다. 그는 자신의 민족적 정체성에 걸맞지 않게 살았다. 그는 이방인을 차별하지 말라는 하나님의 계시를 받은 후에 이방인들과 어울려서 먹고 마시며 이방인처럼 살아왔다.

그랬던 그가 이제 와서 유대인들을 두려워하여 이방인들에게 유대인처럼 살도록 강요할 수는 없는 일이었다. 언제나 자신이 할 수 있는 것을 타인에게 요구해야 하며 자신이 할 수 없는 것을 타인에게 강요해서는 안 된다. 신분과 생활이 조화를 이루어야 한다.

이 본문에는 바울의 책망을 들은 베드로의 반응이 기록되어 있지 않다. 아마도 베드로는 아무런 변명 없이 바울의 책망을 받아들였던 것 같다. 그는 어찌 보면 자기보다 못할 수 있는 바울의 책망에 겸허히 순종하였다. 더군다나 그는 모든 사람들 앞에서 책망을 들어서 자존심이 상했을 수 있었음에도 불구하고 바울에게 대항하지 않았다. 이것은 그가 위대한 사도라는 또 하나의 증거가 된다.

한편, 바울의 책망이 베드로보다 자신이 우위에 있음을 드러내려는 의도를 가진 것으로 보려는 일부 학자들의 견해는 옳지 않다. 여기에는 그러한 암시가 전혀 없다. 여기에는 복음을 지키려는 바울의 순수함과 그의 책망을 받아들이는 베드로의 겸허함만이 있다.

2:15-21 복음의 본질

> 15 우리는 본래 유대인이요 이방 죄인이 아니로되 16 사람이 의롭게 되는 것은 율법의 행위로 말미암음이 아니요 오직 예수 그리스도를 믿음으로 말미암는 줄 알므로 우리도 그리스도 예수를 믿나니 이는 우리가 율법의 행위로써가 아니고 그리스도를 믿음으로써 의롭다 함을 얻으려 함이라 율법의 행위로써는 의롭다 함을 얻을 육체가 없느니라 17 만일 우리가 그리스도 안에서 의롭게 되려 하다가 죄인으로 드러나면 그리스도께서 죄를 짓게 하는 자냐 결코 그럴 수 없느니라 18 만일 내가 헐었던 것을 다시 세우면 내가 나를 범법한 자로 만드는 것이라 19 내가 율법으로 말미암아 율법에 대하여 죽었나니 이는 하나님에 대하여 살려 함이라 20 내가 그리스도와 함께 십자가에 못 박혔나니 그런즉 이제는 내가 사는 것이 아니요 오직 내 안에 그리스도께서 사시는 것이라 이제 내가 육체 가운데 사는 것은 나를 사랑하사 나를 위하여 자기 자신을 버리신 하나님의 아들을 믿는 믿음 안에서 사는 것이라 21 내가 하나님의 은혜를 폐하지 아니하노니 만일 의롭게 되는 것이 율법으로 말미암으면 그리스도께서 헛되이 죽으셨느니라

바울이 베드로를 책망하는 부분이 2장 11-14절뿐인지 아니면 2장 11-21절까지 확장되는지에 대하여 약간의 논란이 있다. 2장 11-21절 전체가 바울의 책망이라고 할 수 있다. 하지만 2장 11-14절에서 바울은 베드로를 책망하고 있으나 2장 15-21절에서는 그 책망을 발전시켜 이 서신의 독자들(갈라디아 교인들과 모든 사람들)에게 교훈을 준다. 즉 바울은 베드로가 복음을 받아들인 것과 그것을 행하는 것 사이에 모순을 가지고 있음을 책망하면서 그 책망을 소재로 삼아 독자들에게 복음의 본질이 무엇인지를 가르

친다.

15절 | 유대인과 이방인

¹⁵ 우리는 본래 유대인이요 이방 죄인이 아니로되

15절: 이 구절을 정확하게 번역하면, '우리는 태생적으로 유대인들이요
이방인들로부터 나온 죄인들이 아니다' (NASB: "we are Jews by nature and not
sinners from among the Gentiles")가 된다.[60] 여기에 두 민족이 나온다. 하나는
유대인이며 다른 하나는 이방인이다.

책망을 하는 바울과 책망을 받는 베드로는 모두 태생적으로 유대인들
이다. 유대인들은 세상 사람들을 '유대인' 과 '이방 죄인' 이라는 두 종류
로 구분하였다. 즉 '이방 죄인' 이란 유대인들이 이방인들에 대해 사용한
구어 표현으로 보인다.[61] 유대인들은 자신들을 하나님께서 유일하게 택
하신 의로운 민족이라고 생각하였다. 그들은 뚜렷한 선민사상을 가지고
있었다.

유대인들은 그들 외의 이방 민족들을 하나님의 택함을 받지 못한 불의
한 자들이라고 여겼다. 그런데 바울은 여기서 이방인들에게 '죄인들' 이라
는 말을 붙이지만(바울의 관점이 아니라 '유대인들' 의 관점에서 볼 때 이방인들은 죄인
이라는 뜻임) 유대인들에게 '의인들' 이라는 말을 의도적으로 붙이지 않음으
로써 유대인들을 태생적인 의인이라고 인정하지 않는다.

이것은 매우 중요한 사실인데, 바울은 근본적으로 유대인과 이방인을

---

60) 15절의 헬라어 본문은 다음과 같다. " Ἡμεῖς φύσει Ἰουδαῖοι καὶ οὐκ ἐξ ἐθνῶν
ἁμαρτωλοί"

61) R. N. Longenecker, 302.

구분하려는 생각을 가지고 있지 않다. 그는 모든 사람이 죄인이라는 점을 자신의 전제로 삼고 있다(참고. 롬 3:23). 그는 유대인으로 태어났다고 해서 자동으로 의롭게 되는 것이 아니라는 점을 암시적으로 제시하고 있다.

16절 | 의롭게 되는 방법

16 사람이 의롭게 되는 것은 율법의 행위로 말미암음이 아니요 오직 예수 그리스도를 믿음으로 말미암는 줄 알므로 우리도 그리스도 예수를 믿나니 이는 우리가 율법의 행위로써가 아니고 그리스도를 믿음으로써 의롭다 함을 얻으려 함이라 율법의 행위로써는 의롭다 함을 얻을 육체가 없느니라

16절: 이 구절은 갈라디아서의 주제를 가장 잘 드러낸다.[62] 이 구절에

---

62) 신약학자들 사이에 2:16의 의미에 대한 상당히 치열한 논쟁이 있다. 그것은 '율법의 행위'가 무엇을 가리키는지와 '예수 그리스도를 믿음'의 의미가 무엇인지에 대한 논쟁이다.

먼저, '율법의 행위'(에르가 노무)에 대해서 생각해보자. James D. G. Dunn이나 N. T. Wright 같은 이른바 '새 관점 주의자들'은 바울이 '율법의 행위'라는 표현을 할례, 음식법, 절기 등과 같은 유대인들의 의식들을 가리키는 것으로 사용했다고 보면서, 당시에 유대인들이 이러한 의식 준수를 자신들의 우월한 민족적 정체성을 드러내는 신분 표지로 여겼다고 주장한다.

이러한 견해에 따르면, 유대인들은 율법으로 말미암아 의롭게 되려고 한 것이 아니며, 바울도 율법 자체를 비판한 것이 아니라 유대인들의 배타적인 민족주의를 비판한 것이 된다. 하지만 바울이 '율법의 행위'라는 표현을 유대인들의 민족적 정체성을 가리키는 표지를 가리키는 것으로 제한적으로 사용했다고 보는 것은 옳지 않다.

바울은 갈라디아서 2장에서 '율법의 행위'라는 용어와 '율법'이라는 용어를 동일시한다. 그는 16절에서 '율법의 행위'에 대하여 말하다가 19절에서 "내가 율법으로 말미암아 율법에 대하여 죽었나니"라고 말하며, 특히 21절에서 "만일 의롭게 되는 것이 율법으로 말미암으면"이라고 말함으로 '율법의 행위'와 '율법'을 별개의 것으로 보지 않는다. 그리고 5:4에서도 "율법 안에서 의롭다 함을 얻으려 하는 너희는"이라고 말하여 유대인들이 '율법'으로 말미암아 의롭게 되려 하였다고 말한다.

더군다나 신약성경에는 유대인들이 '율법'으로 의롭게 되려 하였다는 진술들로 가득 차 있다(참고. 마 19:16; 눅 10:25; 행 15:1 등). 그러므로 우리는 갈라디아서에서 바울이 말하는 '율법의 행위'란 '율법'을 지켜 행함으로 의롭다 함을 받으려는 모든 인간적인

갈라디아서에서 가장 중요하게 다루어질 '의롭게 되다' (칭의)라는 단어가 처음으로 나온다. 이 단어는 동사 형태로 16절에 세 번 나오고, 17절에 한 번 나오며, '의롭게 되는 것' 이라는 명사 형태로 21절에 한 번 나온다. 이 단어의 의미는 이 구절에서 잠시 다루어지며, 3-4장에서 집중적으로 다루어진다. '의롭게 되다' 라는 단어는 법정적인 용어로서 재판관이 '의로운 사람이라고 판단하다' 라는 의미를 가진다. 이것은 죄인의 신분을 가지고 태어난 자가 의인의 신분을 얻은 것을 뜻한다.

헬라어 본문에서 이 구절의 문두에는 '그러나' 에 해당하는 *데*가 있다. 이것은 15절과 연결되어 유대인과 이방인을 가릴 것 없이 모두 하나님의 은혜로 의롭게 된다는 사실을 드러낸다. 그런데 이 구절에서 '의롭게 되

노력들이라고 보아야 한다.

다음으로, '예수 그리스도를 믿음' (피스티스 예수 크리스투)의 의미에 대해서 생각해 보자. 이 구문은 다양한 형태로 바울 서신에 총 여덟 번 나온다. 로마서에 두 번 나오고(롬 3:22, 26), 갈라디아서에 네 번 나오며(갈 2:16[X2], 20; 3:22), 에베소서에 한 번 나오고(엡 3:12), 빌립보서에 한 번 나온다(빌 3:9). 헬라어 문법적으로 이 구문을 주어적 속격 (subjective genitive)으로 볼 수도 있고, 목적어적 속격(objective genitive)으로 볼 수도 있다.

전통적으로 이 구문은 목적어적 속격으로 이해되어 왔으나 최근 들어서 일부 학자들이 이 구문을 주어적 속격으로 이해하려 하고 있다. 만일 이것을 주어적 속격으로 본다면 '그리스도의 믿음' 이 되어서 구원의 근거이신 '그리스도의 신실한 행위' 가 강조된다. 그러나 만일 이것을 목적어적 속격으로 본다면 '그리스도를 믿음' 이 되어 '믿음을 통하여 구원을 받음' 이라는 구원의 방법이 강조된다. 구문 자체로는 어느 것이 옳은지를 판단하기가 어렵다. 따라서 문맥을 통하여 어느 것이 옳은지를 판단하여야 한다.

갈라디아서 2:16에서 바울이 말하려는 것은 '의롭게 될 수 있는 방법이 무엇인가?' 이다. 즉 그리스도께서 어떤 일을 하셨는지를 말하려는 것이 아니라 우리가 어떻게 의롭게 되느냐를 말하려는 것이다.

갈라디아 교회에 가만히 들어 온 거짓 선생들(유대주의자들)은 '율법의 행위' (사람의 노력)로 말미암아 의롭게 될 수 있다고 가르쳤다. 이에 대하여 바울은 사람이 의롭게 될 수 있는 방법은 오직 '예수 그리스도를 믿음' 으로 말미암는다고 말하였다. 즉 '율법' 에 대조되는 '믿음' 을 말한 것이다. 분명히 '율법' 과 '그리스도' 를 반대 개념으로 놓는 것보다는 '율법' 과 '믿음' 을 반대개념으로 놓는 것이 갈라디아서 전반에 걸쳐 흐르는 주제와 어울린다.

다' 라는 단어는 모두 수동태로 되어 있다. 이것은 사람이 의롭게 되는 것이 사람의 자의적인 노력으로 되는 것이 아니라 하나님의 은혜로 되는 것임을 말하기 위한 의도를 가진다. 칭의에 있어서 사람의 노력과 역할은 아무 것도 없다. 그러므로 사람에게는 자랑할 것이 전혀 없으며 오직 하나님께 감사와 영광을 돌려야 한다(참고. 엡 2:8-9).

이 구절에서 바울은 연거푸 세 번이나 사람이 의롭게 되는 것이 '율법의 행위' 가 아니라 '그리스도를 믿음' 으로 말미암는다고 말한다. 즉 그는 "사람이 의롭게 되는 것은 율법의 행위로 말미암음이 아니요 오직 예수 그리스도를 믿음으로 말미암는 줄 알므로"라고 말한 후에, 다시 "우리가 율법의 행위로써가 아니고 그리스도를 믿음으로써 의롭다 함을 얻으려 함이라"라고 말하고, 마지막으로 "율법의 행위로써는 의롭다 함을 얻을 육체가 없느니라"라고 말한다. 이렇게 세 번이나 동일한 내용을 반복하는 것에는 이 사실을 강조하려는 의지가 내포되어 있다.[63]

바울은 '율법의 행위' 와 '예수 그리스도를 믿음' 을 서로 대조한다. 당시에 유대주의자들은 율법의 행위로 의롭게 된다고 생각하였다. 그리하여 그들은 율법이 말하는 것을 행하고 율법이 금하는 것을 삼가려고 노력하였다. 그들은 할례를 행하였고 절기를 지켰으며 음식 규례를 준수하였다. 즉 도덕법뿐만 아니라 의식법까지 지킨 것이다.

이처럼 유대주의에서 완전히 벗어나지 못한 자들은 심지어 그리스도인들이라 할지라도 사람이 율법의 행위로 완전히 의롭게 된다고 믿었다. 그리하여 그들은 이방인 그리스도인들에게도 유대의 규례와 관습을 지킬 것을 강요하였다.

---

63) 참고. J. B. Tyson, " 'Works of Law' in Galatians," *JBL* 92 (1973): 423-31.

유대주의자들의 이러한 주장은 갈라디아 교회 안에 들어온 거짓 교사들에게서 여실히 드러났으며 베드로의 처신에서도 반영되었다. 이에 바울은 그들을 강한 어조로 반박한다. 즉 여기서 바울이 율법의 행위로 의롭게 되는 것이 아니라고 말한 것은 유대주의자들과 거짓 교사들과 심지어 베드로의 처신이 보여주는 주장을 반박하는 것이다.

바울은 "율법의 행위로써는 의롭다 함을 얻을 육체가 없느니라"라고 단호하게 말한다. 바울은 그들이 자기 의를 세우기 위해 힘썼을 뿐이지 하나님께서 만족하실 만한 의로움에 도달하지 않았다고 생각한다(참고. 롬 10:3). 즉 인간이 아무리 노력한들 하나님의 요구를 채울 수 없다는 사실을 확신하는 것이다.

바울은 사람이 오직 예수 그리스도를 믿음으로 의롭게 된다고 분명하게 주장한다. 바울의 이러한 말에는 율법의 행위 안에 그리스도의 대속의 계시가 들어 있으며, 따라서 그리스도께서 십자가에서 대속의 사역을 이루신 후에는 율법의 행위가 성취되었으므로 다시 그것을 지킬 필요가 없다는 사상이 반영되어 있다.

이제는 어떠한 인간적인 공로나 노력도 믿음에 덧붙여질 필요가 없다. 이는 그리스도의 십자가 공로가 우리에게 칭의를 부여하기에 완전하며 충분하기 때문이다. 사람이 의롭게 되는 방법은 오직 하나밖에 없다. 그것은 예수 그리스도를 믿는 것이다. 그러한 칭의의 수단은 유대인이든 이방인이든 가릴 것 없이 모든 사람에게 동일하다.

분명히 이 구절은 신약성경에서 칭의에 대한 가장 명확하고 강력한 진술이다. 앞에서 언급했다시피 이 구절에서 바울은 세 번이나 율법의 행위로써가 아니라 그리스도를 믿음으로써 의롭게 된다고 말한다.

또한 바울은 15절에서 "우리는 본래 유대인이요"라고 말함으로써 자신과 그로부터 책망을 직접적으로 듣고 있는 베드로가 이 말에 동의하고 있음을 전제한다. 그리고 16절에서 "우리도 ... 믿나니"라는 표현과 "우리가 ... 의롭다 함을 얻으려 함이라"라는 표현을 통하여 바울과 베드로라는 두 대표적인 사도가 이것을 함께 믿고 인정하고 있다는 점을 드러낸다.

17-18절 | 의롭게 된 자의 삶

> 17 만일 우리가 그리스도 안에서 의롭게 되려 하다가 죄인으로 드러나면 그리스도께서 죄를 짓게 하는 자냐 결코 그럴 수 없느니라 18 만일 내가 헐었던 것을 다시 세우면 내가 나를 범법한 자로 만드는 것이라

17절: 이 구절은 바울을 반대하는 자들에 대한 바울의 재반박이다. 바울을 비판하는 자들은 바울이 그리스도를 믿음으로 의롭게 된다고 주장함으로 율법의 행위를 무시하고 도덕적인 책임을 약화시킨다고 말하였다. 즉 바울이 말하는 바 믿음만을 강조하면 선행이 필요 없는 것이 되어서 죄를 짓게 된다는 것이다(참고. 롬 6:1-23). 이에 대하여 바울은 "결코 그럴 수 없느니라"(메 게노이토)라고 단호한 어조로 말한다. 그는 그리스도를 범죄하게 하는 존재로 몰아붙이는 것을 반대한다. 그리스도는 죄를 짓게 하시는 분이 아니라 죄를 깨닫게 하시는 분이다.

18절: 바울은 17절에서 다루어진 적대자들의 견해와 정반대로 말한다. 그는 자신이 그리스도를 믿어서 의롭다 함을 얻었는데도 여전히 죄를 짓는다면 그것은 그리스도의 잘못이 아니라 자신의 잘못이라고 말한다. 유대주의자들은 율법주의자들이었는데, 그들은 바울을 율법폐기론자라고 비난하였다. 그러나 바울은 "헐었던 것", 즉 율법주의를 다시 도입하지 않는다. 그는 율법으로 다시 돌아가서는 안 된다고 분명히 말한다. 하지만 이

것은 율법이 필요 없으므로 자기 마음대로 살면서 죄를 지어도 된다는 뜻이 아니다. 오히려 그 반대의 의미를 가진다.

그리스도인들은 하나님의 은혜로 말미암아 의롭게 된 자들이다. 그들은 옛 것을 벗어버리고 새 것을 입은 자들이다. 그들은 이전과 전혀 다른 자들이다. 그들은 이전의 타락한 생활로 돌아가지 않는다. 그렇게 되는 것은 사실상 불가능하다. 성령으로 말미암아 거듭난 그리스도인들은 성령을 좇아 행하며 육신을 좇아 행하지 않는다. 그들은 죄를 지독히 미워하며 저주하고 혐오한다. 그들 속에는 생명력이 있어서 점점 거룩하게 되어간다. 그리스도 안에서 의롭게 된 사람들은 단지 이론적으로 그렇게 된 것이 아니라 존재론적으로(실제로) 그렇게 된 것이다.

19-20절 | 그리스도와 함께 십자가에 못 박힘

> ¹⁹ 내가 율법으로 말미암아 율법에 대하여 죽었나니 이는 하나님에 대하여 살려 함이라 ²⁰ 내가 그리스도와 함께 십자가에 못 박혔나니 그런즉 이제는 내가 사는 것이 아니요 오직 내 안에 그리스도께서 사시는 것이라 이제 내가 육체 가운데 사는 것은 나를 사랑하사 나를 위하여 자기 자신을 버리신 하나님의 아들을 믿는 믿음 안에서 사는 것이라

19절a: 바울은 의롭게 된 자의 정체성과 삶에 대하여 좀 더 말한다. 그는 "내가 율법으로 말미암아 율법에 대하여 죽었나니"라고 고백한다. 율법에 대하여 죽었다는 말은 우리에게 율법을 지킬 이유가 없고 능력도 없다는 뜻이다. 이것은 율법을 통하여 의롭게 되지 못하므로 율법이 우리에게 어떤 요구를 할 수 없다는 것을 의미한다. 그런데 그것은 "율법으로 말미암아" 가능해진다. 즉 율법의 역할은 우리가 율법에 대하여 죽게 만들어서 율법주의에 빠지지 않게 하는 것이다. 율법은 율법 자체를 가리키지 않고

율법의 성취자이신 그리스도를 가리킨다.

19절b: 우리는 율법에 대하여 죽고 하나님에 대하여 산다. 즉 율법의 역할은 율법에 대하여 죽게 하고 하나님에 대하여 살게 하는 것이다(참고. 롬 7:4). 하나님에 대하여 사는 것이란 하나님에게서 생명을 공급받아 하나님을 위하여 사는 것을 의미한다. 이런 사람은 하나님을 믿으며 하나님의 뜻을 깨달으며 하나님의 말씀에 순종하며 하나님의 영광을 드러낸다. 반대로 의롭게 되지 않아서 하나님에 대하여 살아있지 않은 사람은 하나님을 기뻐하지 않으며 하나님의 뜻을 깨닫지 못하며 하나님의 말씀에 순종하지 않으며 하나님의 영광을 드러내지 않는다.

20절a: 20절은 19절의 의미를 자세히 설명한다. "내가 그리스도와 함께 십자가에 못 박혔나니"라는 표현은 그리스도께서 십자가에서 죽으신 것이 그리스도께서 홀로 죽으신 것이 아니라 그분이 죽으실 때 그분을 믿는 우리 모두가 같이 죽었다는 사실을 의미한다. 여기서 '십자가에 못 박혔나니'에 해당하는 헬라어 동사 쉬네스타우로마이는 현재완료형이다.[64] 이것은 과거에 못 박혔지만 그 상태가 지금도 지속되는 것을 의미한다. 우리가 그리스도를 처음 만나서 회심하였을 때에 우리의 옛 사람은 완전히 죽었으며 그 죽은 상태는 지금도 유효하다.

그리스도를 믿는 자들은 그리스도의 십자가에 못 박혀서 죽고 없다. '죽었다'는 말은 관계의 단절을 의미한다. 우리는 궁극적으로 율법의 행위들로 의롭게 되려는 모든 인간적인 노력과 단절하였으며 율법의 윤리적 조

---

64) 헬라어 본문과 일부 영어성경(예. NRSV)에는 '내가 그리스도와 함께 십자가에 못 박혔나니'가 19절에 있다. 그러나 한글성경 개역개정판과 일부 영어성경(예. NIV)에는 이 문구가 20절에 있다.

항들을 실천하지 못함으로 말미암아 주어진 정죄들과 단절하였다. 우리는 주님을 믿는 순간에 예전의 타락한 자신과 지금의 변화된 자신 사이에 완전한 단절이 있었음을 알아야 한다. 물론 "이제는 내가 사는 것이 아니요"라는 표현은 우리의 존재 자체가 사라졌다는 뜻이 아니다. 다만 우리의 이전의 삶의 목적과 방향이 사라졌다는 뜻이다.

20절b: 바울은 죽음에서 끝나지 않고 생명으로 나아간다. 그는 "내 안에 그리스도께서 사시는 것이라"라고 고백한다. 자기 안에 그리스도께서 계신다는 것은 부활하신 그리스도께서 그분의 영으로 자기 안에 계신다는 뜻이다(참고. 롬 8:9-11). 그리스도께서는 그의 주님이 되셔서 다스리시고 보호하시고 힘을 주시며 인도하신다. 이제 그는 그리스도를 의지하면서 그에게 닥친 모든 일을 두려워하지 않고 활력 있게 감당한다. 그는 그리스도의 뜻을 이루며 그리스도께 순종하며 그리스도의 영광을 드러낸다. 그리스도는 그의 안에 한시적으로 계시는 것이 아니라 영원히 계신다. 그리스도는 그를 결코 떠나지 않으신다.

20절c: 바울은 "이제 내가 육체 가운데 사는 것은"이라고 말함으로써 자신이 그리스도와 함께 십자가에 못 박혀 죽었지만 자신이 여전히 육체 가운데 살고 있는 이유를 설명한다. 여기서 "육체 가운데"(엔 사르키)라는 표현은 '육체적으로' 혹은 '육체를 가지고'라는 뜻이다. 이것은 육체의 욕심대로 사는 것이 아니라 다만 육체를 가지고 이땅에 존속하는 것을 의미한다. 육체는 그 자체로 나쁜 것이 아니다. 따라서 육체를 버리거나 무시해서는 안 된다. 분명히 우리는 육체를 가지고 여전히 이땅에서 살아야 한다. 다만 살아가는 목적이 바뀌어야 한다.

20절d: 바울이 육체 가운데 사는 이유는 다음과 같다. "나를 사랑하사 나를 위하여 자기 자신을 버리신 하나님의 아들을 믿는 믿음 안에서 사는 것이라."

여기서 바울은 두 가지 사실을 말한다.[65] 우선, 그는 하나님의 아들을 믿는 믿음 안에서 산다고 말한다. 의롭게 된 사람은 예수님에 대한 믿음 안에서 산다. 믿음은 새로운 삶의 동력이며 수단이다. 믿음으로 사는 것이야말로 참되게 사는 것이다. 다음으로, 그는 하나님의 아들 예수님께서 자신을 사랑하셔서 그분의 생명을 주셨다고 말한다. 믿음으로 사는 사람은 예수님의 사랑을 받은 사람이다. 우리의 믿음은 예수님의 사랑에 근거한다. 십자가 사건은 우리를 향한 주님의 사랑의 표현이다.

21절 | 그리스도의 사역의 가치

21 내가 하나님의 은혜를 폐하지 아니하노니 만일 의롭게 되는 것이 율법으로 말미암으면 그리스도께서 헛되이 죽으셨느니라

21절a: 바울은 하나님의 은혜를 폐하지 않는다고 말한다. 하나님의 은혜는 우리를 의롭게 하시는 근거이다. 우리는 자신들의 힘으로 의로워지지 않는다. 오로지 하나님의 은혜로 의로워진다. 그러므로 바울이 하나님은 은혜를 폐하지 않는다는 것은 하나님께서 독생자 예수님을 세상에 보내셔서 십자가에 못 박혀 돌아가게 하신 은혜를 믿음으로 받아들이며 입으로 시인하고 널리 전하겠다는 뜻이다. 그러나 한편으로 이것은 베드로의 행동이 하나님의 은혜를 폐하는 행동이었음을 시사한다. 그의 실수는 하나님의 은혜를 무시하는 심각한 결과를 가져왔다.

---

65) 이 구절의 헬라어 본문에는 그리스도에 대한 믿음이 먼저 나오고 그리스도의 사랑이 다음에 나온다. 이 구절에 대한 NRSV의 번역은 매우 적절하다. "And the life I now live in the flesh I live by faith in the Son of God, who loved me and gave himself for me."

21절b: 만일 의롭게 되는 것이 율법으로 말미암으면 그리스도께서는 헛되이 죽으신 것이 된다. 이것은 만일 우리가 율법의 행위로써 의롭게 될 수 있다면 그리스도께서 죽으실 필요가 없었다는 뜻이다. 그러나 우리가 율법을 완벽하게 지켜서 스스로 의롭게 되는 것은 불가능하다. 그것은 인간의 연약함을 고려하지 않은 착각일 뿐이다. 따라서 그리스도께서는 죽으실 수밖에 없었다. 그분은 율법을 완전히 성취하셨고 하나님의 공의를 충분히 채우셨다. 그러므로 그리스도께서 하신 일은 무엇보다도 값지다. 우리는 오직 그리스도를 믿음으로 의롭게 된다.

갈라디아서 3장

1 어리석도다 갈라디아 사람들아 예수 그리스도께서 십자가에 못 박히신 것이 너희 눈 앞에 밝히 보이거늘 누가 너희를 꾀더냐 2 내가 너희에게서 다만 이것을 알려 하노니 너희가 성령을 받은 것이 율법의 행위로냐 혹은 듣고 믿음으로냐 3 너희가 이같이 어리석으냐 성령으로 시작하였다가 이제는 육체로 마치겠느냐 4 너희가 이같이 많은 괴로움을 헛되이 받았느냐 과연 헛되냐 5 너희에게 성령을 주시고 너희 가운데서 능력을 행하시는 이의 일이 율법의 행위에서냐 혹은 듣고 믿음에서냐

6 아브라함이 하나님을 믿으매 그것을 그에게 의로 정하셨다 함과 같으니라 7 그런즉 믿음으로 말미암은 자들은 아브라함의 자손인 줄 알지어다 8 또 하나님이 이방을 믿음으로 말미암아 의로 정하실 것을 성경이 미리 알고 먼저 아브라함에게 복음을 전하되 모든 이방인이 너로 말미암아 복을 받으리라 하였느니라 9 그러므로 믿음으로 말미암은 자는 믿음이 있는 아브라함과 함께 복을 받느니라 10 무릇 율법 행위에 속한 자들은 저주 아래에 있나니 기록된 바 누구든지 율법 책에 기록된 대로 모든 일을 항상 행하지 아니하는 자는 저주 아래에 있는 자라 하였음이라 11 또 하나님 앞에서 아무도 율법으로 말미암아 의롭게 되지 못할 것이 분명하니 이는 의인은 믿음으로 살리라 하였음이라 12 율법은 믿음에서 난 것이 아니니 율법을 행하는 자는 그 가운데서 살리라 하였느니라 13 그리스도께서 우리를 위하여 저주를 받은 바 되사 율법의 저주에서 우리를 속량하셨으니 기록된 바 나무에 달린 자마다 저주 아래에 있는 자라 하였음이라 14 이는 그리스도 예수 안에서 아브라함의 복이 이방인에게 미치게 하고 또 우리로 하여금 믿음으로 말미암아 성령의 약속을 받게 하려 함이라

15 형제들아 내가 사람의 예대로 말하노니 사람의 언약이라도 정한 후에는 아무도 폐하거나 더하거나 하지 못하느니라 16 이 약속들은 아브라함과 그 자손에게 말씀하신 것인데 여럿을 가리켜 그 자손들이라 하지 아니하시고 오직 한 사람을 가리켜 네 자손이라 하셨으니 곧 그리스도라 17 내가 이것을 말하노니 하나님께서 미리 정하신 언약을 사백삼십 년 후에 생긴 율법이 폐기하지 못하고 그 약속을 헛되게 하지 못하리라 18 만일 그 유업이 율법에서 난 것이면 약속에서 난 것이 아니리라 그러나 하나님이 약속으로 말미암아 아브라함에게 주신 것이라 19 그런즉 율법은 무엇이냐 범법하므로 더하여진 것이라 천사들을 통하여 한 중보자의 손으로 베푸신 것인데 약속하신 자손이 오시기까지 있을 것이라 20 그 중보자는 한 편만 위한 자가 아니나 하나님은 한 분이시니라 21 그러면 율법이 하나님의 약속들과 반대되는 것이냐 결코 그럴 수 없느니라 만일 능히 살게 하는 율법을 주셨더라면 의가 반드시 율법으로 말미암았으리라 22 그러나 성경이 모든 것을 죄 아래에 가두었으니 이는 예수 그리스도를 믿음으로 말미암는 약속을 믿는 자들에게 주려 함이라

23 믿음이 오기 전에 우리는 율법 아래에 매인 바 되고 계시될 믿음의 때까지 갇혔느니라 24 이같이 율법이 우리를 그리스도께로 인도하는 초등교사가 되어 우리로 하여금 믿음으로 말미암아 의롭다 함을 얻게 하려 함이라 25 믿음이 온 후로는 우리가 초등교사 아래에 있지 아니하도다 26 너희가 다 믿음으로 말미암아 그리스도 예수 안에서 하나님의 아들이 되었으니 27 누구든지 그리스도와 합하기 위하여 세례를 받은 자는 그리스도로 옷 입었느니라 28 너희는 유대인이나 헬라인이나 종이나 자유인이나 남자나 여자나 다 그리스도 예수 안에서 하나이니라 29 너희가 그리스도의 것이면 곧 아브라함의 자손이요 약속대로 유업을 이을 자니라

| 갈라디아서 주해 |

제3장

3:1-5 갈라디아 교인들의 회심 방법

¹ 어리석도다 갈라디아 사람들아 예수 그리스도께서 십자가에 못 박히신 것이 너희 눈 앞에 밝히 보이거늘 누가 너희를 꾀더냐 ² 내가 너희에게서 다만 이것을 알려 하노니 너희가 성령을 받은 것이 율법의 행위로냐 혹은 듣고 믿음으로냐 ³ 너희가 이같이 어리석으냐 성령으로 시작하였다가 이제는 육체로 마치겠느냐 ⁴ 너희가 이같이 많은 괴로움을 헛되이 받았느냐 과연 헛되냐 ⁵ 너희에게 성령을 주시고 너희 가운데서 능력을 행하시는 이의 일이 율법의 행위에서냐 혹은 듣고 믿음에서냐

이 단락에서 바울은 갈라디아 교인들을 질책한다. 그는 그들을 향하여 두 번이나 '어리석다'고 꾸짖는다. 거짓 선생들의 미혹을 받아서 복음의 진리에서 이탈한 것은 분명히 어리석은 일이었으며 책망을 강하게 들어야 할 잘못이었다.

여기서 바울은 네 개의 수사학적 질문들(rhetorical questions)을 사용하여 그들이 어떻게 회심하게 되었는지를 묻는다. 이러한 수사학적 질문들은 그들로 하여금 회심의 올바른 방법을 다시 생각하여 바른 복음으로 돌아오게 만들 것이다.[66]

---

66) 1-2장에서 바울은 갈라디아에 들어 온 거짓 선생들(유대주의자들)에 대항하여, 자신

1절 | 어리석은 갈라디아 사람들

**1 어리석도다 갈라디아 사람들아 예수 그리스도께서 십자가에 못 박히신
것이 너희 눈 앞에 밝히 보이거늘 누가 너희를 꾀더냐**

1절a: 바울은 깨닫지 못하는 갈라디아 사람들을 향하여 "어리석도다 갈
라디아 사람들아"라고 꾸짖는다. 헬라어 본문에서 이 말은 '오 어리석은
갈라디아 사람들아' (오 아노에토이 갈라타이; NRSV: You foolish Galatians!)라는 감
탄문으로 되어 있어서 바울의 답답함과 안타까움을 강하게 드러낸다.

바울은 1장 초반부에서 다른 복음을 전하는 거짓 선생들을 향하여 저주
를 받을 것이라고 선언하였는데, 이제 3장 초반부에서도 다른 복음을 따르
는 갈라디아 교인들을 향하여 어리석다고 질책한다. 그러나 여기서의 바
울의 질책은 1장에서의 저주와 다르다. 거짓 선생들은 돌이키지 못할 지경
에 이르렀으나 갈라디아 교인들은 그렇지 않다.

이미 바울은 1-2장에서 갈라디아 교인들을 어리석다고 볼 만한 근거를
충분히 제시하였다. 이제 이어지는 구절들에서 그는 갈라디아 교인들의
어리석음을 보다 구체적으로 지적할 것이다. 그리고 더 나아가서 복음의
본질과 그 적용점이 무엇인지를 상세히 설명할 것이다.

갈라디아 교인들은 거짓 교사들의 미혹을 받아서 그리스도의 대속적 죽
음의 완전성을 의심하였다. 따라서 바울은 그들의 행태를 묵과할 수 없었

의 사도권을 변증하였고 자신의 복음의 신적인 기원을 변호하였다. 그는 자신의 사도적
직분과 자신이 이방 세계에서 전했던 복음이 하나님께로부터 온 것이며 사람들로부터
온 것이 아니라고 주장하였다. 이제부터 그는 칭의가 무엇인지를 본격적으로 말하면서,
우리가 율법의 행위로 말미암아 의롭게 되는 것이 아니라 말씀을 듣고 믿음으로 말미암
아 의롭게 된다는 사실을 천명한다. 여기에는 칭의에 대한 신학적 진술과 더불어 의롭게
된 성도들을 향한 실천적 권면이 혼재되어 있다.

다. 초대 교회의 대표적인 사도인 베드로조차도 바울로부터 책망을 받았
는데 하물며 갈라디아 교인들이라고 해서 그냥 넘어갈 수 있겠는가?

1절b: 바울은 "누가 너희를 꾀더냐?" 라고 말한다.[67] 여기서 '꾀다' 에 해
당하는 헬라어 동사 *바스카이노*는 '악한 눈으로 추파를 던져 매혹시키다'
라는 뜻을 가지고 있다.[68] 이것은 고대의 이교적인 마술 언어로서, 사악한
무당이나 마녀가 주술을 써서 사람들의 정신을 빼앗아 혼미하게 하는 것
을 가리킨다. 따라서 바울은 갈라디아 교회 안에 들어온 거짓 선생들이 사
악한 무당이나 마녀와 같이 사람들의 정신을 빼앗아 진리로부터 이탈하게
만들었다고 여겼다.

참으로 이단들은 무당과 다를 바가 없어서 극도로 경계해야 할 자들이
다. 이전에 바울은 갈라디아 교인들에게 진리의 복음을 가르쳤으나 이후
에 거짓 선생들은 그들에게 거짓된 복음을 가르쳐서 그들을 멸망에 이르
게 하였다.

1절c: 예수 그리스도께서 십자가에 못 박히신 것이 그들의 '눈앞에 밝히
보였다' 는 말은 예수님의 십자가 사건이 모든 사람들이 볼 수 있도록 공개
적으로 드러났다는 뜻이다.[69] '눈앞에 밝히 보이다' 라는 말은 헬라어 원문
에 *프로에그라포*라고 되어 있는데, 이 단어는 '이미 기록하다' (to write
before)라는 뜻을 가지고 있다. 따라서 이 단어는 예수께서 십자가에 못 박
히신 것이 갈라디아서가 기록되기 이전에 이미 문서의 형태로 제시되었음

---

67) 헬라어 본문에서 1절의 중간 부분에 "누가 너희를 꾀더냐?"(τίς ὑμᾶς ἐβάσκανεν)라
는 문구가 들어 있다. 1절의 헬라어 본문은 다음과 같다. "Ὦ ἀνόητοι Γαλάται τίς
ὑμᾶς ἐβάσκανεν τῇ ἀληθείᾳ μὴ πείθεσθαι, οἷς κατ ὀφθαλμοὺς Ἰησοῦς Χριστὸς
προεγράφη ἐν ὑμῖν ἐσταυρωμένος."

68) R. N. Longenecker, 327.

69) 참고. E. Käsemann, "The Pauline Theology of the Cross," Int 24 (1970): 151-77.

을 시사한다. 즉 갈라디아서가 기록되기 전에 '본격적이지 않은 형태의 문서로 된 복음'(소위 '쪽복음')이 존재했었다는 뜻이다.

그들은 이전에 예수님이 십자가에 못 박히신 일을 문서로 된 복음을 통하여 분명하게 들었다. 그리고 바울이 그들에게 이르러서 예수님의 십자가 복음을 전했을 때 다시 생생하게 들었다.[70] 그리고 이제 그들은 갈라디아서를 통하여 다시 그 사실을 듣는다.

2절 | 행위와 믿음

² 내가 너희에게서 다만 이것을 알려 하노니 너희가 성령을 받은 것이 율법의 행위로냐 혹은 듣고 믿음으로냐

2절a: 바울은 갈라디아 교인들에게서 대단히 중요한 사실을 끄집어내어서 짚고 넘어가기를 원한다. 그리하여 "내가 너희에게서 다만 이것을 알려 하노니"(NRSV: The only thing I want to learn from you is this)라고 말한다. 이것은 갈라디아 교인들 스스로가 이미 잘 알고 있는 사실인데 바울의 요청을 통하여 다시금 되새겨야 하는 것이다. 그런데 바울의 말에는 갈라디아 교인들 스스로가 믿는 내용, 즉 복음의 조항들을 체계적으로 말할 수 있어야 한다는 사실이 암시되어 있다.

신자들이 복음의 조항들을 정확하고 논리정연하게 표현할 수 있는 능력

---

70) 분명히 팔레스타인과 소아시아 지방에는 바울이 활동하기 이전에도 이미 '복음'이 존재하고 있었다. 일부 현대 신학자들이 말하는 바, 바울 자신이 이방인들에게 복음을 전하는 과정에서 이신득의 혹은 이신칭의의 복음을 만든 것은 아니었다. 예수께서는 열두 사도들과 많은 제자들에게 복음을 가르쳐 주셨으며 그들은 예수님으로부터 받은 복음을 변하지 않은 형태로 보존하면서 또 다른 사람들에게 가르쳤다. 그리고 그렇게 전수된 복음은 일절 수정되거나 변경되지 않은 채로 보다 많은 사람들에게 전파되었다. 그리고 바울 역시 그러한 일에 참여하였다. 따라서 바울은 예수님의 복음의 창시자가 아니라 예수님의 복음의 전파자이다. 예수님의 복음과 바울의 복음은 완전히 동일하다.

을 갖추는 일은 대단히 중요하며 반드시 필요하다. 이를 위하여 신자들은 부단히 성경을 공부해야 하며 성경의 체계적인 교훈인 교리(dogma)를 배우고 익혀야 한다.

다른 한편으로, 이러한 바울의 질문은 교회의 선생들이 교인들의 신앙 상태를 면밀히 파악하고 있어야 한다는 사실을 시사한다. 사역자들은 신자들이 어떠한 상태에 있는지를 정확히 알고 있어야 한다. 그런데 여기서 바울이 사용한 단어인 '알기를 원하노라'는 헬라어 원문에서 '배우기를 원하다' (멜로 마떼인)이다. 이것은 바울의 정중함과 겸손함을 보여준다. 비록 바울은 선생이었지만 교인들에게 예의를 갖추어서 정중하고 겸손하게 물어보았다. 그가 그들을 심하게 책망한 것은 사실이지만, 그것은 그들을 무시하기 때문이 아니라 사랑하기 때문이었다.

2절b: 이제 바울은 갈라디아 교인들로부터 알고 싶은 것, 즉 배우고 싶은 것 네 가지를 질문한다. 이를 위하여 그는 네 개의 연속된 수사학적 질문(rhetorical questions)을 던진다. 수사학적 질문은 청자로부터 어떤 대답을 듣기 위해서가 아니라 청자가 알고 있는 것을 스스로 정리하도록 도와주기 위하여 제기된다. 즉 바울의 질문들은 갈라디아 교인들 스스로가 반드시 알아야 할 내용들이었다. 따라서 갈라디아 교인들은 바울의 질문을 듣고 복음의 본질이 무엇인지를 되새겨야 하며 그들이 거짓 선생들로부터 들었던 것들이 잘못된 것임을 깨닫고 돌이켜야 한다.

첫 번째 질문은 '칭의의 방법'과 연관되어 있다. 바울은 "너희가 성령을 받은 것이 율법의 행위로냐 혹은 듣고 믿음으로냐?"라고 묻는다.[71] 바울

---

71) 참고. S. K. Williams, "Justification and Spirit in Galatians", *JSNT* 29 (1987): 91-100.

은 '성령'에 대하여 말하는데, 이것은 갈라디아서에서 성령에 대한 첫 번째 언급이다. "성령을 받은 것"이라는 표현은 구원을 받고 그리스도인이 되었다는 것을 의미하는데(참고. 롬 8:9),[72] 특별히 구원이란 이론적인 것이 아니라 실제적인 것임을 강조한다.

갈라디아 교인들은 자신들이 구원받은 것이 율법을 지킴으로인지 아니면 말씀을 듣고 믿음으로인지를 분명히 구분할 수 있어야 한다. 이것은 갈라디아에 들어온 거짓 선생들(유대주의자들)의 가르침이 옳은지 아니면 그 이전에 그들에게 온 바울의 가르침이 옳은지를 정확하게 판단하라는 뜻이다.

3절 | 성령과 육체

> ³ 너희가 이같이 어리석으냐 성령으로 시작하였다가 이제는 육체로 마치겠느냐

3절: 바울은 갈라디아 교인들을 다시 질책한다. "너희가 이같이 어리석으냐?" 바울은 갈라디아 교인들이 거짓 선생들의 미혹에 빠져서 잘못된 가르침을 따르는 것을 도무지 이해할 수 없었다. 그는 그들이 너무나 어리석어 보였다. 그리고 두 번째 질문을 던진다. "성령으로 시작하였다가 이제는 육체로 마치겠느냐?"

바울은 2절에서 언급한 성령을 다시 말한다. 신자들은 성령으로 거듭나서 새로운 삶을 살기 시작한다. 성부의 구원의 작정과 성자의 구원의 실행은 성령의 구원의 적용으로 우리 개인에게 이루어진다. 따라서 우리는 성령을 통하여 구원을 받는다.

성령으로 믿음을 가지게 된 신자들은 성령으로 믿음 생활을 지속하다가

---

72) E. Burton, 147.

성령으로 영화로운 상태에 이른다. 따라서 신앙생활은 처음부터 마지막까지 성령으로 말미암는다. 그리고 성령이 사용하시는 구원의 매개체는 믿음이다. 그러나 거짓 교사들에 의해서 미혹을 받은 갈라디아 교인들은 칭의를 믿음으로 말미암은 것이라고 생각하였지만, 성화를 행위로 말미암는 것이라고 생각하였다. 즉 율법의 행위를 믿음의 완성이라고 보았던 것이다. 여기서 행위는 육체와 동일한 의미를 가진다. 그런데 바울에 따르면 육체는 연약한 죄의 성질을 가져서 신뢰할 수 없다.

육체를 따르는 자는 결국 죄악 가운데 빠진다. 바울은 5장 19-21절에서 육체의 열매를 성령의 열매와 대조하여 기술한다. 그는 "육체의 일은 분명하니 곧 음행과 더러운 것과 호색과 우상 숭배와 주술과 원수 맺는 것과 분쟁과 시기와 분냄과 당 짓는 것과 분열함과 이단과 투기와 술 취함과 방탕함과 또 그와 같은 것들이라 전에 너희에게 경계한 것 같이 경계하노니 이런 일을 하는 자들은 하나님의 나라를 유업으로 받지 못할 것이요"라고 말한다. 그러므로 육체는 아무런 소망을 주지 못한다. 육체를 따르는 자는 하나님의 나라를 결코 유업으로 받지 못한다.

4절 | 박해

⁴ 너희가 이같이 많은 괴로움을 헛되이 받았느냐 과연 헛되냐

4절: 세 번째 질문은 "많은 괴로움"과 연관되어 있다. 여기서 말하는 "많은 괴로움"이란 바울이 제1차 전도여행을 하면서 갈라디아 지역에서 자신과 갈라디아의 교인들이 받았던 극심한 박해를 가리킨다(참고. 행 14:21-22).

당시 바울과 바나바는 유대인들로부터 많은 박해를 받았으며 이는 갈라디아 교인들에게도 영향을 미쳤다. 유대주의자들은 바울이 전하는 복음이 자신들의 전통과 규례를 파괴한다고 생각하여 바울 일행과 신자들을 몹시 괴롭혔다. 따라서 바울의 말은 그토록 온갖 고난을 참으면서 복음을 지켰는데 이제 와서 복음을 버리는 것은 얼마나 헛된 일이냐는 것이다.

이 구절에서 바울은 "헛되이"(에이케)라는 단어를 두 번이나 사용한다. 바울의 서신에서 '헛되다'라는 단어는 자주 나오는데, 이것은 지금까지의 노력과 수고가 물거품이 되는 허탈한 상황을 가리킨다.

바울은 종종 푯대를 향하여 달려가거나 전쟁 혹은 경기에서 이기는 것을 비유로 들어서 그리스도인의 신앙생활을 표현하였다(참고. 고전 9:24-27; 빌 3:12-14). 그리스도인들은 달리기에서 완주하거나 전쟁 혹은 경기에서 이겨야 한다. 하지만 이 과정에서 어려움이 많이 생긴다.

많은 그리스도인들에게 있어서 예수 그리스도를 믿고 신앙생활을 시작할 때의 상황은 순탄하지 않다. 안타깝게도 어느 순간엔가 거짓된 가르침을 따르면서 성령을 의지하지 않음으로 말미암아 처음의 수고와 고생을 헛된 것으로 만드는 경우가 종종 있다. 이것은 지극히 불행하고 답답한 일이다.

5절 | 행위와 믿음

5 너희에게 성령을 주시고 너희 가운데서 능력을 행하시는 이의 일이 율법의 행위에서냐 혹은 듣고 믿음에서냐

5절: 네 번째 질문은 두 번째 질문('행위와 믿음')과 유사하다. 바울은 여기서도 갈라디아 교인들이 의롭게 된 것이 율법의 행위를 통한 것인가 아니면 말씀을 듣고 믿음으로 말미암은 것인가를 묻는다. 그런데 여기서 그는 사람들이 성령을 받는다는 관점에서가 아니라 하나님께서 사람들에게 성령을 주신다는 관점에서 말한다.

바울은 하나님에 대하여, "너희에게 성령을 주시고 너희 가운데서 능력을 행하시는 이"라고 표현한다. 하나님은 그들에게 성령을 주시고 그들 가운데서 능력을 행하시는 분이시다. 사람들은 스스로 성령을 받지 못한다. 성령은 하나님에 의해서 주어진다. 구원의 주체는 하나님이시지 사람이 아니다. 하나님이 선택하시고 부르신다.

성령과 능력은 언제나 함께 있다. 성령이 계시는 곳에는 능력이 나타난다. 하나님은 복음을 전하는 사역자들에게 성령의 일을 맡기셨고 그들이 기적을 행할 수 있는 능력을 주셨다. 실제로 바울은 갈라디아 지역에서 복음을 전할 때에 놀라운 능력을 행하였다(참고. 행 14:3, 8-11).

많은 사람들은 바울이 능력을 행할 때에 하나님께서 그와 함께하신다는 사실을 알았으며 그를 따랐다. 비록 그들은 여호와 하나님을 구체적으로 알지 못하였지만, 적어도 바울이 하늘의 권위를 가진 특별한 사람이라는 사실을 인정하였다. 그런데 이 과정에서 하나님의 말씀의 전파가 있었다. 즉 바울이 하나님의 말씀을 전파할 때에 하나님께서 그의 손으로 표적과 기사를 행하게 하셔서 그분의 은혜의 말씀을 증언하게 하신 것이다(참고. 행 14:3).

3:6-14 믿음으로 말미암아 의롭게 됨

6 아브라함이 하나님을 믿으매 그것을 그에게 의로 정하셨다 함과 같으니라 7 그런즉 믿음으로 말미암은 자들은 아브라함의 자손인 줄 알지어다 8 또 하나님이 이방을 믿음으로 말미암아 의로 정하실 것을 성경이 미리 알고 먼저 아브라함에게 복음을 전하되 모든 이방인이 너로 말미암아 복을 받으리라 하였느니라 9 그러므로 믿음으로 말미암은 자는 믿음이 있는 아브라함

과 함께 복을 받느니라 ¹⁰ 무릇 율법 행위에 속한 자들은 저주 아래에 있나
니 기록된 바 누구든지 율법 책에 기록된 대로 모든 일을 항상 행하지 아니
하는 자는 저주 아래에 있는 자라 하였음이라 ¹¹ 또 하나님 앞에서 아무도
율법으로 말미암아 의롭게 되지 못할 것이 분명하니 이는 의인은 믿음으로
살리라 하였음이라 ¹² 율법은 믿음에서 난 것이 아니니 율법을 행하는 자는
그 가운데서 살리라 하였느니라 ¹³ 그리스도께서 우리를 위하여 저주를 받
은 바 되사 율법의 저주에서 우리를 속량하셨으니 기록된 바 나무에 달린
자마다 저주 아래에 있는 자라 하였음이라 ¹⁴ 이는 그리스도 예수 안에서 아
브라함의 복이 이방인에게 미치게 하고 또 우리로 하여금 믿음으로 말미암
아 성령의 약속을 받게 하려 함이라

갈라디아 교회를 어지럽힌 거짓 선생들인 유대주의자들에 대항하기 위
하여 바울은 성경의 증거를 찾아서 제시한다. 성경을 가지고 자신들의 주
장을 펼치는 자들에 대한 가장 적절한 대응방식은 그들과 동일하게 성경
을 찾아서 제시하는 것이다. 바울은 믿음으로 말미암아 의롭게 된다는 사
실을 주장하는 가운데, 아브라함의 경우를 예로 들고, 구약성경 여러 곳을
인용하면서 예수 그리스도의 구속사역을 말한다.

6절 | 아브라함의 칭의

**⁶ 아브라함이 하나님을 믿으매 그것을 그에게 의로 정하셨다 함과 같으
니라**

6절: 거짓 선생들은 의롭게 되기 위해서 믿음만으로 부족하며 반드시
할례를 받아야 한다고 줄곧 주장하였다. 이에 바울은 그들의 주장을 반박
하기 위하여 아브라함의 예를 든다.⁷³⁾ 이는 거짓 선생들이 모세의 가르침

---

73) 참고. G. W. Hansen, *Abraham in Galatians: Epistolary and rhetorical context*, JSNT Suppl 29,
Sheffield: JSOT Press, 1989.

을 중요하게 여겼기 때문에 그보다 먼저 살았던 아브라함을 제시하는 것
이다.

바울은 창세기 15장 6절의 "아브람이 여호와를 믿으니 여호와께서 이를
그의 의로 여기시고"라는 말씀을 인용한다. 그리하여 아브라함이 하나님
의 말씀을 믿음으로 말미암아 의롭게 되었던 것 같이 다른 사람들도 하나
님의 말씀을 믿음으로 말미암아 의롭게 된다고 말한다.

여호와께서 어느 날 아브라함에게 나타나셔서 그에게 많은 자손을 주시
겠다고 약속하셨다. 그러나 아브라함은 지금 자신에게 아들이 없는 일로
상심하고 있었다. 그러자 여호와께서는 아브라함을 데리고 밖으로 나가서
말씀하시기를, "하늘을 우러러 뭇별을 셀 수 있나 보라 … 네 자손이 이와
같으리라"고 하셨다(창 15:5). 이에 아브라함은 여호와를 믿었으며 여호와
께서 이것을 그의 '의'로 여기셨다(창 15:6). 아브라함은 바랄 수 없는 중에
바랐으며, 불투명한 현실 속에서 여호와의 능력을 기대하였고, 여호와는
그의 믿음을 보시고 그를 의롭게 여기셨다.

그러므로 아브라함과 하나님을 연결시켜 준 것은 '믿음'이었다. 그것은
아브라함의 굳은 신념이나 선한 행실이나 훌륭한 여건이 결코 아니었다.
타락 이후에 하나님과 사람 사이에는 엄청난 간격이 생겼고 하나님과 사
람이 접촉할 수 있는 매개체는 사라져 버렸다.

그러나 믿음이라는 것이 사람을 하나님께로 이끌어주며 사람이 의롭게
되는 방편을 제공하였다. 아브라함은 그러한 전형을 보여주었다. 특히 아
브라함이 의롭다함을 얻은 것은 그가 할례를 받기 이전이었다(참고. 창
17:24). 그렇다면 유대주의자들이 할례를 받아야 의롭게 된다고 주장하는
것에는 문제가 있는 것이다.

7절 | 아브라함의 자손들의 칭의

⁷ 그런즉 믿음으로 말미암은 자들은 아브라함의 자손인 줄 알지어다

7절: 이 구절은 *기노스케테*라는 단어로 시작된다.[74] 이것은 '안다' 는 직설(indicative)일 수도 있고 '알아야 한다' 는 명령(imperative)일 수도 있는데, 여기서는 '안다' 가 직설로 해석되어야 한다.[75] 이 단어는 이어지는 접속사 '그런즉' (*아라*)과 결합하여 앞의 진술, 즉 아브라함의 경우가 제공하는 당연성의 원리를 드러낸다. 이 구절의 헬라어 원문을 직역하면, '그런즉 믿음으로 말미암은 자들, 이들은 아브라함의 자손들이라는 것을 너희가 안다' 이다. 바울은 구약성경의 대표적인 인물인 아브라함이 그렇다면 그 이후의 모든 사람들도 마찬가지라고 주장한다.

갈라디아 교회에 들어온 거짓 선생들(유대주의자)은 할례를 받아야 아브라함의 자손이 될 수 있다고 주장하였다. 그러나 바울은 아브라함의 예를 기록한 구약성경의 기록을 들어서 할례를 받음으로가 아니라 믿음으로 아브라함의 자손이 될 수 있다고 반박한다.

유대인들의 조상인 아브라함이 믿음으로 말미암아 의롭게 되었다면 아브라함의 자손이라고 자부하는 유대주의자들은 더할 나위가 없는 것이다. 이제 모든 믿는 자들은 아브라함의 자손이 될 수 있다. 즉 혈통적인 유대인들뿐만 아니라 그렇지 않은 이방인들도 아브라함의 계보에 참여할 수 있다.

---

74) 7절의 헬라어 본문은 다음과 같다. " Γινώσκετε ἄρα ὅτι οἱ ἐκ πίστεως, οὗτοι εἰσιν υἱοί Ἀβραάμ" 이 구절의 헬라어 본문은 한글성경 개역개정판과 달리 "알지어다" 다음에 "그런즉"으로 되어 있다.

75) R. N. Longenecker, 349.

8-9절 | 이방인들의 칭의

8 또 하나님이 이방을 믿음으로 말미암아 의로 정하실 것을 성경이 미리 알고 먼저 아브라함에게 복음을 전하되 모든 이방인이 너로 말미암아 복을 받으리라 하였느니라 9 그러므로 믿음으로 말미암은 자는 믿음이 있는 아브라함과 함께 복을 받느니라

8절a: 이제 바울은 매우 중요하고도 놀라운 사실을 말한다. 그것은 아브라함이 믿음으로 말미암아 의롭게 된 것은 하나님의 놀라운 섭리였다는 것이다. 여기서 바울은 "미리 알고"(프로이두사)와 "먼저 복음을 전하되"(프로유엥겔리사토)라는 단어들을 사용하여 성경의 예언적 성격을 드러낸다. 즉 성경이 미리 알았고 복음이 먼저 전해졌다는 사실을 말한다. 이러한 표현은 성경에 대한 놀라운 관찰력으로부터 나온다. 바울은 참으로 성경에 능통한 사람이었다. 그리하여 그는 성경을 가지고 공격하는 이단자들에 대항하여 성경을 가지고 맞서 싸웠다.

8절b: "아브라함에게 복음을 전하되"라는 문구는 시사하는 바가 크다. 바울은 하나님의 말씀을 '복음'이라고 표현하였다. 즉 그는 구약성경을 '복음'이라고 말한 것이다. 갈라디아서에서 율법은 부정적으로 비춰진다. 하지만 사실은 율법이 문제가 아니라 율법을 잘못 이해하는 것이 문제이다. 율법과 복음은 다르지 않다. 둘 다 성격과 목적이 동일하다. 바로 삼위하나님의 구원, 즉 성부께서 예정하시고 성자께서 실행하시고 성령께서 적용하시는 구속의 사역을 가리킨다. 실로 하나님의 구원계획은 갑자기 세워진 것이 아니라 이미 오래 전에 세워진 것이다.

9절: 하나님은 아브라함을 부르셔서 유대인들과 이방인들을 함께 구원

하시려고 계획하셨다. 그런데 이방인들의 구원은 아무런 조건이 없이 적용되지 않는다. 구원은 오직 '믿음을 가진' 이방인들에게만 적용된다. 여기서 바울은 "믿음이 있는 아브라함과 함께"라는 표현을 사용하여 이방인들과 아브라함이 모두 믿음으로 말미암아 의롭게 된다는 사실을 강조한다. 아브라함이 믿음으로 말미암아 의롭게 되었듯이 이방인들도 믿음으로 말미암아 의롭게 된다. 특히 이방인들이 아브라함과 함께 복을 받는다는 진술은 놀랍다. 이것은 유대선민주의를 깨뜨린다.

구약성경에는 유대인들만 구원을 받을 것이라는 말이 없다. 구약성경에는 모든 사람들이 구원을 받을 것이라는 진술로 가득하다. 하나님은 처음부터 유대인들뿐만 아니라 이방인들도 구원하시려고 계획하셨다. 하나님께서는 아브라함을 부르셔서 "땅의 모든 족속이 너로 말미암아 복을 얻을 것이라"고 말씀하셨는데(창 12:3; 참고. 행 3:25), 이것은 아브라함이 유대인들만의 조상이 아니라 모든 믿는 사람들의 조상임을 보여준다. 그리고 유대인들과 이방인들이 의롭게 되는 것 역시 아브라함의 경우와 마찬가지이다. 즉 그들은 아브라함과 같이 믿음으로 의롭게 된다.

10-12절 | 율법이 이신득의를 증언함

10 무릇 율법 행위에 속한 자들은 저주 아래에 있나니 기록된 바 누구든지 율법 책에 기록된 대로 모든 일을 항상 행하지 아니하는 자는 저주 아래에 있는 자라 하였음이라 11 또 하나님 앞에서 아무도 율법으로 말미암아 의롭게 되지 못할 것이 분명하니 이는 의인은 믿음으로 살리라 하였음이라 12 율법은 믿음에서 난 것이 아니니 율법을 행하는 자는 그 가운데서 살리라 하였느니라

10절: 이제 바울은 '믿음으로 말미암아 의롭게 된다'는 교리를 확고히

하기 위하여 구약성경 몇 구절을 인용한다. 그의 인용은 "기록된 바"(게그랍 타이, it is written)라는 표현으로 시작된다. 이것은 신약저자들의 구약인용에 전형적으로 사용된 용어이다. 바울은 우선 신명기 27장 26절을 인용한다.

모세는 이렇게 말하였다. "이 율법의 말씀을 실행하지 아니하는 자는 저주를 받을 것이라 할 것이요 모든 백성은 아멘 할지니라." 이 말은 율법을 지키지 않는 자가 저주 아래 있게 될 것이란 뜻이다. 따라서 율법을 지키는 자는 저주 아래 있지 않게 될 것이다. 그런데 율법을 완전하게 지키지 않는 것은 결국 율법을 지키지 않는 것이 됨으로 그러한 자들은 저주를 받게 될 것이다.[76]

여기서 바울은 "누구든지 율법 책에 기록된 대로 모든 일을 항상 행하지 아니하는 자"라고 말하여, 율법의 모든 조항을 지켜야 한다는 사실을 강조한다. 이점에 있어서 모세와 바울의 관점은 동일하다. 그렇지만 사람은 연약하여서 율법에 기록된 모든 일을 항상 행하는 것이 불가능하다. 따라서 사실상 사람은 율법을 지키지 않는 것이 된다. 이에 대하여, 야고보는 이렇게 말하였다. "누구든지 온 율법을 지키다가 그 하나를 범하면 모두 범한 자가 되나니"(약 2:10). 결국 율법은 사람이 무능하다는 사실과 따라서 구세주를 의존해야 한다는 사실을 가르쳐준다.

11절: 바울은 하나님 앞에서 아무도 율법으로 말미암아 의롭게 되지 못할 것이 분명하다고 말하면서, "의인은 그의 믿음으로 말미암아 살리라"라고 한 하박국의 말을 인용한다(합 2:4). 그런데 여기서 알아야 할 중요한 사실은 바울이 율법 자체를 무시하거나 부정하는 것이 아니라는 점이다.

바울은 율법을 저주스러운 것이라고 보지 않는다. 다만 율법을 지키지

---

76) 참고. J. D. G. Dunn, "Works of the Law and the Curse of the Law(Galatians 3.10-14)," *NTS* 31 (1985): 523-42.

못하는 인간의 절망적인 상태를 말할 뿐이다. 분명히 문제는 율법에 있는 것이 아니라 사람에게 있다. 하나님은 사람이 율법을 온전히 지키기를 기대하시지만 사람은 연약하여서 그렇게 할 수 없다.

바울(하박국도 마찬가지)이 '의인'을 먼저 말한 다음에 '믿음으로 살리라'라고 한 것은 마치 사람이 먼저 의롭게 되고 이어서 그렇게 의롭게 된 사람이 믿음으로 말미암아 산다는 뜻인 것처럼 보인다. 그러나 이 문장에서 동사 '살리라'(제세타이)는 미래시제이다. 따라서 이것은 미래에 될 일을 기대하는 것이다. 그렇다면 의인은 믿음으로 말미암아 의롭게 된 사람을 뜻한다. 선지자 하박국은 율법시대의 사람이었음에도 불구하고 믿음으로 말미암아 의롭게 된다고 말하였다. 그렇다면 바울의 시대에도 믿음으로 말미암아 의롭게 된다는 것은 당연한 진리이다.

12절a: "율법은 믿음에서 난 것이 아니니"라는 표현에서 '율법'이란 율법 자체를 가리키는 것이 아니라 율법을 지키는 사람을 가리킨다. 이는 문맥을 고려할 때 그러하고 더군다나 "율법을 행하는 자"가 이어져나오기 때문에 그러하다.

영어성경 NRSV는 헬라어 원문을 '율법은 믿음에 놓여있지 않다'(the law does not rest on faith)라고 적절히 번역하였다. 이 말을 11절과 관련지어서 살펴볼 때, 이 말은 사람이 믿음으로 말미암아 의롭게 되는 것이지 율법으로 말미암아 의롭게 되는 것이 아니라는 뜻이다. 분명히 율법은 사람을 의롭게 하지 못한다.

12절b: "율법을 행하는 자는 그 가운데서 살리라"라는 말은 레위기 18장 5절의 "너희는 내 규례와 법도를 지키라 사람이 이를 행하면 그로 말미암아 살리라 나는 여호와이니라"는 말씀을 인용한 것이다. 이 말씀은 율법을 완전하게 행하는 사람이 그 가운데에서 살 수 있기는 하지만, 사람이 율법을 완전하게 행하는 것은 불가능하기 때문에 사실상 사람이 율법을 통해서 살 수 없다는 뜻이다. 따라서 율법은 사람의 연약한 죄성을 깨닫게 하고 하나님께 대한 믿음(의존)으로 나아가게 하는 역할을 한다. 즉 율법은 믿음의 가치를 일깨워 준다.

13-14절 | 예수 그리스도의 속량

13 그리스도께서 우리를 위하여 저주를 받은 바 되사 율법의 저주에서 우리를 속량하셨으니 기록된 바 나무에 달린 자마다 저주 아래에 있는 자라 하였음이라 14 이는 그리스도 예수 안에서 아브라함의 복이 이방인에게 미치게 하고 또 우리로 하여금 믿음으로 말미암아 성령의 약속을 받게 하려 함이라

13절a: 이제 바울은 예수 그리스도를 말한다. 그는 예수님이 우리를 대신하여 저주를 받으셨는데, 이는 율법의 저주에서 우리를 "속량"하시기 위해서라고 말한다. "속량"(엑세고라셴)이란 단어는 종이나 노예를 돈 주고 사는 것이다. 그리고 이 단어가 부정과거시제(aorist)로 사용된 것은 예수님의 십자가 사건의 역사성을 드러낸다.[77]

따라서 바울의 말은 우리가 비참한 종이었는데, 우리 스스로 그 상태로부터 벗어나지 못하고 있을 때 그리스도께서 자신의 몸을 대가로 지불하시고 우리를 사셨다는 뜻이다. "율법의 저주"라는 표현은 율법이 우리를 의롭게 할 수 없다는 사실을 암시하는데, 사람이 율법을 완전히 지키는 것은 불가능하기 때문이다.[78]

---

77) R. N. Longenecker, 361.

78) 참고. T. I. Donaldson, "The 'Curse of the Law' and the Inclusion of the Gentiles: Galatians 3.13-14," *NTS* 32 (1986): 94-112; C. D. Stanley, "Under a curse: A fresh reading of Galatians 3.10-14," *NTS* 36 (1990): 481-511.

13절b: 바울은 예수님의 속량을 말하면서, 신명기 21장 23절의 "그 시체를 나무 위에 밤새도록 두지 말고 그 날에 장사하여 네 하나님 여호와께서 네게 기업으로 주시는 땅을 더럽히지 말라 나무에 달린 자는 하나님께 저주를 받았음이니라"라는 말씀을 인용한다.

바울은 '나무에 달린 자는 하나님께 저주를 받았음이니라'를 그리스도께 적용하면서 "그리스도께서 우리를 위하여 저주를 받은 바 되사"라고 말한다. 그리스도는 영광과 존귀를 받으셔야 할 분이시지만 우리가 받아야 할 저주를 대신해서 받으심으로 우리가 저주를 받지 않게 하셨다. 그분은 나무에 달리는 부끄러움을 감수하시면서까지 우리를 지극히 사랑하셨다.

14절a: 바울은 예수 그리스도의 구속사역의 목적이 무엇인지를 말한다. 그는 목적을 나타내는 접속사 히나를 두 번 사용하여 두 가지 목적을 드러낸다.[79] 첫 번째 목적은 "그리스도 예수 안에서 아브라함의 복이 이방인에게 미치게 하고"이다. 이것은 예수님이 십자가에 못 박혀 죽으신 사역으로 말미암아 이방인들도 아브라함처럼 의롭게 될 수 있다는 뜻이다. 따라서 예수님의 십자가 사건은 이방인들의 신분이 바뀔 수 있는 길을 열어주었다. 이제 아브라함이 믿음으로 말미암아 구원을 받았듯이 이방인들도 믿음으로 말미암아 구원을 받을 수 있게 되었다.

14절b: 예수 그리스도의 구속사역의 두 번째 목적은 "우리로 하여금 믿음으로 말미암아 성령의 약속을 받게 하려 함"이다. 이것은 예수님의 십자가 사역으로 말미암아 우리가 성령을 받게 되었다는 뜻이다.

성령에 대한 언급은 이미 3장 1-5절에 나왔다.[80] 성령을 받는 것은 구원

---

79) 14절의 헬라어 본문은 다음과 같다. " ἵνα εἰς τὰ ἔθνη ἡ εὐλογία τοῦ 'Αβραὰμ γένηται ἐν Χριστῷ 'Ιησοῦ ἵνα τὴν ἐπαγγελίαν τοῦ πνεύματος λάβωμεν διὰ τῆς πίστεως."

80) 참고. S. K. Williams, "Justification and Spirit in Galatians", *JSNT* 29 (1987): 91-100.

의 실제적인 경험을 가리킨다. 우리는 십자가에 달리신 예수님에 관한 복음을 듣고 믿음으로써 성령을 받았다. 성령은 우리를 다시 태어나게 하시고, 우리를 의롭다고 여기시고, 우리의 의로움을 보존하시며, 우리를 영원히 다스리신다. 이러한 성령의 사역은 '약속'이라는 단어와 결합되어 공고한 보증의 성격을 가진다.

3:15-22 율법과 약속

15 형제들아 내가 사람의 예대로 말하노니 사람의 언약이라도 정한 후에는 아무도 폐하거나 더하거나 하지 못하느니라 16 이 약속들은 아브라함과 그 자손에게 말씀하신 것인데 여럿을 가리켜 그 자손들이라 하지 아니하시고 오직 한 사람을 가리켜 네 자손이라 하셨으니 곧 그리스도라 17 내가 이것을 말하노니 하나님께서 미리 정하신 언약을 사백삼십 년 후에 생긴 율법이 폐기하지 못하고 그 약속을 헛되게 하지 못하리라 18 만일 그 유업이 율법에서 난 것이면 약속에서 난 것이 아니리라 그러나 하나님이 약속으로 말미암아 아브라함에게 주신 것이라 19 그런즉 율법은 무엇이냐 범법하므로 더하여진 것이라 천사들을 통하여 한 중보자의 손으로 베푸신 것인데 약속하신 자손이 오시기까지 있을 것이라 20 그 중보자는 한 편만 위한 자가 아니나 하나님은 한 분이시니라 21 그러면 율법이 하나님의 약속들과 반대되는 것이냐 결코 그럴 수 없느니라 만일 능히 살게 하는 율법을 주셨더라면 의가 반드시 율법으로 말미암았으리라 22 그러나 성경이 모든 것을 죄 아래에 가두었으니 이는 예수 그리스도를 믿음으로 말미암는 약속을 믿는 자들에게 주려 함이라

앞 단락에서 바울은 믿음으로 말미암아 의롭게 된다는 사실을 말하면서, 아브라함이 하나님의 약속을 믿음으로 의롭게 된 사실을 예로 들었다. 이 단락에서 그는 하나님께서 아브라함에게 주신 약속과 이후에 나온 율법이 대립하지 않으며, 특히 약속이 율법으로 말미암아 폐하여지지 않는

다는 사실을 말한다. 이것은 유대주의자들의 주장에 대한 반박인데, 유대
주의자들은 약속이 폐하여졌으며 이제는 율법이 약속을 대체하게 되었다
고 주장하였다.

15절 | 사람의 예를 들어 설명함

**15 형제들아 내가 사람의 예대로 말하노니 사람의 언약이라도 정한 후에는
아무도 폐하거나 더하거나 하지 못하느니라**

15절a: 아마도 유대주의자들은 바울이 아브라함의 예를 제시했을 때 어
쩔 수 없이 인정할 수밖에 없었겠지만, 아브라함 이후에는 구원의 방법이
율법 준수로 바뀌었다고 주장한 것으로 보인다.

이들의 주장을 반박하기 위하여 바울은 "사람의 예대로"(*카타 안뜨로폰*;
NRSV: an example from daily life) 말한다. 즉 당시에 일상적으로 통용되던 관례
를 가지고 사람들이 쉽게 이해할 수 있는 말로 진리를 설명한다. 우리는 바
울로부터 진리 자체를 깨달아야 한다는 점과 진리를 사람들이 이해할 수
있게끔 가르쳐야 한다는 점을 배운다.

15절b: 바울은 "사람의 언약이라도 정한 후에는 아무도 폐하거나 더하
거나 하지 못하느니라"라고 말한다. "사람의 언약"에서 "언약"(covenant)에
해당하는 헬라어 단어 *디아떼케*는 고대 헬라 문헌에서 일반적으로 사람이
죽기 전에 남기는 '유언장'을 가리켰다.[81] 당시에 당사자가 죽은 후에는
유언장의 내용을 절대로 변경할 수 없었다.

따라서 바울의 말은 사람의 유언장을 함부로 변경할 수 없다면 하물며
하나님께서 약속하신 것을 변경하거나 폐기할 수 없다는 뜻이다. 특히 여

---

81) NRSV는 이 단어를 'will'(유언)로 번역하였다.

기에서 바울은 "더하거나"라는 단어를 덧붙이는데, 이것은 유대주의자들이 칭의를 위한 조건으로 예수 그리스도에 대한 믿음에다 율법 준수를 '더한 것'을 풍자하는 것이다.

16절 | 아브라함의 자손 예수 그리스도

16 이 약속들은 아브라함과 그 자손에게 말씀하신 것인데 여럿을 가리켜 그 자손들이라 하지 아니하시고 오직 한 사람을 가리켜 네 자손이라 하셨으니 곧 그리스도라

16절a: 바울은 '사람의 예'에서 그 '예'가 가리키는 실체인 '약속'으로 나아간다. "이 약속들은 아브라함과 그 자손에게 말씀하신 것인데"라는 표현은 하나님께서 아브라함에게 자손과 땅을 주시겠다고 약속하신 것을 뜻한다.

바울은 특히 창세기 12장 7절의 "내가 이 땅을 네 자손에게 주리라", 창세기 13장 15절의 "보이는 땅을 내가 너와 네 자손에게 주리니 영원히 이르리라", 그리고 창세기 17장 8절의 "내가 너와 네 후손에게 네가 거류하는 이 땅 곧 가나안 온 땅을 주어 영원한 기업이 되게 하고 나는 그들의 하나님이 되리라"라는 약속을 염두에 둔 것으로 보인다.

16절b: "여럿을 가리켜 그 자손들이라 하지 아니하시고 오직 한 사람을 가리켜 네 자손이라 하셨으니 곧 그리스도라"는 말은 하나님께서 아브라함에게 주신 약속이 단지 이삭과 그의 후예들에 대한 것이 아니라 예수 그리스도에 대한 것임을 의미한다. 즉 하나님께서 아브라함에게 주신 약속이 메시아를 통하여 성취되었다는 뜻이다. 여기서 바울은 하나님께서 아브라함에게 '자손'에 대하여 말씀하실 때 단수적인 자손을 말씀하셨다고

말한다.[82] 이것은 바울이 아브라함의 약속을 기독론적으로 이해한 것인데 그가 만들어낸 것이 아니라 발견한 것이다.

하나님께서 아브라함에게 말씀하실 때 그분은 처음부터 아브라함의 육신의 자손인 이삭과 그의 후예들을 뜻하지 않으셨고 아브라함이 죽은 후 한참 지나서 아브라함의 자손으로 이땅에 오실 예수 그리스도를 뜻하셨다. 그러한 계획은 아브라함이 원한 것이 아니었으며 의도한 것도 아니었다. 하지만 아브라함은 하나님이 그렇게 말씀하신 사실을 깨닫고 순종하였다. 참으로 하나님의 약속은 사람의 조건이나 세상의 영향에 관계없이 하나님에 의하여 일방적으로 선포된다. 그리고 세상의 어느 누구도 하나님의 주권적인 계시를 변경하거나 폐기할 수 없다.

17-18절 | 율법은 약속을 폐하지 않음

> [17] 내가 이것을 말하노니 하나님께서 미리 정하신 언약을 사백삼십 년 후에 생긴 율법이 폐기하지 못하고 그 약속을 헛되게 하지 못하리라 [18] 만일 그 유업이 율법에서 난 것이면 약속에서 난 것이 아니리라 그러나 하나님이 약속으로 말미암아 아브라함에게 주신 것이라

17절: 바울은 "하나님께서 미리 정하신 언약을 사백삼십 년 후에 생긴 율법이 폐기하지 못하고 그 약속을 헛되게 하지 못하리라"고 말한다.[83] "하나님께서 미리 정하신 언약"이라는 표현은 언약의 주관자가 하나님이

---

82) 바울은 '자손'에 해당하는 단수형 히브리어 단어 제라가 복수형의 의미를 가지는 집합적 단수형으로 사용된다는 사실을 알고 있었다. 물론 그는 로마서 4:18에서 이 단어를 복수형으로 사용하였다. 그렇지만 이 단어는 단수형으로 사용될 수 있으며 바울에 의해서 그리스도에게 적용되었다. 이러한 점을 보면서, 우리는 바울이 구약의 작고 사소한 부분에까지 높은 신뢰성을 가지고 있음을 알 수 있다(참고. ESV Study Bible).

83) '언약'에 해당하는 헬라어 디아떼케의 의미에 대하여, E. Burton, 182-84를 참고하라.

시며 따라서 언약은 신적인 권위와 절대적인 가치를 가지고 있음을 뜻한다. 특히 이것은 언약이 파기되거나 변경될 수 없는 이유가 된다.

"사백삼십 년 후에 생긴 율법"이라는 표현은 하나님이 아브라함에게 주신 언약과 모세에게 주신 율법 사이에 큰 시간적 간격이 있음을 암시한다. 무엇보다도 이것은 언약이 율법에 시기적으로 훨씬 앞선다는 사실을 보여준다.

여기서 바울은 "이스라엘 자손이 애굽에 거주한 지 사백삼십 년이라"는 출애굽기 12장 40절의 70인역(LXX)을 인용하였다.[84] 여기서 430년은 아브라함부터 출애굽까지의 기간을 가리킨다. 아마도 바울은 아브라함에게 주어진 언약이 야곱에 의해서 확증되는 순간부터(야곱이 이집트에 들어가기 전에, 참고. 창 46:3-4) 출애굽한 때까지를 계산하여 430년이라고 보았을 것이다. 이 구절의 의미에 대하여 약간의 이견이 있으나 바울의 요점은 분명하다. 그것은 시간이 아무리 많이 흘렀어도 언약과 율법의 관계가 변하지 않고 언제나 동일하다는 사실이다.[85]

18절: 바울은 2장 21절에서 "만일 의롭게 되는 것이 율법으로 말미암으면 그리스도께서 헛되이 죽으셨느니라"라고 말한 적이 있다. 이것은 의롭게 되는 것이 율법으로 말미암는 것이 아님을 강조한 것이다.[86] 마찬가지로 그는 여기서 "만일 그 유업이 율법에서 난 것이면 약속에서 난 것이 아

---

84) R. N. Longenecker, 378-80을 보라.

85) Matthew Poole은 430년을 다음과 같이 해석하였다. "이것은 아브라함이 가나안을 떠날 때부터 계산한 것이다(참고. 창 12:4). 즉 아브라함이 가나안을 떠날 때부터 이삭이 태어날 때까지 25년(참고. 창 12:4와 21:5를 비교), 그때부터 야곱이 태어날 때까지 60년(참고. 창 25:26), 그때부터 야곱이 이집트로 내려갈 때까지 130년(참고. 창 47:9), 그리고 이스라엘 백성들이 이집트에서 살았던 215년을 합산한 것이다." Matthew Poole, 85.

86) ESV Study Bible.

니리라"라고 말한다.

이어서 "하나님이 약속으로 말미암아 아브라함에게 주신 것이라"라고 말한다. 하나님께서는 율법보다 훨씬 먼저 주어졌던 약속을 통하여 '유업'(자손과 땅)을 주셨다. 분명히 하나님께서 아브라함에게 유업을 주시겠다고 하신 때는 율법이 있기 훨씬 오래 전이다. 따라서 구약시대에도 구원의 방법은 율법 준수가 아니라 약속에 대한 믿음이었다.

19-20절 | 율법의 역할

19 그런즉 율법은 무엇이냐 범법하므로 더하여진 것이라 천사들을 통하여 한 중보자의 손으로 베푸신 것인데 약속하신 자손이 오시기까지 있을 것이라 20 그 중보자는 한 편만 위한 자가 아니나 하나님은 한 분이시니라

19절a: 바울의 율법에 관한 진술을 듣고 어떤 사람들은 율법의 역할이 무엇인지를 따져 물었을 것이다. 그들은 '율법이 의롭다 함을 얻는 일에 애당초 아무런 도움이 되지 않았다면 율법이 무슨 필요가 있겠는가? 이제라도 그것은 없어져야 되지 않겠는가? 라고 반박했을 것이다.

이러한 질문을 가정하면서, 바울은 율법이 "범법하므로 더하여진 것"이라고 말한다. 이것은 율법이 인간으로 하여금 죄를 깨닫게 하고 죄를 억제시키며 나아가서 인간 스스로의 힘으로 죄를 해결할 수 없다는 사실을 알고 구원자의 도움을 받아야 한다는 점을 깨닫게 한다는 뜻이다(참고. 롬 3:20).

율법이 "더하여진 것이라"는 말은 원래부터 율법이 있었던 것이 아니라 어느 순간에 필요에 의하여 추가로 주어졌다는 뜻이다. 율법은 인간의 죄를 막기 위하여 나중에 추가되었다. 따라서 율법은 처음의 약속을 깨뜨리거나 없애는 것이 아니라 처음의 약속을 보충하는 것이다.

하나님은 인간의 연약함을 아시고 율법을 주심으로 인간이 보다 완전한 데로 나아갈 수 있게 하셨다. 결국 율법은 아브라함의 자손인 예수 그리스도가 이땅에 오셔서 인간의 모든 죄를 용서해 주시고 마귀의 권세로부터 구원해 주실 것을 기다리게 하였고 전망하게 하였다.[87]

19절b: 바울은 율법이 "천사들을 통하여 한 중보자의 손으로 베푸신 것"이라고 말한다. 먼저, 율법은 "천사들을 통하여" 주어졌다(참고. 신 33:2). 사도행전 7장 38절에는 "시내 산에서 말하던 천사"라는 언급이 있으며, 히브리서 2장 2절에는 "천사들을 통하여 하신 말씀"이라는 언급이 있다. 이러한 언급들은 율법이 천사로 말미암아 주어졌음을 보여준다.

다음으로, 율법은 "한 중보자의 손으로" 베풀어졌다. 여기서 "한 중보자"란 표현은 '예수 그리스도'를 가리키는 것이 아니라 '모세'를 가리킨다(참고. 레 26:46). 이것은 신명기 5장 5절에 나오는 바, "내가 여호와와 너희 중간에 서서 여호와의 말씀을 너희에게 전하였노라"라는 말에서 확인된다.[88] 율법은 "약속하신 자손이 오시기까지 있을 것"이다. 즉 율법은 예수 그리스도가 오실 때까지 유효하다.

20절: 이 구절은 해석하기가 쉽지 않다. 바울은 "중보자"(메시테스, mediator)에 대해서 말하는데, "중보자"는 두 편을 연결시켜 주는 존재이다. 따라서 당연히 "그 중보자는 한 편만 위한 자가 아니나"(NRSV: a mediator involves more than one party)라고 말할 수 있다. 하나님께서는 모세의 손으로 율법을 주셨다. 즉 율법을 수여하시는 과정에 모세라는 중보자가 있었다.

---

87) 참고. R. N. Longenecker, "The Pedagogical Nature of the Law in Galatians 3:19-4:7," *JETS* 25 (1982): 53-61.

88) Matthew Poole, 86-87

물론 천사를 통하여 율법을 주셨기 때문에 두 명의 중보자가 있었다고 말할 수도 있다.

이어서 바울은 "(그러나) 하나님은 한 분이시니라"(NRSV: but God is one)라고 말한다.[89] 이 말은 하나님께서 아브라함에게 복음을 말씀하실 때 중보자를 통하지 않고 직접 말씀하셨음을 의미한다. 결국 이렇게 바울은 약속이 율법에 비하여 우월하다고 주장한다.

21-22절 | 율법과 약속의 관계

21 그러면 율법이 하나님의 약속들과 반대되는 것이냐 결코 그럴 수 없느니라 만일 능히 살게 하는 율법을 주셨더라면 의가 반드시 율법으로 말미암았으리라 22 그러나 성경이 모든 것을 죄 아래에 가두었으니 이는 예수 그리스도를 믿음으로 말미암는 약속을 믿는 자들에게 주려 함이라

21절a: 바울은 "그러면 율법이 하나님의 약속들과 반대되는 것이냐?"라는 의문이 제기될 수 있음을 인정한다. 이것은 율법과 약속이 서로 충돌하거나 모순되는가에 대한 질문이다. 이에 대하여 바울은 "결코 그럴 수 없느니라"(메 게노이토)라고 단언한다.

하나님은 율법과 약속을 각각 다른 목적으로 주셨다. 앞에서 언급했다시피, 율법은 "범법함으로 더하여진 것"이다(참고. 19절). 즉 율법은 사람이 하나님의 공의를 스스로 채울 수 없는 연약한 죄인이라는 사실을 알고 하나님의 도우심을 의지하게 만드는 역할을 한다. 따라서 약속과 율법은 반대되거나 모순되지 않고 긴밀하게 연결되어 있다.[90]

---

89) 헬라어 본문에는 "하나님은 한 분이시니라"($\acute{o}$ $\delta\grave{\epsilon}$ $\mu\epsilon\sigma\acute{\iota}\tau\eta\varsigma$ $\acute{\epsilon}\nu\grave{o}\varsigma$ $o\grave{\upsilon}\kappa$ $\acute{\epsilon}\sigma\tau\iota\nu$ $\acute{o}$ $\delta\grave{\epsilon}$ $\theta\epsilon\grave{o}\varsigma$ $\epsilon\grave{\iota}\varsigma$ $\acute{\epsilon}\sigma\tau\iota\nu$)라는 문장의 앞부분에 '그러나'에 해당하는 데($\delta\acute{\epsilon}$)가 있다.

90) 참고. L. L. Belleville, "Under Law' Structural Analysis and the Pauline Concept of Law in Galatians 3.21-4.11," *JSNT* 26 (1986): 53-78.

21절b: 바울은 나아가서 이렇게 대답한다. "만일 능히 살게 하는 율법을 주셨더라면 의가 반드시 율법으로 말미암았으리라." "능히 살게 하는"(조오포이에인)이라는 표현은 바울이 삼위 하나님을 설명할 때 사용하였다. 즉 바울은 하나님에 대해서(참고. 롬 4:17), 그리스도에 대해서(참고. 고전 15:45), 그리고 성령님에 대해서(참고. 고후 3:6) 이런 표현을 사용하였다. 바울은 삼위 하나님이 우리에게 영원한 생명을 주시는 분임을 말하였다. 그런데 여기서 바울은 율법에 대하여 이 표현을 역으로 사용하면서, 율법이 우리에게 생명을 줄 수 없다는 사실을 말한다.

분명히 하나님께서 우리에게 율법을 주신 이유는 그것을 통하여 살려내시려는 것(조오포이에인)이 아니라 우리로 하여금 죄가 무엇인지를 알게 하고 우리가 죄인이므로 사망에 이를 수밖에 없는 연약한 존재인 것을 알게 하시려는 것이다. 그리고 "의가 반드시 율법으로 말미암았으리라"라는 표현은 '만일 우리가 율법을 완전하게 지킨다면 율법이 우리를 의롭게 할 수 있을 것'이라는 뜻이다. 만일 우리가 율법을 지킴으로 의롭게 된다면 약속을 의지할 필요가 없다. 만일 그렇다면 하나님께서 우리에게 약속을 주실 필요도 없었을 것이다.

22절a: "성경이 모든 것을 죄 아래에 가두었으니"(NRSV: the scripture has imprisoned all things under the power of sin)라는 표현에서 "성경"은 '율법'을 가리킨다. 따라서 이 표현은 율법이 모든 것을 죄 아래에 가두어서 모든 것으로 하여금 두려움을 느끼게 한다는 뜻이다. 사람들은 죄로 인하여 두려움을 느낄 뿐만 아니라 죄의 감옥에 갇혀서 무력하게 되어 스스로 의롭게 될 수도 없다.

만일 아담이 죄를 범하지 않았더라면 하나님은 사람이 율법을 통하여 생명을 얻게 하시기를 기뻐하셨을 것이다.[91] 그리고 그렇게 되면 약속이 필요 없었을 것이다. 그러나 아담은 죄를 지었고 사람은 돌이킬 수 없는 상태가 되었다. 따라서 이제 사람이 율법으로 말미암아 의롭게 되는 것은 불가능하며 사람에게는 반드시 약속(복음)이 필요하다.

22절b: 성경이 모든 것을 죄 아래에 가둔 이유가 이제 제시된다. "이는 예수 그리스도를 믿음으로 말미암는 약속을 믿는 자들에게 주려 함이라." 이 말은 사람이 죄를 지어서 스스로의 힘으로 의롭게 될 수 없었으나 이제 예수 그리스도를 믿음으로 말미암아 의롭게 될 수 있다는 뜻이다.

바울은 지금까지 율법의 부정적인 역할을 말했으나 여기서는 율법이 궁극적으로 긍정적인 역할을 한다는 사실을 보여준다. 그것은 율법이 사람들의 무능함과 연약함을 깨닫게 하고 그들을 의의 근원이신 예수 그리스도께로 인도하는 것이다.

이렇게 하여 유대주의자들의 주장을 반박한다. 곧 유대주의자들은 율법이 약속을 폐하였으며 율법이 약속의 자리를 차지했다고 주장하지만 바울은 율법의 참된 기능을 제시함으로써 율법이 여전히 약속을 지지하고 있다고 강조한다.

3:23-29 율법의 역할과 신자의 지위

23 믿음이 오기 전에 우리는 율법 아래에 매인 바 되고 계시될 믿음의 때까지 갇혔느니라 24 이같이 율법이 우리를 그리스도께로 인도하는 초등교사가 되어 우리로 하여금 믿음으로 말미암아 의롭다 함을 얻게 하려 함이라 25 믿음이 온 후로는 우리가 초등교사 아래에 있지 아니하도다 26 너희가 다 믿음으로 말미암아 그리스도 예수 안에서 하나님의 아들이 되었으니 27 누

---

91) Matthew Poole, 90.

구든지 그리스도와 합하기 위하여 세례를 받은 자는 그리스도로 옷 입었느니라 ²⁸ 너희는 유대인이나 헬라인이나 종이나 자유인이나 남자나 여자나 다 그리스도 예수 안에서 하나이니라 ²⁹ 너희가 그리스도의 것이면 곧 아브라함의 자손이요 약속대로 유업을 이을 자니라

바울은 지금까지 언약, 율법, 믿음의 관계에 대하여 말하였다. 바울은 아브라함에게 주신 언약과, 모세에게 주신 율법과, 예수 그리스도에 대한 믿음이 모순되는 것이 아니라 서로 유기적으로 연결되어 있다는 사실을 언급하였다.

이제 이 단락에서 바울은 율법이 우리를 그리스도께로 인도한다는 사실을 말한다. 바울은 모든 사람들이 믿음으로 말미암아 그리스도 안에서 하나님의 자녀들이 되어 아브라함과 맺은 약속에 따라 그 자손들에게 주어진 유업을 잇는다고 말한다.

23-24절 | 율법의 역할

²³ 믿음이 오기 전에 우리는 율법 아래에 매인 바 되고 계시될 믿음의 때까지 갇혔느니라 ²⁴ 이같이 율법이 우리를 그리스도께로 인도하는 초등교사가 되어 우리로 하여금 믿음으로 말미암아 의롭다 함을 얻게 하려 함이라

23절a: "믿음이 오기 전"이라는 표현은 바로 앞에 있는 22절을 참고해서 이해하여야 한다. 그렇다면 이것은 '예수 그리스도께서 오시기 전'을 뜻한다. 구체적으로 말하자면, 예수 그리스도께서 오셔서 그분이 제정하신 새 언약을 믿음으로 말미암아 의롭게 되는 것을 반영한다.

물론 구약시대에 믿음이 없었던 것은 아니다. 그때에도 복음이 있었고 믿음이 있었으며 아브라함을 비롯하여 사람들은 복음을 믿음으로 말미암아 의롭게 될 수 있었다(참고. 6절, 14절). 그러나 믿음이 구체화되고 실체화

된 것은 예수 그리스도께서 육신을 입고 이땅에 오신 이후이다.

23절b: 예수 그리스도가 오시기 전에 사람들은 "율법 아래에 매인 바" 되었다. 이 표현의 의미는 22절의 "성경이 모든 것을 죄 아래에 가두었으니"라는 표현의 의미와 동일하다. 즉 율법이 사람들을 감금하고 속박하여 사람들의 행동을 제약하고 통제하였다는 뜻이다.

그런데 이것은 율법이 부정적인 실체임을 뜻하지 않는다. 오히려 이것은 율법으로 말미암아 사람들이 죄를 짓지 않게 되었음을 보여준다. 만일 율법이 없었더라면 사람들은 아무런 통제와 감독이 없이 자기들 마음대로 행동하였을 것이다. 그러나 율법이 있었기에 그러한 일은 억제되었다.[92]

23절c: "계시될 믿음의 때까지"라는 표현은 '예수 그리스도가 오셔서 믿음의 실체가 완전히 드러날 때까지'를 의미한다. 바울은 이때까지 사람들이 "갇혔느니라"라고 말한다. 이것은 사람들이 율법 아래에 "매인 바 되고"와 같은 뜻이다.

사람들은 예수 그리스도가 오시기 전까지 율법에 매여 있었고 갇혀 있었다. 실로 율법은 사람들에게 자유와 평안을 주지 않았다. 오히려 사람들은 율법을 지키지 못함으로 가책을 느꼈고 억압되었다.

그런데 사실 하나님이 율법을 주신 것은 그것을 지켜서 의롭게 되도록 한 것이 아니었으며 오히려 그것을 통하여 인간의 연약함을 알고 구세주(메시아)를 갈망하게 만드는 것이었다. 결국 하나님이 정하신 때에 예수 그리스도께서 이땅에 육신을 입고 오시자 비로소 사람들은 율법에서 해방되었고 자유롭게 되었다.

---

92) 참고. E. Burton, 198-99.

24절a: 바울은 율법이 우리를 그리스도께로 인도하는 "초등교사"가 되었다고 말한다.[93] 이것은 율법에 대한 매우 적절한 비유이다. "초등교사"에 해당하는 헬라어 단어 *파이다고고스*는 고대 헬라에서 귀족 집안의 어린 아이들을 돌보던 사람을 의미한다.

당시에 *파이다고고스*는 지식을 가르치는 선생이라기보다는 생활 후견인이었다. 그들은 노예의 신분을 가지고 있으면서 자신들이 섬기는 주인의 어린아이들의 훈육을 담당하였다. 그들은 아이들을 사회의 악으로부터 보호하고, 그들을 학교에 데리고 다니며, 그들의 행동을 철저히 통제하고 감독하였다.

*파이다고고스*는 매우 엄격하게 아이들을 대하였는데, 아이들에게 회초리를 대기도 하였다. 바울은 고린도 교인들에게 보낸 편지에서 *파이다고고스*의 개념을 사용하여 말하는데, "내가 매를 가지고 너희에게 나아가랴 사랑과 온유한 마음으로 나아가랴?"라고 말한다(고전 4:21).

여기서 '매를 가지고 나아가는 사람'은 *파이다고고스*를 가리키며, '사랑과 온유한 마음으로 나아가는 사람'은 아버지를 가리킨다.[94] 그러나 *파이다고고스*는 아이들이 어릴 때에만 필요했으며 그들이 장성하면 더 이상 필요하지 않았다. *파이다고고스*는 시기와 역할이 제한되어 있었다.

24절b: 바울은 이어서 율법의 궁극적인 목적을 말한다. 그것은 "우리로 하여금 믿음으로 말미암아 의롭다 함을 얻게 하려 함"이다.

율법은 우리가 죄인임을 깨닫게 하고 우리가 스스로 의롭게 될 수 없음을 알게 하고 우리를 의의 근원이신 예수 그리스도께로 인도한다. 그리하

---

93) 참고. D. J. Lull, "The Law Was Our Pedagogue: A Study in Galatians 3:19-25," *JBL* 105 (1986): 481-98; N. H. Young, "Paidagogos: The Social Setting of a Pauline Metaphor," *NovT* 29 (1987): 150-76.

94) John Stott, 118.

여 우리가 예수 그리스도를 믿음으로 말미암아 의롭게 되도록 돕는다. 즉 율법은 그리스도가 오시기 전까지 우리의 *파이다고고스*가 된다. 그리고 그리스도께서 오신 후에는 그리스도(보혜사)가 우리의 인도자가 되시며, 그분이 승천하신 후에는 그분의 영이신 성령(또 다른 보혜사)이 우리를 인도하신다.

분명히 *파이다고고스*는 특정한 기간 혹은 단계까지만 그 역할을 수행하였다. 마찬가지로 율법은 그리스도가 오시기까지만 유효하다. 물론 율법은 그 자체로 의의와 가치를 가진다.

율법은 사람들에게 지켜야 할 의무와 책임을 가르쳐주었다. 사람들은 율법을 통하여 개인의 도덕과 사회의 윤리를 배울 수 있었다. 그러나 율법은 그 자체로 존재하다가 끝나지 않았다. 율법은 궁극적으로 그리스도를 주목하게 하는 역할을 맡았다.

율법은 우리를 감옥에 가두어서 억압하거나 우리를 엄하게 훈육하지만 그리스도는 우리를 율법의 억압과 훈육에서 해방시켜 주신다. 따라서 그리스도가 우리를 온전한 아들로 만드실 때까지 우리는 *파이다고고스* 아래에 있다.

25-29절 | 신자의 지위

25 믿음이 온 후로는 우리가 초등교사 아래에 있지 아니하도다 26 너희가 다 믿음으로 말미암아 그리스도 예수 안에서 하나님의 아들이 되었으니 27 누구든지 그리스도와 합하기 위하여 세례를 받은 자는 그리스도로 옷 입었느니라 28 너희는 유대인이나 헬라인이나 종이나 자유인이나 남자나 여자나 다 그리스도 예수 안에서 하나이니라 29 너희가 그리스도의 것이면 곧 아브라함의 자손이요 약속대로 유업을 이을 자니라

25절: 이 구절의 헬라어 본문은 '그러나'(데)로 시작된다.[95]

믿음이 온 후로 우리는 초등교사 아래에 있지 않다. 앞에서 말했다시피, 초등교사는 역할과 시기의 한계를 가진다. 마찬가지로 그리스도께서 오신 이후에 율법의 통치는 끝났으며 이제 더 이상 율법은 효력을 가지고 있지 않다. 더군다나 우리는 어린아이에서 장성한 사람으로 자랐으며 따라서 더 이상 초등교사인 율법의 가르침을 받을 필요가 없게 되었다.[96]

이제 우리는 완전한 복음을 받아들여야 하며 그 복음이 지시하는 그리스도를 영접해야 한다. 하나님께서 율법을 주신 목적이 바로 이것이다.

그렇지만 이 말은 율법이 더 이상 필요 없다는 뜻이 아니다. 율법은 지금도 여전히 필요하다. 우리는 율법을 통하여 그리스도에 대한 믿음의 필요성과 그리스도의 구속 사역의 풍성한 의미를 발견한다. 이것은 약속의 경우에도 마찬가지이다.

앞에서 언급했다시피 하나님께서 아브라함에게 주신 약속은 궁극적으로 그리스도를 지시한다. 약속의 성취는 아브라함 당대에 이루어진 것이 아니었으며 눈에 보이는 물리적인 자손과 땅만을 가리키는 것도 아니었다. 그것은 그리스도가 오심으로 비로소 이루어졌다. 따라서 우리는 약속과 율법을 버릴 것이 아니라 그리스도적 관점에서 이해하고 적용해야 한다.

26절: 이 구절부터 바울은 2인칭 대명사('너희')를 사용하여 말한다. 이것은 과거 이스라엘의 예로부터 현재 갈라디아 교인들의 적용으로 초점이 바뀌었음을 의미한다.

---

95) 한글성경 개역개정판에는 이 단어가 번역되어 있지 않다. 헬라어 본문은 다음과 같다. "ἐλθούσης δὲ τῆς πίστεως οὐκέτι ὑπὸ παιδαγωγόν ἐσμεν"

96) R. N. Longenecker, 404.

바울은 갈라디아 교인들이 다 "믿음으로 말미암아 그리스도 예수 안에서" 하나님의 아들이 되었다고 말한다. 우리가 하나님의 아들이 되었다는 것은 놀라운 일이다. 하나님의 아들은 하나님의 나라를 유업으로 받을 수 있는 특권을 가진 자이다. 그런데 그것은 "믿음으로 말미암아 그리스도 예수 안에서" 이루어졌다. 율법의 준수로는 불가능하였지만 그리스도를 믿는 믿음으로는 가능하였다.

그런데 이 구절의 헬라어 본문에서 "다"(판테스)라는 단어가 문장의 제일 앞에 위치해 있어서 의미를 강조한다.[97] 이것을 통하여 바울은 '모든 사람'이 하나님의 자녀가 될 수 있다는 사실을 말하려고 하는데, 이 사실은 27절의 "누구든지"와 28절의 국적과 신분과 성별의 철폐를 언급하는 표현들로 나아가면서 구체화된다.

이제는 '모든 사람'이 믿음으로 말미암아 그리스도 예수 안에서 하나님의 아들이 될 수 있다. 율법은 유대인들에게 주어진 것이었으며 그것은 지키기가 심히도 어려운 것이었지만 이제 그리스도가 오심으로 모든 사람이 의롭게 될 수 있다.

27절: 바울은 '하나님의 아들들'을 두 가지 예로써 설명한다.

첫째, 바울은 그들을 "그리스도와 합하기 위하여 세례를 받은 자"라고 말한다. 세례를 받았다는 것은 물로 완전히 씻어져서 정결하게 되었다는 뜻이다. 이제 갈라디아 교인들은 완전히 정결하게 되어서 과거의 더러운 삶을 지우고 새롭고 거룩한 삶을 살게 되었다.

둘째, 바울은 그들을 향하여 "그리스도로 옷 입었느니라"라고 말한다(참고. 롬 13:14; 엡 4:22-24). 고대에 옷은 신분을 상징하였다. 당시에 어떤 옷을 입

---

[97] 26절의 헬라어 본문은 다음과 같다. "*Πάντες γὰρ υἱοὶ θεοῦ ἐστε διὰ τῆς πίστεως ἐν Χριστῷ Ἰησοῦ*"

느냐 하는 것은 그의 신분이 어떠하냐를 보여주었다. 갈라디아 교인들은 그리스도인이 되는 특별한 지위를 얻었다. 그들은 새로운 사람이 되었고 새롭게 살아가야 한다.

28절a: "유대인이나 헬라인이나 종이나 자유인이나 남자나 여자나"라는 표현은 그리스도 안에서 더 이상 인종이나 신분이나 성별의 차별이 없음을 의미한다.

의롭다 함을 얻는 일에서 유대인과 헬라인은 다르지 않다. 유대인이라고 해서 기득권을 가지는 것이 아니며 헬라인이라고 해서 어떤 불리함을 가지는 것이 아니다. 또한 의롭게 되는 일에는 종과 자유인 사이의 구별도 없다.

당시에 종과 자유인은 같이 어울릴 수 없는 큰 간격을 가지고 있었으나 그리스도 안에서 그러한 간격은 철폐되었다. 그리고 그리스도 안에서는 남자와 여자의 구분이 없다. 당시에 어느 사회에서나 여자는 남자에 비해서 차별을 받았지만 그리스도 안에서는 그런 차별이 없어졌다.[98]

28절b: 바울은 하나님의 자녀에게 구별이나 차별이 없다는 사실의 이유를 제시한다. 그는 "다 그리스도 예수 안에서 하나이니라"라고 말한다. 이 부분의 헬라어 원문은 이유를 나타내는 '왜냐하면'(가르)으로 시작된다.[99]

하나님의 자녀에게 인종과 신분과 성별의 차별이 없는 이유는 그들이

---

98) 바울은 그리스도 안에서 남자와 여자가 동등하다고 말하지만, 다른 한편으로 남자와 여자가 구분되어야 한다고 말한다. 즉 남자와 여자는 평등하면서도 다르다는 것이다. 그는 남자가 여자의 머리이며 따라서 남자에게 여자가 순종해야 한다고 주장한다(참고. 고전 11:3). 그는 이것을 창조 질서로 본다. 그리고 그는 남자와 여자 사이에 사역의 차이가 있음을 언급한다(참고. 딤전 2:12). 그에 따르면, 남자는 가르치는 자이지만 여자는 그렇지 않다.

99) 28절b의 헬라어 본문은 다음과 같다. "πάντες γάρ ὑμεῖς εἷς ἐστε ἐν Χριστῷ Ἰησοῦ"

그리스도 예수 안에서 하나이기 때문이다. 그리스도는 새로운 언약 공동체를 창설하셨는데 그 공동체는 세상의 공동체와 다르다. 그리스도를 믿는 사람은 누구든지 그 공동체 안에 들어올 수 있으며 그리스도는 그 공동체 안에 들어 온 모든 사람을 동등하게 대하신다.

29절: 이제 바울은 3장 6절부터 이어온 논의의 결론을 내린다.[100] 바울은 3장 7절에서 "그런즉 믿음으로 말미암은 자들은 아브라함의 자손인 줄 알지어다"라고 하였는데, 이제 여기서 "너희가 그리스도의 것이면 곧 아브라함의 자손이요 약속대로 유업을 이을 자니라"라고 말한다.

"그리스도의 것"이라는 표현은 우리가 그리스도를 믿을 때 그분의 소유가 된다는 사실을 의미한다. 곧 그리스도의 소유가 된 자들은 "아브라함의 자손이요 약속대로 유업을 이을 자"이다.

앞에서 바울은 '아브라함의 자손'이라는 개념을 단수로 보면서 그리스도에게 적용하였다(참고. 16절). 그런데 여기서 그는 '아브라함의 자손'을 복수로 보면서 모든 신자들에게 적용한다. 즉 한 번은 그리스도에게 적용하고 또 다른 한 번은 신자들에게 적용하고 있다.

"아브라함의 자손이요 약속대로 유업을 이을 자"라는 개념은 원래 유대인들의 특권으로 인식되었다. 유대인들은 자신들만을 아브라함의 자손으로 보면서 자신들만이 아브라함의 유업을 상속할 자로 자부하였다. 그러나 바울은 이 특권을 유대인들에게 한정하지 않고 그리스도를 믿는 모든 사람들에게 확대한다(참고. 롬 9:7-8). 즉 하나님께서 아브라함에게 주시겠다고 약속하신 복이 이제 그리스도를 믿는 모든 사람들에게 미친다는 뜻이다.

---

100) 참고. G. W. Hansen, *Abraham in Galatians: Epistolary and rhetorical context*, JSNT Suppl 29, Sheffield: JSOT Press, 1989.

원래 그리스도께서 아브라함의 자손이신데, 이제는 우리가 그리스도 안에 있음으로 우리가 아브라함의 자손이 된 것이다. 그러므로 우리는 율법에 얽매일 필요가 없으며 따라서 할례를 받을 필요도 없다.

하나님께서 아브라함에게 주신 약속은 하나님의 나라를 지시한다. 이제 모든 신자들은 그리스도를 믿음으로 말미암아 하나님 나라를 유업으로 받는다.

구약시대에 성령의 은혜로 말미암아 복음을 발견하고 믿음을 가진 자들은 의롭게 되어서 하나님의 나라를 유업으로 받았으나, 성령의 은혜가 없어서 율법의 행위에 집착하고 율법 조항의 문자적인 의미에만 매달린 자들은 하나님의 나라를 유업으로 받지 못하였다.

그러나 이제 그리스도께서 오셔서 율법이 완전히 성취되었고 사람들은 그리스도를 믿음으로 말미암아 율법의 요구를 온전히 이루어서 하나님의 나라를 유업으로 받을 수 있게 되었다. 그리고 이러한 하나님의 나라에는 인종과 신분과 성별의 구분이 없다.

갈라디아서 4장

1 내가 또 말하노니 유업을 이을 자가 모든 것의 주인이나 어렸을 동안에는 종과 다름이 없어서 2 그 아버지가 정한 때까지 후견인과 청지기 아래에 있나니 3 이와 같이 우리도 어렸을 때에 이 세상의 초등학문 아래에 있어서 종 노릇 하였더니 4 때가 차매 하나님이 그 아들을 보내사 여자에게서 나게 하시고 율법 아래에 나게 하신 것은 5 율법 아래에 있는 자들을 속량하시고 우리로 아들의 명분을 얻게 하려 하심이라 6 너희가 아들이므로 하나님이 그 아들의 영을 우리 마음 가운데 보내사 아빠 아버지라 부르게 하셨느니라 7 그러므로 네가 이 후로는 종이 아니요 아들이니 아들이면 하나님으로 말미암아 유업을 받을 자니라

8 그러나 너희가 그 때에는 하나님을 알지 못하여 본질상 하나님이 아닌 자들에게 종 노릇 하였더니 9 이제는 너희가 하나님을 알 뿐 아니라 더욱이 하나님이 아신 바 되었거늘 어찌하여 다시 약하고 천박한 초등학문으로 돌아가서 다시 그들에게 종 노릇 하려 하느냐 10 너희가 날과 달과 절기와 해를 삼가 지키니 11 내가 너희를 위하여 수고한 것이 헛될까 두려워하노라

12 형제들아 내가 너희와 같이 되었은즉 너희도 나와 같이 되기를 구하노라 너희가 내게 해롭게 하지 아니하였느니라 13 내가 처음에 육체의 약함으로 말미암아 너희에게 복음을 전한 것을 너희가 아는 바라 14 너희를 시험하는 것이 내 육체에 있으되 이것을 너희가 업신여기지도 아니하며 버리지도 아니하고 오직 나를 하나님의 천사와 같이 또는 그리스도 예수와 같이 영접하였도다 15 너희의 복이 지금 어디 있느냐 내가 너희에게 증언하노니 너희가 할 수만 있었더라면

너희의 눈이라도 빼어 나에게 주었으리라 16 그런즉 내가 너희에게 참된 말을 하므로 원수가 되었느냐 17 그들이 너희에게 대하여 열심 내는 것은 좋은 뜻이 아니요 오직 너희를 이간시켜 너희로 그들에게 대하여 열심을 내게 하려 함이라 18 좋은 일에 대하여 열심으로 사모함을 받음은 내가 너희를 대하였을 때뿐 아니라 언제든지 좋으니라 19 나의 자녀들아 너희 속에 그리스도의 형상을 이루기까지 다시 너희를 위하여 해산하는 수고를 하노니 20 내가 이제라도 너희와 함께 있어 내 언성을 높이려 함은 너희에 대하여 의혹이 있음이라

21 내게 말하라 율법 아래에 있고자 하는 자들아 율법을 듣지 못하였느냐 22 기록된 바 아브라함에게 두 아들이 있으니 하나는 여종에게서, 하나는 자유 있는 여자에게서 났다 하였으며 23 여종에게서는 육체를 따라 났고 자유 있는 여자에게서는 약속으로 말미암았느니라 24 이것은 비유니 이 여자들은 두 언약이라 하나는 시내 산으로부터 종을 낳은 자니 곧 하갈이라 25 이 하갈은 아라비아에 있는 시내 산으로서 지금 있는 예루살렘과 같은 곳이니 그가 그 자녀들과 더불어 종 노릇 하고 26 오직 위에 있는 예루살렘은 자유자니 곧 우리 어머니라 27 기록된 바 잉태하지 못한 자여 즐거워하라 산고를 모르는 자여 소리 질러 외치라 이는 홀로 사는 자의 자녀가 남편 있는 자의 자녀보다 많음이라 하였으니 28 형제들아 너희는 이삭과 같이 약속의 자녀라 29 그러나 그 때에 육체를 따라 난 자가 성령을 따라 난 자를 박해한 것 같이 이제도 그러하도다 30 그러나 성경이 무엇을 말하느냐 여종과 그 아들을 내쫓으라 여종의 아들이 자유 있는 여자의 아들과 더불어 유업을 얻지 못하리라 하였느니라 31 그런즉 형제들아 우리는 여종의 자녀가 아니요 자유 있는 여자의 자녀니라

제4장

4:1-7 하나님의 유업을 받음

> 1 내가 또 말하노니 유업을 이을 자가 모든 것의 주인이나 어렸을 동안에는
> 종과 다름이 없어서 2 그 아버지가 정한 때까지 후견인과 청지기 아래에 있
> 나니 3 이와 같이 우리도 어렸을 때에 이 세상의 초등학문 아래에 있어서 종
> 노릇 하였더니 4 때가 차매 하나님이 그 아들을 보내사 여자에게서 나게 하
> 시고 율법 아래에 나게 하신 것은 5 율법 아래에 있는 자들을 속량하시고 우
> 리로 아들의 명분을 얻게 하려 하심이라 6 너희가 아들이므로 하나님이 그
> 아들의 영을 우리 마음 가운데 보내사 아빠 아버지라 부르게 하셨느니라
> 7 그러므로 네가 이 후로는 종이 아니요 아들이니 아들이면 하나님으로 말
> 미암아 유업을 받을 자니라

　바울은 3장 마지막 부분에서 신자들이 하나님의 유업을 받을 것이라고
말하였다. 그런데 이 단락에서 그는 당시의 사회 문화적인 관습으로부터
의 유비를 가지고 신자들이 하나님의 유업을 받게 되는 경위에 대하여 말
한다.

　바울은 신자들이 하나님의 유업을 받기로 약속되어 있었지만 그리스도
께서 오시기 전에는 그 유업을 받지 못하다가, 하나님께서 그리스도를 보
내심으로 구속을 완성하시고 성령님을 보내셔서 우리가 하나님을 아버지

라고 부를 수 있게 하심으로 그 유업을 받을 수 있게 되었다고 말한다.[101]

1-2절 | 어린 아들의 예

> [1] 내가 또 말하노니 유업을 이을 자가 모든 것의 주인이나 어렸을 동안에는 종과 다름이 없어서 [2] 그 아버지가 정한 때까지 후견인과 청지기 아래에 있나니

1절a: 바울은 당시의 사회 문화적인 관습을 예로 들어서 설명한다. 이것은 그가 3장 15절에서 "내가 사람의 예대로 말하노니"라고 말한 것과 동일하다. 이처럼 그는 어려운 진리를 쉽게 이해하도록 가르치는 능력을 가지고 있었다.

"내가 또 말하노니"(레고)라는 표현은 바울이 가지고 있는 사도로서의 권위를 반영한다. 그는 하나님께서 자신에게 주신 말씀 전수자로서의 자격을 드러낸다. 비록 4:12-20에서 그는 자신과 갈라디아 교인들 사이의 친밀한 개인적 관계(영적인 부모와 자녀)를 언급하지만, 이 서신 전체에서 그는 사도로서의 권위와 위엄을 줄곧 유지한다.

1절b: 3장 마지막 부분에서 바울은 우리가 다 믿음으로 말미암아 그리스도 예수 안에서 하나님의 아들이 되었으며, 또한 아브라함의 자손이 되었고, 하나님께서 아브라함에게 약속하신 유업을 이어받을 것이라고 말하였다. 그런데 여기서 그는 유업을 이을 자가 모든 것의 주인이기는 하지만 어렸을 동안에는 종과 다름이 없다고 말한다.

당시에 아들이 아버지의 유업을 이으려면 성년이 되어야 했다. 따라서 아들이라도 어릴 때에는 아무런 권리를 행사할 수 없었다. 이것은 어린아

---

101) 참고. B. Reicke, "The Law and This World According to Paul: Some Thoughts Concerning Gal 4:1-11," *JBL* 70 (1951): 259-76.

이에게 아버지의 재산을 관리할 만한 지혜와 능력이 없기 때문이었다.

2절a: 어린 아들은 그의 아버지가 정한 때까지 "후견인"과 "청지기" 아래에 있었다. "후견인"(에피트로포스, guardian)은 아이가 바르고 건강하게 자라도록 보살펴 주는 사람이고,[102] "청지기"(오이코노모스, steward)는 주인의 재산을 관리하고 증식시켜 주는 사람이다. 그러므로 후견인과 청지기는 아이가 자랄 때까지 그의 성품과 건강을 돌보아 주며 그에게 물려질 재산을 관리해 주었다. 아이는 아버지로부터 재산을 물려받기로 약속을 받았고 따라서 아버지의 재산의 주인임에 틀림이 없었지만 그가 어릴 때에는 주인의 권리를 전혀 행사할 수 없었다.

2절b: 그런데 어린 아들이 후견인과 청지기 아래에 있는 것은 "그의 아버지가 정한 때까지" 였다. 고대에 유대나 로마에서는 아들이 아버지의 유업을 물려받을 '때'를 그의 아버지가 알아서 정하였다. 당시에 아버지는 자신의 유업을 물려받을 아들이 정신적으로나 육체적으로 건강하게 자랄 때까지를 기다렸다. 그리고 아버지는 그때까지 아들을 후견인과 청지기에게 맡겨서 관리하게 하였다. 당시에 일반적으로 10대 중반이 되면 성인으로 인정되었는데 그때가 되어서 아버지가 아들을 상속자로 선포하면 비로소 아들이 유업을 받을 수 있었다.

3절 | 이 세상의 초등학문

³ 이와 같이 우리도 어렸을 때에 이 세상의 초등학문 아래에 있어서 종 노릇 하였더니

---

102) 여기서의 '후견인'(에피트로포스)은 3:24에 나오는 '초등교사'(파이다고고스)와 다르다.

3절a: 바울이 "이와 같이 우리도" (후토스 카이 헤메이스)라는 표현을 사용한 것은 1-2절에 나오는 사회 문화적인 예증에 기초하여 그것이 우리에게 어떻게 적용되는지를 이제 말하겠다는 뜻이다. 바울은 "우리도 어렸을 때에 이 세상의 초등학문 아래에 있어서 종노릇 하였더니"라고 말한다. 여기서 "초등학문" (스토이케이아)이라는 용어는 해석하기가 대단히 어렵다.

이 용어가 9절에 "초등학문" (스토이케이아)으로 다시 나오기 때문에 9절과 연관 지어서 해석해 본다면, 이것은 사람들이 회심 전에 따르던 것인데, 유대인들에게는 모세 율법이고, 이방인들에게는 이방의 사상이다.[103] 어떤 사람들에게는 이것이 '초보적인 영들' (NRSV: elementary spirits), 즉 '세상의 잡다한 신들'이 될 수도 있다. 분명히 이러한 "초등학문"은 미성숙한 자들에게나 필요하지 성숙한 자들에게는 필요하지 않다.

3절b: "종노릇 하였더니"라는 말은 1절의 "종과 다름이 없어서"라는 말과 2절의 "후견인과 청지기 아래에 있나니"라는 말에 연결된다. 아들은 어렸을 때에 종과 다름이 없었으며 후견인과 청지기의 통제와 제약 아래에 있었고 세상의 잡다한 것들('초등학문')에 종노릇하고 있었다.

비록 아들로서 신분을 가지고 있었지만 그가 아직 어렸기 때문에 아들에게 주어진 혜택을 온전히 누리지 못하였고 인내심을 가지고서 성장할 때를 기다려야 했다. 그리고 그의 아버지 역시 어린 아들에게 재산을 성급하게 물려주지 않았으며 아들이 성장하여 자신의 재산을 잘 관리할 수 있는 능력을 갖출 때까지를 기다렸다.

여기서 바울이 말하고자 하는 것은 다음과 같다. 율법 시대에 신자들은 하나님의 아들이 누리는 혜택을 받을 자격과 권리를 갖추었지만 아직 때가 아니어서 그럴 수 없었다. 즉 율법 시대에 믿는 자들은 성장하지 않은

---

103) ESV Study Bible.

상태였다. 따라서 하나님께서는 신자들의 상태를 아시고 그들을 당분간 후견인과 청지기와 초등학문 아래에 두셨다.

이것은 유대인들의 경우에는 율법 아래에 있었다는 뜻이고 이방인들의 경우에는 그들이 믿는 신들(우상들)과 기본적인 원리 아래에 있었다는 뜻이다. 이렇게 하나님은 아직 때가 이르지 않았기 때문에 기다리셨다.

4-5절 | 하나님이 예수님을 보내심

⁴ 때가 차매 하나님이 그 아들을 보내사 여자에게서 나게 하시고 율법 아래에 나게 하신 것은 ⁵ 율법 아래에 있는 자들을 속량하시고 우리로 아들의 명분을 얻게 하려 하심이라

4절a: 한글 개역개정판에는 번역되어 있지 않지만 이 구절의 헬라어 본문은 '그러나'(데)라는 접속사로 시작된다.[104] 이것은 분위기를 전환하기 위한 것이다.

이제 바울은 1-3절에서 예증했던 내용의 실체를 말한다. "때가 차매"라는 표현은 2절에 나오는 "그 아버지가 정한 때"에 상응한다. 이것은 하나님께서 정하신 때가 되었다는 뜻이다.

육신의 아버지가 자기 아들에게 유업을 물려줄 때를 정하듯이 하나님 아버지는 그분의 자녀들이 율법의 속박으로부터 벗어나서 메시아를 통하여 구원을 받고 하나님의 아들이 되어 하나님의 유업을 물려받을 때를 정하신다. 이때 하나님은 주권적으로 그 때를 정하시며 인간은 아무 것도 할 수 없다.[105]

---

104) 4절의 헬라어 본문은 다음과 같다. "ὅτε δὲ ἦλθεν τὸ πλήρωμα τοῦ χρόνου ἐξαπέστειλεν ὁ θεὸς τὸν υἱὸν αὐτοῦ γενόμενον ἐκ γυναικός γενόμενον ὑπὸ νόμο"

105) E. Burton, 216-17을 보라.

그런데 하나님께서 예수님을 이땅에 보내신 때는 그 당시 지중해 연안에 위치한 국가들이 처한 상황이 예수님께서 활동하시기에 적합한 환경이 갖추어진 때였다. 구체적으로 말하자면, 당시에 지중해 연안 국가들은 헬라의 문화로 통일되어서 언어와 사상의 이질감을 가지고 있지 않았으며, 로마제국이 여러 나라들을 정복하여 도로를 발달시킴으로써 빠른 속도로 복음이 전파될 수 있는 기반이 마련되어 있었다. 게다가 그때에 헬라와 로마에서는 신들에 관한 이야기가 인기를 얻어 사람들이 참된 종교를 갈망하였으며, 유대에서는 메시아 대망 사상이 고조되어 있었다.

이처럼 그 당시에는 예수님이 오셔서 활동하실 만한 최적의 조건이 갖추어졌던 것이다. 물론 우리는 이러한 환경이 우연히 만들어져서 예수님이 오신 것이 아니라 하나님의 주권적인 섭리에 의하여 갖추어진 것이었음을 간과하지 말아야 한다.

4절b: 이제 바울은 예수님께서 이땅에 오시게 된 과정을 언급한다. 여기서 그는 예수님에 관하여 세 가지 사실을 말한다. 먼저, 그는 "하나님이 그 아들을 보내사"라고 말하는데, 이것은 예수님이 신성을 가지고 계심을 보여준다. 다음으로, 그는 "여자에게서 나게 하시고"라고 말하는데, 이것은 예수님이 인성을 가지고 계심을 보여준다. 마지막으로, 그는 "율법 아래에 나게 하신 것"이라고 말하는데, 이것은 예수님이 완전한 의로움으로 율법을 지키셨음을 보여준다. 이렇게 예수님은 신성과 인성과 의로움을 가지심으로 구원자의 완전한 자격을 갖추셨다.

그러면 이 세 가지 요소를 하나씩 살펴보자.

① 먼저 바울은 하나님께서 그분의 아들을 보내셨다고 말한다.
예수님은 하나님이시면서 동시에 하나님의 아들이시다. 예수님은 원래

부터 하나님의 참되고 영원한 아들이시기에 그분은 하나님의 뜻을 알리시며 그분의 뜻을 이루실 수 있는 분이시다. 즉 예수님은 하나님을 보여주시며 우리를 하나님께로 인도하신다.

예수님은 하나님이 정하신 때에 육신을 입고 이땅에 오셨다. 예수님은 스스로 내려오지 않으셨으며 스스로 일하지도 않으셨다. 오로지 예수님은 하나님께 순종하여 하나님의 프로그램대로 움직이셨다.

② 또한 바울은 예수님이 여자에게서 태어나셨다고 말한다.

바울이 남자(아버지)를 말하지 않고 여자만 말하는 것은 예수님이 동정녀에게서 태어나셨기 때문이다(참고. 마 1:18). 예수님은 성령의 능력으로 잉태되어 동정녀 마리아에게서 태어나셨다. 예수님이 순결한 동정녀에게서 태어나셨다는 것은 그분에게 남자의 씨가 없다는 뜻인데, 이것은 아담에게서 전가된 원죄가 그분에게 없음을 의미한다.

예수님은 원죄가 없으시며 따라서 자범죄의 노예가 아니시다. 예수님은 완전하고 순결한 사람이시기에 우리를 동정하시며 우리를 구원하신다(참고. 히 4:15).

③ 그리고 바울은 예수께서 율법 아래에서 태어나셨다고 말한다.

이것은 예수님이 유대인으로 태어나셨으며 유대의 율법에 종속되셨는데, 유대의 율법을 완전히 지키셨다는 뜻이다. 사실 예수님은 하나님 자신으로 율법을 만드신 분이시기에 율법에 복종할 의무를 가지고 있지 않으셨지만 스스로 그 율법에 복종하셨다.

예수님은 할례를 받으셨고 각종 의식들을 지키심으로 율법의 의를 완전히 이루셨다.[106] 이런 이유로 예수님은 자신이 율법을 폐하러 온 것이 아

---

106) Matthew Poole, 99.

니라 율법을 완전하게 하러 왔다고 말씀하셨다(참고. 마 5:17).

결국 바울이 예수님의 오심에 관하여 언급한 부분은 하나님의 구속 사역의 핵심을 보여준다. 하나님께서 사람을 의롭게 하시기 위해서는 그분의 절대적인 공의를 충족시킬 수 있는 완전히 의로운 사람이 대속의 제물로 사용되어야 했다. 하지만 세상에는 그런 사람이 없었다. 그래서 하나님께서는 유일하게 완전히 의로우신 자신의 아들을 세상에 보내기로 작정하셨다. 그리고 때가 이르러 그분의 작정이 동정녀 마리아의 몸을 통해 실행되었다. 예수님은 율법의 저주를 기꺼이 받으심으로 율법의 저주 아래에 살고 있던 사람들이 구원을 얻을 수 있게 하셨다.

5절a: 이 구절에는 하나님이 그분의 아들을 보내신 두 가지 목적이 나와 있다. 이는 이 구절의 헬라어 본문에 두 개의 히나('.... 하기 위하여') 접속사 절이 있는 것을 통해서 알 수 있다.[107]
하나님께서 아들을 보내신 첫 번째 목적은 "율법 아래에 있는 자들을 속량하시고"에서 드러난다. "속량하다"(엑사고라조, redeem)라는 단어는 노예를 돈 주고 사는 것을 의미한다. 예수님은 아무런 대가를 지불하지 않고 우리를 구원하신 것이 아니다. 예수님은 자신의 생명이라는 엄청난 대가를 내어 주시고 우리를 구원하셔서 우리의 저주가 없어지게 하셨다.

5절b: 하나님께서 그분의 아들을 보내신 두 번째 목적은 "우리로 아들의 명분을 얻게 하려 하심이라"라는 말에서 드러난다.
예수님께서 우리를 그분의 희생이라는 엄청난 값을 주고 사심으로 우리가 마귀의 권세로부터 벗어날 수 있게 되었다. 더욱이 그분의 희생으로 우

---

107) 5절의 헬라어 본문은 다음과 같다. "ἵνα τοὺς ὑπὸ νόμον ἐξαγοράσῃ ἵνα τὴν υἱοθεσίαν ἀπολάβωμεν"

리는 하나님의 아들이 되는 큰 복을 얻었다.

따라서 예수님이 오신 두 가지 목적은 연결된다. 즉 예수님은 율법 아래에 있는 우리를 속량하심으로 말미암아 우리로 하여금 하나님의 아들의 명분을 얻게 하셨다. 결국 이것은 예수님이 율법을 온전히 성취하셨는데 우리가 그분 안에 거함으로 말미암아 율법의 성취를 공유하게 되었음을 뜻한다.[108]

6절 | 하나님이 성령님을 보내심

> [6] 너희가 아들이므로 하나님이 그 아들의 영을 우리 마음 가운데 보내사 아빠 아버지라 부르게 하셨느니라

6절a: 바울은 "너희가 아들이므로"라는 표현을 사용하여 갈라디아 교인들이 '하나님의 아들'이 되었음을 분명히 한다. 그는 우리가 하나님의 아들이기 때문에 하나님께서 "그 아들의 영"을 보내셨다고 말한다. "그 아들의 영"이란 예수님의 영이신 성령을 가리키는데, 성령은 성부의 영이시면서 동시에 성자의 영이시다.

특히 4절에 있는 "보내사"(예수님을 보내심)와 이 구절의 "보내사"(성령님을 보내심)는 동일한 단어이며 시제도 같다(엑사페스테일렌).[109] 따라서 바울은 하나님이 예수님을 보내셨으며 성령님을 보내셨다고 하여 두 분 모두 보내신 것을 말한다.

6절b: 하나님께서는 성령을 보내시되 "우리 마음 가운데" 보내셨다. 여

---

108) 4:4-5의 구조는 매우 복잡한데, 이 부분에 대한 학문적인 연구사를 위하여, R. N. Longenecker, 431-38을 보라.

109) John Stott, 132.

기서 '마음' 이라는 단어를 육체와 함께 사람을 구성하는 특정한 부분으로 보아서는 안 된다. 여기서의 '마음' 은 인간의 총체적인 실체를 뜻한다. 즉 전인을 가리킨다.

하나님은 그분의 자녀들 자체에, 그들의 인격에, 그들의 삶에, 그리고 그들의 인생에 성령을 보내 주셨다. 이렇게 하나님께서 성령을 우리 마음 가운데 보내 주셔서 성령이 우리 안에 계시는 것을 신학적인 용어로 '성령 의 내주' 라고 한다. 이제 성령은 예수님을 믿는 모든 신자들 가운데 계시며 영원히 떠나지 않으신다.

6절c: 성령께서 우리 마음 가운데 오셔서 우리에게 어떤 일이 일어났는가? 이에 대하여 바울은 "아빠 아버지라 부르게 하셨느니라"라고 말한다.

여기서 "부르게"에 해당하는 헬라어 단어 크라존은 크게 소리를 내는 것(crying)을 뜻한다. 특히 이 단어는 현재분사형으로 되어 있어서, 지금 생생하게 부르짖는 것을 가리킨다.

그런데 이렇게 부르짖는 주체가 누구인지에 대하여 논란이 있다. 어떤 이들은 사람이 부르짖는다고 하고 어떤 이들은 성령께서 부르짖으신다고 한다. 그러나 이것은 성령께서 우리 안에서 감화하시고 역사하심으로 우리가 부르짖는 것으로 보아야 한다.[110] 성령께서는 그리스도인들 안에 거하시면서 그들을 지배하신다.[111] 그리하여 그리스도인들은 성령님의 지배를 받아서 하나님을 아버지라 부른다.

성령은 우리 안에 계시면서 우리로 하여금 하나님을 "아빠 아버지"(압바 호 파테르)라고 부르게 하신다(참고. 롬 8:15). 이러한 '아빠 아버지' 라는 호칭은 예수님이 먼저 사용하셨는데(참고. 막 14:36), 여기서 바울이 사용한다.

---

110) Matthew Poole, 101.

111) E. Burton, 223.

'아빠'(압바)와 '아버지'(호 파테르)는 같은 말이다. 즉 '아빠'의 뜻이 '아버지'이다.[112] '아빠'는 아람어를 헬라어로 음역한 것인데, 바울은 '아빠'의 의미와 중요성을 강조하기 위하여 뒤에다 '아버지'를 덧붙였다. 그는 이렇게 동일한 뜻을 가진 두 단어를 연달아 배열함으로 하나님이 아버지이심을 강렬하게 심어주려 하였다.[113]

7절 | 하나님의 아들은 하나님의 유업을 받음

7 그러므로 네가 이 후로는 종이 아니요 아들이니 아들이면 하나님으로 말미암아 유업을 받을 자니라

7절a: 이 구절은 논증의 결론을 뜻하는 "그러므로"(호스테)라는 단어로 시작된다. 따라서 이제 바울은 논증의 결론을 맺는다. 그는 6절까지 2인칭 복수형('너희가')을 사용했는데, 이 구절에서 갑자기 2인칭 단수형('네가')을 사용한다. 그가 이렇게 바꾼 것은 그의 말을 독자들이 개인적으로 적용하기를 바라는 마음에서이다.

---

112) 일부 현대 신학자들은 아람어 압바가 고대에 어린 아이들이 자기 아버지를 부를 때 사용한 호칭이었다고 주장한다. 즉 오늘날 우리나라 아이들이 자기 아버지를 '아빠'라고 부르는 것과 같다고 본 것이다. 이에 따라 한글성경 개역개정판은 이 단어를 '아빠'라고 번역하였다. 그러나 이 단어를 그렇게 볼만한 분명한 증거가 없다. 오히려 아람어로 아버지를 아브라고 하며 *아브*의 강세형이 압바이다. 즉 압바는 아이들이 아버지를 귀엽게 부르는 호칭이 아니라 누구든지 아버지에 대해서 일반적으로 사용한 호칭이었다. 따라서 이 단어를 '아빠'라고 번역한 것은 옳지 않다. 오히려 과거의 한글성경 개역판처럼 *아바*라고 번역한 것이 옳다.

113) 4-6절은 매우 분명하고 강력한 삼위일체론적 언급이다. 성부 하나님은 그분이 정하신 때에 성자 하나님을 보내셨다. 성자 하나님이 사역을 마치시고 승천하신 후에 오순절이 이르자 성부 하나님은 성령 하나님을 보내셨다. 물론 성령 하나님은 그 이전부터, 즉 영원 전부터 계셨으나 그분의 충만한 임재는 오순절에 이루어졌다. 이것은 마치 성자 하나님이 육체로 오시기 이전에도 계셨으나 육체로 오셔서 그 모습이 완전히 드러난 것과 마찬가지이다. 성령 하나님은 성자 하나님의 영이시다. 즉 성령 하나님의 오심은 성자 하나님의 영원한 현존(presence)을 뜻한다.

그는 "네가 이 후로는 종이 아니요 아들이니"라고 말하는데, 여기에서 종과 아들이 대조된다. 종의 모티프는 1-3절에 나왔는데, 여기서 "네가 이 후로는 종이 아니요"라는 말에서 극치에 이른다(참고. 요 15:15). "이 후로는 종이 아니요"라는 말은 이제 아들이 장성하여 하나님 아버지의 유업을 받을 수 있게 되었다는 뜻이다.

7절b: 바울은 "아들이면 하나님으로 말미암아 유업을 받을 자니라"라는 말로 논의를 마무리한다. 이것은 그가 로마서 8장 17절에서 말한 "자녀이면 또한 상속자 곧 하나님의 상속자요 그리스도와 함께 한 상속자니"라고 말한 것과 일치한다.[114]

하나님의 아들이라는 사실 자체가 신자의 놀라운 지위를 보여주는데, 거기에다 하나님의 유업을 받게 되었다는 것은 신자가 누릴 엄청난 보상을 보여준다. 그런데 이러한 영광스러운 지위와 보상은 "하나님으로 말미암아" 되었으며, 우리의 공로와 노력으로 된 것이 아니다. 그것은 성부 하나님이 성자 예수님을 보내셔서 구속을 이루시고 성령 하나님을 보내셔서 그 구속을 우리가 믿게 하심으로 된 것이다.

4:8-11 과거로 돌아가지 말라

8 그러나 너희가 그 때에는 하나님을 알지 못하여 본질상 하나님이 아닌 자들에게 종 노릇 하였더니 9 이제는 너희가 하나님을 알 뿐 아니라 더욱이 하나님이 아신 바 되었거늘 어찌하여 다시 약하고 천박한 초등학문으로 돌아가서 다시 그들에게 종 노릇 하려 하느냐 10 너희가 날과 달과 절기와 해를 삼가 지키니 11 내가 너희를 위하여 수고한 것이 헛될까 두려워하노라

이 단락은 바울이 지금까지 말한 것들을 요약하는 성격을 가진다. 이 단

114) Matthew Poole, 102.

락에서 바울은 갈라디아 교인들에게 과거로 돌아가지 말라고 당부한다.
이제 그들은 유대의 율법에 속박되고 이방의 신들을 섬기며 세상의 잡다
한 원리들에 종노릇 했던 것에서 벗어나야 한다. 그들이 과거로 돌아가는
것은 바울이 지금까지 수고한 것(복음 사역)을 헛되게 하는 일이다.

8절 | 과거의 상태

> **8 그러나 너희가 그 때에는 하나님을 알지 못하여 본질상 하나님이 아닌 자
> 들에게 종 노릇 하였더니**

8절a: "그 때에는"(토테)이라는 단어는 9절의 "이제는"(뉜)과 대비되어 갈
라디아 교인들의 과거 상태를 가리킨다. 반대의 뜻을 나타내는 불변사 "그
러나"(알라)는 갈라디아 교인들의 과거 신분과 현재 신분 사이의 대조를 강
조한다.[115] 과거에 갈라디아 교인들은 하나님을 알지 못하였다.

하나님을 알지 못하였다는 것은 하나님과 완전히 분리되어서 그분과 전
혀 교제할 수 없었다는 뜻이다. 이것은 '죽음'을 뜻한다. 즉 바울이 에베소
서 2장 1절에서 말한 "그는 허물과 죄로 죽었던 너희"의 상태이다. 참으로
'하나님을 알지 못했다'고 말하는 것만큼 사람들의 비참한 상태를 한 마
디로 묘사해 주는 표현을 찾기가 쉽지 않다.

8절b: 그들은 하나님을 알지 못한 까닭에 "본질상 하나님이 아닌 자들
에게 종노릇" 하였다. "하나님이 아닌 자들"이란 하나님 외의 다른 잡다한
신들과 사람들을 지배하는 세상의 사상들과 철학들을 뜻한다. "하나님이
아닌 자들에게 종노릇 하였더니"라는 말은 3절의 "이 세상의 초등학문 아
래에 있어서 종노릇 하였더니"라는 말과 유사하다.

---

115) R. N. Longenecker, 450.

사람들은 회심하기 전에 본질상 하나님이 아닌 자들에게 종속되어 그것들의 지배를 받으면서 살아간다. 설혹 회심했다 하더라도 믿음이 굳건하지 않은 자들은 그러한 존재들의 영향에서 벗어나지 못한 채 살아간다.

9절 | 현재의 상태

> 9 이제는 너희가 하나님을 알 뿐 아니라 더욱이 하나님이 아신 바 되었거늘 어찌하여 다시 약하고 천박한 초등학문으로 돌아가서 다시 그들에게 종 노릇 하려 하느냐

9절a: 앞에서 말했다시피, 이 구절 제일 앞에 있는 "이제는"(뉜)은 8절 제일 앞에 있는 "그 때에는"(토테)에 대비된다. 바울은 그들에 대하여 "하나님을 알 뿐 아니라 더욱이 하나님이 아신 바 되었거늘"이라고 표현한다. 그들이 하나님을 알았을 뿐만 아니라 하나님께서도 그들을 아셨다. 이것은 하나님과 사람들 사이의 내밀한 관계를 의미한다.

예수님은 이렇게 말씀하셨다. "나는 선한 목자라 나는 내 양을 알고 양도 나를 아는 것이 아버지께서 나를 아시고 내가 아버지를 아는 것 같으니 나는 양을 위하여 목숨을 버리노라"(요 10:14-15). "영생은 곧 유일하신 참 하나님과 그가 보내신 자 예수 그리스도를 아는 것이니이다"(요 17:3).

9절b: 그렇지만 갈라디아 사람들은 다시 예전의 생활로 돌아가려고 하였다. 그래서 바울은 "어찌하여 다시 약하고 천박한 초등학문으로 돌아가서 다시 그들에게 종노릇 하려 하느냐"라고 질책한다.

"약하고 천박한 초등학문"이란 3절의 "이 세상의 초등학문"과 같은 것이며, 8절의 "하나님이 아닌 자들"과 같은 것이다. "약하고 천박한"이란 표현은 그들이 예전에 따르던 신들과 사상들이 아무런 가치를 가지고 있

지 않다는 뜻이다. 그들은 지금 하나님의 아들의 명분을 얻었다는 사실과 따라서 하나님의 유업을 받을 것이라는 사실을 잊지 말아야 한다.

10절 | 갈라디아 교인들의 문제점

¹⁰ **너희가 날과 달과 절기와 해를 삼가 지키니**

10절: 갈라디아 교인들은 "날과 달과 절기와 해"를 지켰다(참고. 골 2:16).[116] "날"(헤메라스, 날들)은 안식일을 의미하고, "달"(메니스, 달들)은 매월 반복되는 행사들(참고. 사 66:23) 혹은 매월의 시작을 표시하는 월삭(참고. 골 2:16)을 의미하며, "절기"(카이루스, 절기들)는 유월절과 오순절과 장막절 등과 같은 유대의 가장 큰 절기들을 의미하고, "해"(에니아우투스, 해들)는 안식년과 희년 그리고 새해의 시작을 의미하는 나팔절(Rosh Hashanah) 등을 의미한다.[117] 이것들은 모두 유대의 제사 시간들이다.

바울이 갈라디아에서 복음을 전하여 교회가 세워졌는데, 그가 떠난 후에 거짓 선생들이 찾아와서 유대주의를 가르치면서 제사를 지내야 한다고 주장하였고 이에 갈라디아 교인들은 그들의 미혹에 빠져서 제사를 지냈다.

이것은 큰 문제가 되었으며 바울의 분노를 자아냈다. 왜냐하면 구약성경에 제시된 유대의 제사들은 궁극적으로 그리스도를 가리키며, 구약시대의 사람들은 제사를 지냄으로써 그리스도의 구속을 깨달을 수 있었는데 이제 그리스도를 모르면서 제사만 지내는 것은 합당하지 않기 때문이다. 게다가 지금은 그리스도께서 오셔서 제사의 목적을 성취하셨기에 다시 과

---

116) E. Burton, 233을 보라.
117) R. N. Longenecker, 455.

거의 제사를 지내는 것은 아무런 의미를 가지지 못하며 오히려 그리스도의 공로를 무시하는 죄악이 된다.

따라서 바울은 제사 지내는 것을 약하고 천박한 초등학문으로 돌아가는 것이라고 비판한다. 필시 그들은 제사를 지내지 말아야 하며 다만 그리스도 안에서 성취된 구속을 누려야 한다.

11절 | 바울의 염려

11 내가 너희를 위하여 수고한 것이 헛될까 두려워하노라

11절: 바울은 "내가 너희를 위하여 수고한 것이 헛될까 두려워하노라"라고 말한다. 여기서 "수고한 것"(케코피아카)이란 문자적으로 '너무 고생하여 기진맥진한 것'을 의미한다. 그리고 "헛될까"(에이케)라는 단어는 3장 4절의 "너희가 이같이 많은 괴로움을 헛되이 받았느냐 과연 헛되냐"에 나온 단어와 같다.

바울은 이전에 갈라디아 교인들에게 예수 그리스도의 구속 사역에 대하여 전파하였는데, 이때 해산하는 수고를 하였다(참고. 19절). 그런데 지금 그들은 거짓 선생들의 미혹에 속아서 바울의 수고를 헛된 것으로 만들려고 한다. 그리하여 바울은 엄청난 핍박과 멸시 앞에서도 두려워하지 않았으나 갈라디아 교인들의 배교 앞에서 두려워하는 것이다.

〈부록〉

신약의 절기[118]

1. 서론: 절기에 대한 혼란

구약의 3대 절기는 유월절(무교절)과 칠칠절(오순절, 맥추절)과 초막절(수장절, 장막절)이다. 율법은 모든 이스라엘 백성들이 이 절기들을 반드시 지켜야 한다고 명령하였다. 그렇다면 신약시대를 살아가는 우리는 이 절기들을 어떻게 이해해야 하는가? 우리는 이 절기들을 지켜야 하는가? 아니면 지키지 말아야 하는가?

오늘날 많은 교회들이 7월 초순에 맥추감사주일을 지킨다. 그리고 많은 교회들이 11월 중순에 추수감사주일을 지키는데, 일부 교회는 추수감사주일을 초막절로 해석하기도 한다. 하지만 유월절을 지키는 교회가 있다는 말은 들어보지 못했다. 더욱이 많은 교회들은 성탄절, 부활절, 어린이주일, 어버이주일과 같은 성경에 나오지 않는 '절기'를 지키고 있다.

따라서 신약성경이 절기에 대하여 무엇이라 말하는지를 살펴보는 일

118) 이 글은 2014년 2월 예장 고신의 교단신문인 '기독교보'에 실린 필자의 글이다.

은 매우 적실하다. 이에 복음서에 나타난 절기, 사도행전에 나타난 절기, 그리고 바울서신에 나타난 절기를 분석함으로써 우리가 절기에 대하여 어떠한 입장을 취해야 하는지를 제시하고자 한다.

2. 복음서에서의 절기

예수님은 열두 살 되셨을 때에 유대인들의 절기를 지키시기 위하여 예루살렘에 올라가셨다(참고. 눅 2:42). 이후 예수님은 유월절을 비롯하여 여러 절기들을 지키셨다.

예수님이 유대인들의 절기들을 지키신 것은 그분이 구약의 규정들과 이에 기반을 둔 유대의 전통들을 존중하셨음을 보여준다. 하지만 예수님은 본인이 유대인으로서 그것들을 지키셨을 뿐이지 우리도 그것을 지켜야 한다고 명령하지 않으셨다. 즉 예수님이 행하셨다고 해서 우리가 다 행할 필요는 없다.

예를 들어, 예수님이 베들레헴에서 태어나셨다고 해서 우리가 거기서 태어날 필요가 없으며, 예수님이 광야에서 설교하셨다고 해서 목사들이 광야에서 설교해야 하는 것은 아니다. 우리는 예수님의 행적과 모범에 대하여 그 의미를 바르게 파악하여 적절히 적용해야 한다. 그렇다면 예수님의 행적을 어떻게 이해해야 하는가?

예수님은 성경 해석의 주체이시다. 예수님은 성경이 자신에 대하여 증언한다고 말씀하셨다(참고. 요 5:39). 즉 성경의 주인공이 예수님이시다. 따라서 우리는 성경을 예수님이라는 프리즘으로 해석해야 한다. 이것은 예수님이라는 관점으로 구약을 해석해야 한다는 뜻이다. 이것을 '그리스도 중심적 해석'이라고 한다.

율법조항들에 있어서도 우리는 예수님의 관점에서 그것들을 바라보아야 한다. 예수님이 율법을 어떤 식으로 성취 혹은 완성하셨는지를 발견하고 그에 맞게 적용해야 성경을 바르게 이해하고 적용하는 것이다. 이러한 해석학적 전제를 가지고 절기를 이해해야 한다. 복음서에서 예수님은 자신의 관점에서 절기를 친히 '해석' 해 주셨다. 두 가지 예를 보자.

먼저, 요한복음 6장의 이야기는 유월절과 연관되어 있다(요 6:4). 하나님은 모세를 통하여 이스라엘 백성들이 이집트를 탈출하게 하셨으며 모세를 통하여 그들에게 먹을 것과 마실 것을 공급하셨다. 그들은 광야에서 40년을 지내는 동안 하나님의 초자연적인 은혜로 생존하였다.

요한복음에는 이러한 사실을 배경으로 하여 예수님께서 광야에 모인 많은 무리들을 풍성히 먹이신 일을 언급하며 예수님이 새로운 모세로서 온 인류에게 양식을 주실 것이라는 메시지가 담겨 있다. 예수님이 주시는 양식을 먹는 자는 영원한 생명을 얻을 것이다. 그들은 영원히 배고프지 않을 것이며 영원히 목마르지 않을 것이다.

그런데 예수님이 주실 생명의 떡은 그분의 살이고 예수님이 주실 물은 그분의 피다. 따라서 우리는 예수님의 살을 먹고 피를 마셔야 한다. 이런 의미에서 유월절 어린 양은 예수님을 가리킨다.

다음으로, 요한복음 7-9장의 이야기는 초막절에 일어난 일이다(요 7:2). 초막절의 두 요소는 물과 빛이다. 초막절에 유대인들은 실로암 못에서 물을 길어다가 제단 옆에 있는 은 그릇에 붓는 의식을 행한다. 그러한 배경을 사용하셔서 예수님은 물을 소재로 삼아 자신의 정체성을 드러내신다. 예수님은 "나를 믿는 자는 성경에 이름과 같이 그 배에서 생수의 강이 흘러나오리라"라고 말씀하신다(요 7:38).

그리고 유대인들은 초막절 마지막 날 밤에 성전 안 여인들의 뜰에 있는 네 개의 대에 불을 붙여 성전의 마당을 밝힌다. 이에 예수님은 빛을 소재로 삼아 "나는 세상의 빛이니 나를 따르는 자는 어둠에 다니지 아니하고 생명의 빛을 얻으리라"라고 말씀하신다(요 8:12).

그런 후에 예수님은 실로암 못가에서 맹인을 고쳐주심으로 초막절의 두 요소인 물과 빛을 예증하신다. 따라서 초막절의 성취자는 예수님이시라는 사실이 드러난다.

3. 사도행전에서의 절기

사도행전에 나타난 절기에 대한 언급들 중에서 가장 중요한 것은 오순절이다(행 2:1). 오순절은 유월절로부터 50일째 되는 날로서 맥추절 혹은 칠칠절이라고도 부른다. 이 날은 첫 열매를 먹는 날이다(레 23:20). 아직 완전한 추수는 남아 있지만 유대인들은 이 날에 첫 추수한 것을 먹으면서 초막절에 있을 완전한 추수를 바라본다(출 23:16).

구속사적으로 유월절은 예수님의 죽음과 부활을, 맥추절은 성령의 강림을 통한 영적 추수의 시작을, 그리고 초막절은 예수님의 재림을 통한 완전한 추수를 예시한다. 실제로 오순절에 성령님이 강림하심으로 복음이 널리 전파되어서 하나님의 백성들을 본격적으로 추수하기 시작하였다.

오늘날 한국교회는 7월 초순에 맥추감사절을 지키는데 이것은 구약적으로나 신약적으로 근거가 없다. 오히려 맥추감사절을 지키려면 오순절이 있는 5월경에 지켜야 시기적으로 적합하다. 그리고 절기의 이름을 맥추감사절이라 하기보다는 성령강림절이라 해야 한다. 구약의 절기를 지켜야 하느냐는 문제와 관련하여 굳이 맥추절을 지키려면 유월절과 초막절도 지켜야 하기 때문이다.

어떤 사람들은 초막절과 추수감사주일을 연관시켜서 이해하려고 하는데 그렇다면 가장 중요한 절기인 유월절을 지키고 있는지 묻고 싶다. 게다가 맥추감사주일의 의미는 절반의 추수에 대한 감사가 아니라 앞에서 언급한 대로 미래에 있을 완전한 추수에 대한 기대이며 소망이다. 따라서 성령의 강림으로 말미암아 영적인 추수가 시작된 것을 기리는 성령강림주일을 지키는 것은 대단히 큰 의의를 가진다.

4. 바울 서신에서의 절기

바울은 회심하기 전에 철저한 유대주의자였으므로 유대의 절기들을 절대적으로 신봉하였다. 하지만 그는 회심한 후에 절기에 대하여 이전과는 전혀 다른 입장을 가졌다. 이는 그가 절기의 진정한 의미를 깨달았다는 뜻이다.

바울은 구약시대의 율법조항들이 신약시대에 더 이상 지켜져야 한다고 보지 않았다. 오히려 그는 그것을 지키는 것을 그리스도의 구원사역에 역행하는 것으로 보면서 그것을 지키지 말아야 한다고 주장하였다.

그의 입장은 그의 서신들에 많이 나온다. 그의 입장은 사역초기에나 후기에나 전혀 달라지지 않았다. 여기서는 갈라디아서와 골로새서에 나타난 그의 언급을 살펴보겠다.

우선 갈라디아서를 보자. 바울이 갈라디아를 떠난 후에 그곳에 유대주의적 율법주의를 주장하는 자들이 들어와서 사람들을 미혹하였다.

이에 바울은 바른 복음이 무엇인지를 가르치기 위하여 갈라디아서를
기록하였다.

바울은 "이제는 너희가 ... 어찌하여 다시 약하고 천박한 초등학문으
로 돌아가서 다시 그들에게 종노릇 하려 하느냐 너희가 날과 달과 절기
와 해를 삼가 지키니 내가 너희를 위하여 수고한 것이 헛될까 두려워하
노라"라고 말한다(갈 4:9-11). 그는 갈라디아 교인들이 '날과 달과 절기와
해'를 지킨다고 비판한다. 이것들은 제사의 시간을 가리키는데, 그들은
구약시대의 제사 시간들을 다시 지킴으로써 그리스도께서 단번에 이루
신 희생제사로 나아가지 못하고 있었다.

바울은 자신의 사역이 헛수고가 될까 '두려워한다'고 절박한 심정을
드러낸다. 그런데 그는 절기를 지키는 일을 '약하고 천박한 초등학문'
이라고 말한다. '초등학문'이란 성숙한 자들에게 아무런 쓸모가 없다.
이제 예수님이 오셔서 새 시대가 시작되었기에 옛 시대에 속한 것들은
폐지되어야 한다.

다음으로 골로새서를 보자. 바울은 "그러므로 먹고 마시는 것과 절
기나 초하루나 안식일을 이유로 누구든지 너희를 비판하지 못하게 하
라 이것들은 장래 일의 그림자이나 몸은 그리스도의 것이니라"라고 말
한다(골 2:16-17).

바울은 예수 그리스도께서 십자가에 죽으심으로 구원을 이루신 일을
언급하는 문맥에서, 그리스도가 율법의 요구를 성취하셨음으로 우리가
더 이상 율법조항에 얽매일 필요가 없다는 사실을 말한다. 바울은 율법
조항들을 '장래 일의 그림자'라고 표현하는데, 이것은 율법조항들이
예수 그리스도의 속성과 사역을 암시하고 상징한다는 뜻이다.

실로 율법에 제시된 모든 의식들은 예수 그리스도가 이루실 구원 사

역의 모형이 된다. 따라서 실체이신 그리스도가 오신 후에는 더 이상 그러한 모형을 따를 필요가 없다. 그것을 따르는 것은 오히려 그리스도 께서 하신 일을 부정하는 일이 된다.

당시에 기독교인들 가운데에서 절기에 대하여 양분된 견해가 있었 다. 유대주의적 기독교인들은 여전히 절기를 지켜야 한다고 주장했고 비유대주의적 기독교인들은 절기를 지키지 말아야 한다고 주장했다. 이는 음식규례나 할례규정 등에 있어서도 마찬가지였다. 이에 대하여 바울은 로마서에서 매우 적절한 교훈을 준다. 그는 이렇게 말한다.

"믿음이 연약한 자를 너희가 받되 그의 의견을 비판하지 말라 어떤 사람은 모든 것을 먹을 만한 믿음이 있고 믿음이 연약한 자는 채소만 먹느니라 ... 날을 중히 여기는 자도 주를 위하여 중히 여기고 먹는 자도 주를 위하여 먹으니 이는 하나님께 감사함이요 먹지 않는 자도 주를 위 하여 먹지 아니하며 하나님께 감사하느니라"(롬 14:1-6).

바울은 어떤 사람들이 음식을 구별하거나 날을 구별하는 것을 보더 라도 그를 비판하지 말라고 당부한다. 그의 가르침은 오늘날 우리가 견 해의 차이를 가진 사람들을 대하는 데 중요한 지침이 된다. 우리는 절 기 때문에 나누어져서는 안 된다.

5. 결론적 교훈: 신약이 말하는 절기

우리는 지금까지 신약성경 가운데 절기에 대하여 말하는 본문들 몇 군데를 살펴보았다. 사실 오늘날 개혁주의 진영에서 구약의 절기들이 신약시대에도 여전히 유효한지 그렇지 않은지에 대한 주제는 그다지 논란거리가 아니다. 구약의 절기들은 예수 그리스도 안에서 성취되었고 따라서 신약시대에는 더 이상 구약의 절기들을 지킬 필요가 없다는 것이 정설이다.

다만 신약시대를 살아가는 우리는 구약의 절기들이 예수 그리스도 안에서 완성되었다는 것이 무엇을 의미하는지에 대해서 알고 있어야 한다. 그렇게 할 때에 절기를 주신 하나님의 뜻을 알 수 있기 때문이다. 이제 지금까지의 논의를 토대로 하여 다음과 같이 결론을 내리고자 한다.

1) 구약의 절기들이 무엇을 의미하는지를 알아야 한다.

구약의 절기들은 예수님의 구속사역의 그림자이다. 따라서 그것들은 예수님이 이루신 구속사역의 성격이 무엇인지를 설명해 준다. 우리는 구약의 절기들을 부지런히 공부함으로써 예수님이 이루신 구원 사역의 특성을 깨달아야 한다. 실로 구약의 절기를 아는 것은 매우 중요하다.

2) 고난주간과 부활주일에는 유월절의 의미를 되새겨야 한다.

유월절은 예수님의 죽음과 부활을 통하여 우리가 구원받은 것을 예표한다. 우리는 고난주간과 부활절을 보낼 때 유월절의 의미를 숙고할 필요가 있다. 유월절은 어린 양이신 예수 그리스도께서 우리를 사탄의 수중으로부터 자유롭게 하시고 사망의 저주에서 벗어나게 하신 일을 보여준다.

3) 맥추감사주일은 성령강림주일로 지켜야 한다.

7월에 지키는 맥추감사주일은 한국의 실정에 맞추어서 지키는 특이한 현상이다. 맥추감사주일을 성령강림주일로 지키는 것이 옳다. 우리는 성령강림주일을 지키면서 성령 충만하여 복음을 들고 추수의 현장으로 나아가자고 결단할 수 있다.

4) 초막절을 지켜야 하기 때문에 추수감사주일을 지키는 것은 아니다.

초막절과 추수감사주일은 '추수' 라는 소재의 연관성을 가진다. 하지만 구속사적으로 초막절이 추수감사주일로 연결 혹은 진전되는 것은 아니다. 다만 한 해를 마쳐가는 시점에 한 해 동안 은혜를 베푸신 하나님께 감사하는 시간을 가지는 것은 장려할 만하다.

5) 교회가 '기념주일' 혹은 '특별주일' 을 만들어서 시행할 수 있다.

오늘날 교회가 특별한 날을 만들어서 지킬 수는 있다. 실제로 각 교단은 총회의 결의로 '교단창설기념주일' 같은 날을 만들어서 지키고 있다. 하지만 그러한 특별한 날을 구약의 절기와 같은 개념으로 이해해서는 안 된다. 그것은 구약의 절기와 아무런 상관이 없다. 그것은 교회의 필요를 따른 것이지 율법적인 의무사항을 따른 것이 아니다.

따라서 그러한 날들에 '절기' 라는 용어를 사용하는 것은 혼란을 부추길 가능성이 있다. 오히려 그것들을 '기념주일' 혹은 '특별주일' 정도로 부르는 것이 좋다. 우리가 그런 행사를 하지 않는다고 해서 이상하게 여길 것이 아니며 한다고 해서 비난할 것도 아니다. 그것은 교회가 정하기 나름이다.

4:12-20 갈라디아 교인들을 향한 호소

¹² 형제들아 내가 너희와 같이 되었은즉 너희도 나와 같이 되기를 구하노라 너희가 내게 해롭게 하지 아니하였느니라 ¹³ 내가 처음에 육체의 약함으로 말미암아 너희에게 복음을 전한 것을 너희가 아는 바라 ¹⁴ 너희를 시험하는 것이 내 육체에 있으되 이것을 너희가 업신여기지도 아니하며 버리지도 아니하고 오직 나를 하나님의 천사와 같이 또는 그리스도 예수와 같이 영접하였도다 ¹⁵ 너희의 복이 지금 어디 있느냐 내가 너희에게 증언하노니 너희가 할 수만 있었더라면 너희의 눈이라도 빼어 나에게 주었으리라 ¹⁶ 그런즉 내가 너희에게 참된 말을 하므로 원수가 되었느냐 ¹⁷ 그들이 너희에게 대하여 열심 내는 것은 좋은 뜻이 아니요 오직 너희를 이간시켜 너희로 그들에게 대하여 열심을 내게 하려 함이라 ¹⁸ 좋은 일에 대하여 열심으로 사모함을 받음은 내가 너희를 대하였을 때뿐 아니라 언제든지 좋으니라 ¹⁹ 나의 자녀들아 너희 속에 그리스도의 형상을 이루기까지 다시 너희를 위하여 해산하는 수고를 하노니 ²⁰ 내가 이제라도 너희와 함께 있어 내 언성을 높이려 함은 너희에 대하여 의혹이 있음이라

바울은 잠시 논의를 멈추고 갈라디아 교인들과 자신이 과거에 인간적으로 친밀했던 사실에 대하여 말한다. 그는 과거에 갈라디아 교인들이 자신을 선대해 준 기억을 떠올리면서 지금 그들이 자신을 적대시하고 자신의 가르침을 무시하는 것에 대한 섭섭함과 애석함을 토로한다. 이렇게 함으로써 그는 자신의 호소를 갈라디아 교인들이 외면하지 말 것을 기대한다.[119]

12절a: 바울의 당부

¹² 형제들아 내가 너희와 같이 되었은즉 너희도 나와 같이 되기를 구하노라

---

119) 이렇게 서신의 중간에 원래의 논의에서 살짝 벗어난 인간적인 호소가 들어있는 것은 이 서신이 신학적인 논문이 아니라 목회적인 돌봄의 글이기 때문이다.

너희가 내게 해롭게 하지 아니하였느니라

12절a: 바울은 갈라디아 교인들을 향하여 "형제들아"라고 부른다(참고. 3:15). 비록 갈라디아 교인들이 거짓 선생들(유대주의자들)에게 속아서 잠시 빗나가기는 했지만 그는 여전히 그들을 '형제'로 대한다. 이것은 그들이 그의 편지를 받고 다시 돌아올 가능성을 가지고 있음을 시사한다.

"내가 너희와 같이 되었은즉 너희도 나와 같이 되기를 구하노라"라는 말은 바울과 갈라디아 교인들이 동일한 복음과 그에 걸맞은 동일한 삶을 살기를 바라는 마음을 반영한다. 특히 그는 "형제들아"라고 부르면서 "구하노라"라는 표현을 사용하여 따뜻하고 부드럽게 말한다.

바울은 회심한 후에 이방인들에게 복음을 전하기 위하여 이방인들과 같이 되었다. 그는 이방인들의 언어와 문화와 사상을 존중하였고 비록 자신이 유대인이었음에도 불구하고 이방인들처럼 유대의 전통을 지키지 않는 사람이 되었다. 그리고 이것으로 말미암아 그는 자기 동족 유대인들로부터 엄청난 멸시와 박해를 받았다. 그런데 그는 지금 이방인들인 갈라디아 교인들이 회심한 후에 오히려 유대의 전통을 지켜 유대인들처럼 되려고 하는 것을 보면서 안타까워한다. 따라서 그는 그들이 자신처럼 유대의 전통에 구애받지 않고 자유롭게 될 것을 바란다.[120]

---

120) 바울은 복음을 효과적으로 전파하기 위하여 복음을 듣는 대상의 상태로 자신을 적응시켰다. 다음 구절은 바울의 이러한 마음을 가장 잘 표현해 준다. "내가 모든 사람에게서 자유로우나 스스로 모든 사람에게 종이 된 것은 더 많은 사람을 얻고자 함이라 유대인들에게 내가 유대인과 같이 된 것은 유대인들을 얻고자 함이요 율법 아래에 있는 자들에게는 내가 율법 아래에 있지 아니하나 율법 아래에 있는 자 같이 된 것은 율법 아래에 있는 자들을 얻고자 함이요 율법 없는 자에게는 내가 하나님께는 율법 없는 자가 아니요 도리어 그리스도의 율법 아래에 있는 자이나 율법 없는 자와 같이 된 것은 율법 없는 자들을 얻고자 함이라 약한 자들에게 내가 약한 자와 같이 된 것은 약한 자들을 얻고자 함이요 내가 여러 사람에게 여러 모습이 된 것은 아무쪼록 몇 사람이라도 구원하고자 함이니"(고전 9:19-22).

더군다나 "너희도 나와 같이 되기를 구하노라"라는 표현은 바울이 빌립보서 3장 17절에서 말한 "나를 본받으라"라는 말과 같다. 이것은 어떤 면에서 인간적인 호소이다.

바울은 갈라디아 교인들이 그리스도인의 믿음과 삶에서 자신처럼 되기를 기대한다. 그는 그리스도를 믿음으로 말미암아 자유와 해방을 누리고 있었다. 이에 그는 그들이 자신과 같이 그리스도인의 자유를 누리기를 원한다.

이후에 아그립바 왕이 바울을 향해 "네가 적은 말로 나를 권하여 그리스도인이 되게 하려 하는도다"라고 말했을 때, 바울이 "말이 적으나 많으나 당신뿐만 아니라 오늘 내 말을 듣는 모든 사람도 다 이렇게 결박된 것 외에는 나와 같이 되기를 하나님께 원하나이다"라고 대답했을 때에도 이와 비슷한 정서를 표현하였다(행 26:28-29).[121]

12절b-16절 | 갈라디아 교인들의 태도

12 형제들아 내가 너희와 같이 되었은즉 너희도 나와 같이 되기를 구하노라 너희가 내게 해롭게 하지 아니하였느니라 13 내가 처음에 육체의 약함으로 말미암아 너희에게 복음을 전한 것을 너희가 아는 바라 14 너희를 시험하는 것이 내 육체에 있으되 이것을 너희가 업신여기지도 아니하며 버리지도 아니하고 오직 나를 하나님의 천사와 같이 또는 그리스도 예수와 같이 영접하였도다 15 너희의 복이 지금 어디 있느냐 내가 너희에게 증언하노니 너희가 할 수만 있었더라면 너희의 눈이라도 빼어 나에게 주었으리라 16 그런즉 내가 너희에게 참된 말을 하므로 원수가 되었느냐

12절b: "너희가 내게 해롭게 하지 아니하였느니라"라는 말은 바울이 갈라디아를 처음 방문하여 말씀을 전했을 때 갈라디아 사람들이 그에게 호

---

121) John Stott, 141.

의적이었고 적대적이지 않았다는 뜻이다.

그가 다른 지역들을 방문했을 때에 급진적인 유대인들과 과격한 이방인들은 그를 박해하였고 심지어 그를 죽이려고까지 하였다. 실로 바울의 생애는 고난의 연속이었다. 하지만 갈라디아 사람들은 달랐다. 비록 그가 이 지역을 방문했을 때에도 과격한 유대주의자들이 그와 그의 동료들(바나바를 포함하여)을 괴롭게 하였으나(참고. 3:4; 행 14:21-22), 갈라디아의 순박한 사람들은 그들을 해롭게 하지 않았고 오히려 그들을 선대하였다.

13절: 바울은 갈라디아 교인들이 자신을 선대한 것을 조금 더 구체적으로 말한다. 물론 성경이 바울이 갈라디아를 방문했을 때 어떤 일을 당했는지를 자세히 말하지 않기 때문에 우리는 이 상황을 상세히 파악할 수 없다. 따라서 이 구절에서 바울이 "육체의 약함"을 무릅쓰고 갈라디아 교인들에게 복음을 전하였던 것을 그들이 알고 있다고 하는데 그것이 구체적으로 무엇을 뜻하는지 알기 어렵다.

아마도 바울이 몸으로 대할 때는 약하고 그 말도 시원치 않다는 말과 연관되어 있을 수도 있고(참고. 고후 10:10), 고린도후서 12:7에 언급된 "육체에 가시 곧 사탄의 사자"를 가리킬 수도 있다. 혹은 우리에게 알려져 있지 않은 다른 문제일 수도 있다.

14절a: "너희를 시험하는 것이 내 육체에 있으되"라는 표현은 13절에 나오는 "육체의 약함"을 가리킨다. 갈라디아 교인들은 바울의 질병 혹은 그가 가지고 있는 육체적인 결함을 보고 시험을 받을 수 있었다.

아마도 바울의 육체는 혐오감을 주거나 멸시하고 싶은 마음이 들 정도로 심한 결함을 가지고 있었던 것 같다. 사실 영적인 지도자의 육체적인 결함은 회중들로 하여금 실망감과 회의감을 줄 수 있다. 그러나 그들은 바울을 "업신여기지도 아니하며 버리지도 아니하고" 그를 잘 대해 주었다. 이것은 바울에게 큰 감명과 좋은 인상을 심어 주었다.

14절b: 더 나아가서 바울은 갈라디아 교인들이 바울의 연약한 부분을 이해하고 그를 "하나님의 천사와 같이 또는 그리스도 예수와 같이 영접"하였다고 말한다. 하나님의 천사를 영접하는 일과 그리스도 예수를 영접하는 일은 최상의 대우와 마음가짐을 의미한다. 분명히 천사와 예수님을 영접하는 것 이상의 대우는 없다.

바울은 갈라디아 교인들로부터 최고의 대우를 받았다고 느꼈다. 그가 이렇게 그들의 호의를 극찬하며 그들에게 감사하는 것은 현재 바울과 갈라디아 교인들 사이에 존재하는 거리감과 불신에 대한 안타까움을 반영한다. 그들은 더 이상 바울을 예전처럼 극진히 생각하고 있지 않다.

15절a: "너희의 복이 지금 어디 있느냐" 라는 표현은 해석하기가 조금 까다롭다. 이 구절을 언뜻 보면, 갈라디아 교인들이 바울을 천사와 예수님처럼 대우했더라면 복을 받을 것인데 지금 그들이 그러한 복을 잃어버렸다고 말하는 것 같다.

즉 그들은 과거에 바울과 친밀한 관계를 가지고 있었고 바울을 극진히 섬겼기에 하나님께서 주시는 복을 누릴 만한 위치에 있었는데, 이제는 그들에게 그러한 마음이 없으며 따라서 그에 따른 복이 없다는 것이다.

하지만 문맥을 고려할 때 이 구절이 뜻하는 것은 '그들이 바울에게 빌어 줬던 복이 지금 어디에 있느냐' 이다. 그들은 과거에 바울을 축복하고 바울이 잘 되도록 힘써 주었다. 하지만 이제 그들은 더 이상 그렇게 하지 않고 있다. 이에 그는 그들로부터 환대를 받지 못하는 것을 고통스러워한다.

15절b: "내가 너희에게 증언하노니" 라는 표현은 갈라디아 교인들의 사랑을 바울 자신이 분명히 인식하였음을 뜻한다. "너희가 할 수만 있었더라면 너희의 눈이라도 빼어 나에게 주었으리라"라는 표현은 그들이 얼마나 바울을 극진히 사랑했는지를 보여준다.

눈이란 신체에서 매우 소중한 기관으로 아무에게나 자신의 눈을 빼어주지 않는다. 그러한 일은 지극히 친밀한 관계에서만 가능하다. 따라서 이것은 갈라디아 교인들이 바울을 위하여 모든 것을 줄 수 있었을 것이라는 뜻이다(참고. 롬 16:4).

그런데, 여기서 바울이 '눈이라도 빼어준다'고 표현한 것을 가지고 어떤 사람들은 바울이 가지고 있던 육체의 약함이 '안질'일 것이라고 추정하지만 이것만을 가지고 그렇게 보기는 어렵다. 우리는 여전히 바울의 약함이 무엇인지 정확히 모른다.

16절: 그렇지만 갈라디아 교인들의 태도가 완전히 바뀌었다. 이전에 그들은 바울을 위하여 자신들의 눈이라도 빼어 줄 정도로 그를 사랑하였다. 그러나 지금은 그렇지 않다. 그들은 더 이상 그를 좋아하지 않으며 그의 가르침을 중요하게 여기지 않는다.

오히려 바울이 그들에게 "참된 말", 즉 진리의 복음을 말하였다는 이유로 그들의 "원수"처럼 대하고 있다. 이것은 바울의 마음을 너무나 아프게 하였다. 그는 자신을 그렇게도 좋아하고 친절하게 대해 주었던 갈라디아 교인들이 어느 순간에 자신에 대한 태도를 바꾼 것에 대하여 심하게 고통스러워한다.

바울은 단지 갈라디아 교인들에게 진리를 말하였을 뿐이다. 그런데 그들은 바울이 진리를 말할 때 어떤 말은 듣기 좋아하고 어떤 말은 듣기 싫어하였다. 자신들이 좋아하는 말을 들을 때에는 그렇게 좋아하면서 하나님의 천사처럼 그리스도 예수처럼 영접하다가, 자신들이 싫어하는 말을 들을 때에는 싫어하여 원수처럼 배척하는 것은 이해할 수 없는 행동이다. 그들은 하나님의 말씀을 선별하여 들으려 하지 말아야 했다.

그들이 좋아하든 그렇지 않든 예수 그리스도의 사도들이 가르치는 모든 내용은 권위를 가지고 있다.[122] 한편, 사람들이 이렇게 영적인 지도자에 대하여 마음을 바꾸게 되는 배경에는 사탄의 교묘한 영향이 있으며 그의 부하인 거짓 선생들의 궤계가 있다.

17-18절 | 거짓 선생들의 목표

> **17 그들이 너희에게 대하여 열심 내는 것은 좋은 뜻이 아니요 오직 너희를 이간시켜 너희로 그들에게 대하여 열심을 내게 하려 함이라 18 좋은 일에 대하여 열심으로 사모함을 받음은 내가 너희를 대하였을 때뿐 아니라 언제 든지 좋으니라**

17절a: 바울은 갈라디아 교회에 들어온 거짓 선생들의 목표가 무엇인지를 명확하게 말한다. "그들이 너희에게 대하여 열심 내는 것은"이라는 표현에서 알 수 있는 것은 거짓 선생들이 갈라디아 교인들에게 대단히 적극적으로 그리고 열정적으로 접근했다는 사실이다. 이것은 예나 지금이나 이단들의 전형적인 특징인데, 그들은 항상 열심을 내며 적당히 대충하지 않는다.

거짓 선생들은 갈라디아 교인들에게 상당한 애정과 관심을 가지고 있는 것처럼 보였다. 그러나 바울은 그들의 열심이 "좋은 뜻이 아니요"라고 말한다. 결코 그들은 선한 의도와 목적을 가지고 접근하지 않았다. 그들이 열심을 낸 것은 필시 부정적인 결과를 초래할 것이었다.

17절b: 거짓 선생들은 갈라디아 교인들을 "이간"시키려고 하였다. '이 간시키다'는 말은 '떼어내다'는 뜻이다. 이것은 거짓 선생들이 갈라디아

---

122) John Stott, 145.

교인들을 바울과 그의 가르침(복음)으로부터 떼어내려고 했다는 뜻이다. 만일 그들이 바울과 관계를 가지고 있다면 그들은 바울이 전한 진리를 붙잡을 것이었다.

따라서 거짓 선생들은 바울로부터 그들을 떼어내려고 노력했던 것이다. 그들의 궁극적인 목적은 "너희로 그들에게 대하여 열심을 내게 하려 함"이었다. 거짓 선생들은 그들을 바울로부터 떼어낸 후에 자신들의 편으로 만들어서 자신들을 존경하게 만들려고 하였다.[123]

18절: "좋은 일에 대하여 열심으로 사모함을 받음은 내가 너희를 대하였을 때뿐 아니라 언제든지 좋으니라"라는 말은 바울이 그들과 함께 있을 때만 열심을 내는 것은 좋은 태도가 아니며 그들과 함께 있든지 없든지 언제든지 열심을 내는 것이 좋은 태도라는 뜻이다. 여기서 강조점은 "좋은 일"(칼로스)에 있다. 이는 헬라어 본문에서 이 단어가 문장의 제일 앞에 나오는 것으로 알 수 있다.[124]

열심을 내는 것 자체가 중요한 것이 아니라 무엇을 위하여 열심을 내느냐가 중요하다. 잘못된 일을 위하여 열심을 내면 오히려 더 큰 문제가 발생한다. 여기서 "좋은 일"이란 구체적으로 바울을 향한 갈라디아 교인들의 관심과 사랑이다. 그들은 바울을 보았을 때에든지 그렇지 않을 때에든지 항상 그를 사랑하고 존경해야 한다.

19-20절 | 바울의 목표

¹⁹ 나의 자녀들아 너희 속에 그리스도의 형상을 이루기까지 다시 너희를 위하여 해산하는 수고를 하노니 ²⁰ 내가 이제라도 너희와 함께 있어 내 언성

---

123) E. Burton, 246.

124) 18절의 헬라어 본문은 다음과 같다. "*καλὸν δὲ τὸ ζηλοῦσθαι ἐν καλῷ πάντοτε καὶ μὴ μόνον ἐν τῷπαρεῖναί με πρὸς ὑμᾶς*"

을 높이려 함은 너희에 대하여 의혹이 있음이라

19절a: 바울은 갈라디아 교인들을 "나의 자녀들아"(테크나 무)라고 부른
다. 이것은 그가 지금까지 그들을 "형제들아"[125]라고 부른 것에서 더 나
아간 것이다. 그는 "다시 너희를 위하여 해산하는 수고를 하노니"라고 말
한다.

이전에 그는 갈라디아 교인들을 위하여 해산하는 수고를 한 적이 있었
는데, 이제 그들이 배교하자 다시 해산하는 수고를 하려고 한다. 해산은
인간이 당할 수 있는 고통들 가운데 가장 큰 것에 속한다. 그리고 사도가
사람들에게 복음을 전하고 영적인 양육을 하는 것은 마치 자녀를 출산하
는 것과 같다. 바울은 자신의 안위와 평안보다 갈라디아 교인들의 신실한
믿음이 더욱 중요하다고 여겼기에 기꺼이 고난을 받으려고 한다.

19절b: 바울은 갈라디아 교인들 속에 "그리스도의 형상"이 이루어지기
를 기대한다. 그리스도의 형상을 이룬다는 말은 그리스도를 닮아간다는
뜻이다. 이것은 구원을 받은 자들이 성숙해지는 것을 의미한다. 특히 이 표
현은 그리스도 외에 다른 것(율법)으로 성숙해질 수 있다고 가르친 거짓 교
사들의 가르침을 견제하고 반박하려는 의도를 가진다.

그리스도가 처음이자 마지막이다. 그리스도로 말미암아 의롭게 되고(칭
의) 그리스도로 말미암아 거룩하게 된다(성화). 그런데 신자의 성숙은 그냥
이루어지지 않는다. 그것은 누군가의 해산하는 수고를 통하여 이루어진
다. 이에 바울은 그들의 성숙을 위하여 자신이 해산하는 수고를 감수하려

---

125) 19절의 헬라어 본문에는 "나의 자녀들아, … 다시 너희를 위하여 해산하는 수고를 하
노니"가 먼저 나오고, 이어서 "너희 속에 그리스도의 형상을 이루기까지"가 나온다. 이
구절의 헬라어 본문은 다음과 같다. "τεκνία μου οὓς πάλιν ὠδίνω ἄχρις οὗ
μορφωθῇ Χριστὸς ἐν ὑμῖν"

고 한다.

20절: "내가 이제라도 너희와 함께 있어"라는 표현은 바울이 그들을 방문하여 같이 있기를 바란다는 뜻이다. "내 언성을 높이려 함은"이라는 말은 그들에게 큰 소리로 강하게 말하겠다는 뜻이다. 사실 멀리 떨어진 곳에서 편지를 써서 호소하는 것은 한계를 가지고 있었다. 그리하여 그는 그들을 직접 만나서 강력하게 말하고 싶어 한다.[126]

"너희에 대하여 의혹이 있음이라"라는 표현은 갈라디아 교인들이 문제를 분명히 가지고 있다는 뜻이다. 그들은 거짓 교사들에게 속아서 '다른 복음'을 받아들임으로 심각한 위험에 노출되어 있었다.

4:21-31 하갈과 사라

21 내게 말하라 율법 아래에 있고자 하는 자들아 율법을 듣지 못하였느냐 22 기록된 바 아브라함에게 두 아들이 있으니 하나는 여종에게서, 하나는 자유 있는 여자에게서 났다 하였으며 23 여종에게서는 육체를 따라 났고 자유 있는 여자에게서는 약속으로 말미암았느니라 24 이것은 비유니 이 여자들은 두 언약이라 하나는 시내 산으로부터 종을 낳은 자니 곧 하갈이라 25 이 하갈은 아라비아에 있는 시내 산으로서 지금 있는 예루살렘과 같은 곳이니 그가 그 자녀들과 더불어 종 노릇 하고 26 오직 위에 있는 예루살렘은 자유자니 곧 우리 어머니라 27 기록된 바 잉태하지 못한 자여 즐거워하라 산고를 모르는 자여 소리 질러 외치라 이는 홀로 사는 자의 자녀가 남편 있는 자의 자녀보다 많음이라 하였으니 28 형제들아 너희는 이삭과 같이 약속의 자녀라 29 그러나 그 때에 육체를 따라 난 자가 성령을 따라 난 자를 박해한 것 같이 이제도 그러하도다 30 그러나 성경이 무엇을 말하느냐 여종과 그 아들을 내쫓으라 여종의 아들이 자유 있는 여자의 아들과 더불어 유업을 얻지 못하리라 하였느니라 31 그런즉 형제들아 우리는 여종의 자녀가 아니요 자유 있는 여자의 자녀니라

---

126) R. N. Longenecker, 478.

앞 단락에서 바울은 갈라디아 교인들에게 자신과 그들의 개인적인 관계에 호소하여 자신의 말을 들어야 한다고 하였다. 이 단락에서 그는 아브라함에 관하여 이야기한다. 원래 아브라함 이야기는 3장 6절에서 시작되었는데, 그동안 잠시 다른 이야기를 하다가, 이 단락에서 마무리된다.

바울은 아브라함의 두 여자가 각각 낳은 두 아들 이야기를 풍유적으로 해석하여 메시지를 전달한다. 아브라함이 여종 하갈을 통하여 이스마엘을 얻은 이야기는 창세기 16장에 기록되어 있고, 그가 자유인(아내) 사라를 통하여 이삭을 얻은 이야기는 창세기 21장에 기록되어 있다.

21-23절 | 역사적 사실

> 21 내게 말하라 율법 아래에 있고자 하는 자들아 율법을 듣지 못하였느냐 22 기록된 바 아브라함에게 두 아들이 있으니 하나는 여종에게서, 하나는 자유 있는 여자에게서 났다 하였으며 23 여종에게서는 육체를 따라 났고 자유 있는 여자에게서는 약속으로 말미암았느니라

21절a: "내게 말하라"라는 표현은 바울이 갈라디아 교인들에게 답변을 요청하는 것이다. 물론 이것은 그가 갈라디아 교인들의 생각이 궁금하여 물어보는 것이 아니라 그들로 하여금 진리를 숙고하게 만드는 수사학적 장치(rhetorical device)이다. 즉 그들로 하여금 바울의 말에 집중하게끔 유도하는 것이다.

바울은 갈라디아 교인들에 대해 심히 답답함을 느끼고 있다. 왜냐하면 그들은 지금 거짓 선생들(유대주의자들)에게 속아서 잘못된 가르침(다른 복음)을 따르고 있기 때문이다. 그러므로 바울은 그들이 진리의 복음으로 돌아오기를 간절히 기대한다.

21절b: "율법 아래에 있고자 하는 자들아"라는 표현은 갈라디아 교인들이 가지고 있는 문제점을 매우 정확하게 요약해 준다. 그들은 그리스도에 대한 믿음으로 말미암아 회심하였음에도 불구하고 그리스도로 만족하지 못하고 유대의 율법 규정들을 지켜야 한다고 생각하였다. 즉 그리스도 이전의 상태로 돌아가려고 한 것이다.

"율법을 듣지 못하였느냐"라는 물음은 율법의 역할이 무엇인지를 모르느냐라는 뜻이다. 율법은 그것을 조금이라도 행하지 않는 자들을 정죄한다. 따라서 율법 아래에 있는 자들은 결국 율법으로 말미암아 정죄를 받고 저주에 이른다.

22절a: "기록된 바"(게그랍타이, it is written)라는 표현은 신약의 저자들이 구약성경을 인용할 때 사용하는 정형구이다(참고. 27절). 갈라디아 교회에 들어온 거짓 선생들인 유대주의자들은 그들의 교훈을 전할 때 구약을 사용하였기에 바울은 이 서신에서 그들을 논박할 때 의도적으로 구약을 자주 사용한다.

여기서 그는 아브라함에 관한 이야기를 인용한다. 유대인들은 아브라함을 그들의 자랑스러운 조상으로 여겼고 아브라함의 생애를 삶의 표준적인 교훈으로 삼았다. 따라서 바울은 3장에서와 마찬가지로 여기서도 아브라함에 관한 이야기를 소재로 삼아 설명한다.[127]

22절b: 바울은 아브라함에게 두 아들이 있었는데, 하나는 "여종"(slave woman)에게서 그리고 다른 하나는 "자유 있는 여자"(free woman)에게서 태어났다는 사실을 말한다. "여종"은 하갈을 가리키고, "자유 있는 여자"는

---

127) 참고. C. K. Barrett, "The Allegory of Abraham, Sarah, and Hagar in the argument of Galatians," in J. Friedrich, W. Pöhlmann, and P. Stuhlmacher (eds.), *Rechtfertigung: Festschrift für Ernst Käsemann zum 70*, Tübingen: Mohr-Siebeck, 1976, 1-16.

사라를 가리키는데, 여기서 바울이 이 여자들과 그들이 낳은 아들들의 이름을 말하지 않는 것은 그들의 이름이 중요한 것이 아니라 그들의 신분이 중요하기 때문이다. 비록 24절부터 그들의 이름이 불규칙적으로 나오기는 하지만 그들의 이름들은 본문에서 별로 중요하지 않다.

한편, 종의 모티프는 4장 1-11절에 나와 있다. 종이란 유대주의에 빠져서 율법과 죄와 이방 신들의 속박 아래 있는 자들을 가리키고, 자유자란 그리스도의 구속을 믿음으로 말미암아 하나님의 자녀가 된 자들을 가리킨다. 바울은 갈라디아 교인들에게 "네가 이 후로는 종이 아니요 아들이니 아들이면 하나님으로 말미암아 유업을 받을 자니라"라고 말하였다(7절).

23절: 바울은 두 여인이 각각 아들을 낳은 방식에 대해서 말한다. 여종의 아들은 "육체를 따라" 태어났다. "육체를 따라"라는 표현은 이스마엘이 아브라함과 하갈 사이에서 자연적인 출생 방식으로 태어났는데, 특히 아브라함이 자신의 의지와 욕심을 가지고 하갈과 동침하여 그를 낳았다는 뜻이다. 그러나 자유 있는 여자의 아들은 "약속으로" 말미암아 태어났다. 이것은 아브라함과 사라가 아이를 낳을 수 없는 나이였지만 하나님께서 아브라함에게 주신 약속을 성취하시기 위하여 사라가 아이를 낳을 수 있게 하셨다는 뜻이다.[128] 결국 여종은 인간적으로 육체를 따라 종인 아들을

---

[128] 이 사실에 대하여 바울은 로마서에서 이렇게 말하였다. "아브라함이 바랄 수 없는 중에 바라고 믿었으니 이는 네 후손이 이같으리라 하신 말씀대로 많은 민족의 조상이 되게 하려 하심이라 그가 백 세나 되어 자기 몸이 죽은 것 같고 사라의 태가 죽은 것 같음을 알고도 믿음이 약하여지지 아니하고 믿음이 없어 하나님의 약속을 의심하지 않고 믿음으로 견고하여져서 하나님께 영광을 돌리며 약속하신 그것을 또한 능히 이루실 줄을 확신하였으니 그러므로 그것이 그에게 의로 여겨졌느니라"(롬 4:18-22). "또한 아브라함의 씨가 다 그의 자녀가 아니라 오직 이삭으로부터 난 자라야 네 씨라 불리리라 하셨으니 곧 육신의 자녀가 하나님의 자녀가 아니요 오직 약속의 자녀가 씨로 여기심을 받느니라 약속의 말씀은 이것이니 명년 이 때에 내가 이르리니 사라에게 아들이 있으리라 하심이라"(롬 9:7-9).

낳았고, 자유자는 하나님의 약속을 따라 자유자인 아들을 낳았다.

한편, 유대인들은 '아브라함의 자손' 이라는 개념을 육체적인 자손으로 한정하여 자신들만이 아브라함의 자손이라고 주장하였다. 하지만 세례 요한과 예수님은 아브라함의 자손이란 육체적인 자손이 아니라 영적인 자손이라고 말씀하셨다.

갈라디아서 3장에서 바울은 세례 요한과 예수님의 주장에 근거하여 아브라함의 자손이란 완벽한 유대의 혈통을 가진 사람들이 아니라 아브라함이 믿었던 것처럼 믿고, 아브라함이 순종했던 것처럼 순종하는 사람들이라고 말하였다(3:14, 29; 참고. 롬 4:16). 여기서 바울은 그러한 신학적 입장을 견지하면서 논의를 이어간다.[129]

24-27절 | 풍유적 해석

[24] 이것은 비유니 이 여자들은 두 언약이라 하나는 시내 산으로부터 종을 낳은 자니 곧 하갈이라 [25] 이 하갈은 아라비아에 있는 시내 산으로서 지금 있는 예루살렘과 같은 곳이니 그가 그 자녀들과 더불어 종 노릇 하고 [26] 오직 위에 있는 예루살렘은 자유자니 곧 우리 어머니라 [27] 기록된 바 잉태하지 못한 자여 즐거워하라 산고를 모르는 자여 소리 질러 외치라 이는 홀로 사는 자의 자녀가 남편 있는 자의 자녀보다 많음이라 하였으니

---

129) 세례 요한과 예수님은 유대인들이 율법주의에 빠져서 회개하지 않고 메시아를 받아들이자 않자 아브라함을 소재로 삼아 비판하였다. 세례 요한은 "그러므로 회개에 합당한 열매를 맺고 속으로 아브라함이 우리 조상이라고 생각하지 말라 내가 너희에게 이르노니 하나님이 능히 이 돌들로도 아브라함의 자손이 되게 하시리라"라고 말하였다(마 3:8-9). 그리고 예수님은 유대인들이 "우리가 아브라함의 자손이라 남의 종이 된 적이 없거늘 어찌하여 우리가 자유롭게 되리라 하느냐 … 우리 아버지는 아브라함이라 …"라고 반박하자 "너희가 아브라함의 자손이면 아브라함이 행한 일들을 할 것이거늘 지금 하나님께 들은 진리를 너희에게 말한 사람인 나를 죽이려 하는도다 아브라함은 이렇게 하지 아니하였느니라"라고 책망하셨다(요 8:31-44). John Stott, 153-54.

24절a: "이것은 비유니"에서 "비유"에 해당하는 헬라어는 분사형태로 알레고루메나이다. 이것은 '풍유'(allegory)를 의미한다. 풍유는 본문이 말하는 것 이면에 숨겨져 있는 의미를 밝히는 것이다. 따라서 아브라함의 두 여자 이야기는 역사적인 사실이지만 바울이 그 이야기를 사용하여 숨겨진 영적인 의미를 드러내려고 한다. 성경에는 이런 방식으로 의미를 드러내는 경우가 많이 있다.

바울은 "이것은 비유니"라고 말한 후에, "이 여자들은 두 언약이라"라고 말한다. 하갈과 사라는 각각 '언약'을 상징한다. 즉 여종도 언약을 상징하며 자유 있는 여자도 언약을 상징한다.

24절b: 먼저 여종이 누구를 상징하는지가 언급된다. "하나는 시내산으로부터 종을 낳은 자니 곧 하갈이라." 바울은 여종의 이름을 처음으로 밝히는데, 그녀의 이름은 하갈이다. 바울은 그녀가 "시내산으로부터 종을 낳은 자"라고 말한다.

"시내산으로부터"라는 표현은 하갈이 이스마엘을 낳은 장소가 아니라 하갈의 출신지를 가리킨다. 왜냐하면 하갈은 아라비아의 시내 반도 근처에서 태어났으며, 그녀가 이스마엘을 낳은 곳은 분명히 가나안 땅이기 때문이다(참고. 창 16:1-3). 따라서 이 구절을 '하갈이 시내산 출신인데 이후에 종을 낳았다'라고 이해할 수 있다.

당시에 아들은 태어나면서부터 어머니의 신분을 따랐다. 그리하여 여종 하갈의 아들 이스마엘은 종이 되었고, 자유 있는 여자 사라의 아들 이삭은 자유자가 되었다. 그런데 바울은 하갈과 이스마엘, 그리고 사라와 이삭을 풍유적으로 해석한다. 그는 하갈과 이스마엘을 종으로 해석하고 사라와 이삭을 자유자로 해석한다.

실제로 모든 사람은 종이거나 자유자이거나 둘 중 하나인데, 비신자는 종이며 신자는 자유자이다. 하지만 갈라디아 교인들은 신자들로서 자유자임에도 불구하고 자신들을 종이라고 생각하였다. 그러므로 그들은 어리석었다(참고. 3:1).

25절a: 바울은 하갈에 대하여 좀 더 구체적으로 설명한다. 그는 "하갈은 아라비아에 있는 시내산"이라고 말한다. 바울이 왜 이렇게 말하고 있는지 이해하기가 쉽지 않다. 아마도 앞에서 말했듯이, 하갈이 아라비아에 있는 시내 반도 근처에서 태어났는데, 바울이 이러한 역사적인 사실을 사용하여 영적인 의미를 전달하려는 것으로 추정된다.

그는 하갈의 모습이 율법이 주어졌던 아라비아의 시내산을 나타낸다고 보았다.[130] 즉 하갈이 여종으로서 이스마엘을 낳았는데 그가 종이 되었듯이 시내산에서 주어진 율법은 사람들을 율법의 종이 되게 했다는 것이다.

25절b: 하갈의 모습을 반영한 시내산은 "지금 있는 예루살렘과 같은 곳"이다. "지금 있는 예루살렘"은 율법의 중심지이다. 그곳은 바리새인들과 사두개인들을 비롯한 율법학자들이 율법을 논하고 가르치는 곳이었다. 그들은 유대인들뿐만 아니라 이방인들에게도 율법을 지켜야 한다고 강요하였다. 그리고 그들로 말미암아 많은 사람들이 율법 아래에 있게 되었다.

그래서 바울은 "그가 그 자녀들과 더불어 종노릇 하고"라고 말한다. 그는 율법의 진정한 의미를 파악하지 못한 자들이 율법을 오해하여 그 율법에 종속된 것을 지적한다. 그들은 율법을 통하여 자신들이 죄인임을 깨닫고 하나님의 구원자를 갈구했어야 했는데 그렇게 하지 않았다.

26절: 바울은 하갈에 대한 설명을 마친 후에 사라에 대하여 설명한다.

---

130) Matthew Poole, 116.

그런데 그는 하갈의 경우와 달리 사라의 경우에는 그녀의 이름을 밝히지 않고 그녀가 어떠한 의미를 가지는지에 대해서만 말한다. 이것은 사라의 이름이나 실체보다 그녀가 상징하는 것이 중요하기 때문이다.

그는 사라에 대하여 "위에 있는 예루살렘은 자유자니"라고 말한다. 하갈은 "지금 있는 예루살렘", 즉 '땅에 있는 예루살렘'인데 반하여, 사라는 "위에 있는 예루살렘", 즉 '하늘에 있는 예루살렘'이다.[131] 따라서 바울은 율법을 육적인 것이며 땅에 속한 것으로 보지만 복음을 영적인 것이며 하늘에 속한 것으로 본다. 이렇게 하늘에 속한 복음은 사람들을 자유자(아들)가 되게 한다.

26절b: "위에 있는 예루살렘"은 "우리 어머니"이다. 여기서 "어머니"는 '교회'를 의미한다. 교회는 "하늘의 예루살렘"이며(히 12:23) "하늘에 기록된 장자들의 모임"이다(참고. 히 12:22).[132] 그러므로 이 말은 하나님께서 그리스도를 하늘로부터 보내셨고 그리스도께서 복음을 전하시고 교회를 세우심으로 신자들이 교회 안에서 복음으로 양육받는 것을 가리킨다.

교회는 복음을 통하여 사람들에게 그리스도께서 자유하게 하신 사실을 알려주며 사람들은 그 사실을 믿음으로 자유자가 된다. 교회 밖에는 결코 구원이 없다. 신자들은 교회를 떠나서 성장할 수 없다. 모든 신자들은 영적 어머니인 교회의 양육을 받아야 한다.

27절: "기록된 바"(게그랍타이, it is written)라는 표현은 구약인용을 가리키는데(참고. 22절), 여기서 바울은 자신의 주장을 입증하기 위하여 이사야 54장 1절을 인용한다.

이사야는 자녀를 잉태하지 못하며 출산하지 못한 아내와 남편이 없이

---

131) 참고. E. Burton, 263.

132) Matthew Poole, 117.

홀로 된 여인이 슬퍼하지 말아야 하는데, 이는 여호와께서 그녀의 남편이 되어 주심으로("너를 지으신 이가 네 남편이시라 그의 이름은 만군의 여호와이시며", 사 54:5) 그녀가 많은 자녀들을 낳을 것이기 때문이라고 말하였다. 이것은 아이를 낳을 수 없었던 사라가 하나님의 초자연적인 역사로 말미암아 많은 자녀를 낳을 수 있게 되었던 사실로서 이미 예증되었다.

　이제 교회는 많은 자녀들을 출산할 것이다. 하나님은 초자연적으로 역사하셔서 교회가 신자들을 낳게 하실 것이다. 참으로 복음으로 말미암아 유대인과 이방인을 구분하지 않는 우주적인 교회가 설립되어서 많은 신자들을 출산할 것이다.

28-31절 | 적용

28 형제들아 너희는 이삭과 같이 약속의 자녀라 29 그러나 그 때에 육체를 따라 난 자가 성령을 따라 난 자를 박해한 것 같이 이제도 그러하도다 30 그러나 성경이 무엇을 말하느냐 여종과 그 아들을 내쫓으라 여종의 아들이 자유 있는 여자의 아들과 더불어 유업을 얻지 못하리라 하였느니라 31 그런즉 형제들아 우리는 여종의 자녀가 아니요 자유 있는 여자의 자녀니라

　28절: 바울은 위의 알레고리를 갈라디아 교인들에게 적용한다. 그는 "형제들아 너희는 이삭과 같이 약속의 자녀라"라고 말한다. 신자들은 이스마엘과 같지 않고 이삭과 같다. 이스마엘은 육체를 따라 자연적으로 태어났다. 반면에 이삭은 하나님의 능력으로 말미암아 초자연적인 방식으로 태어났다. 왜냐하면 이삭의 부모인 아브라함과 사라는 나이가 너무 많아서 자연적인 방식으로 아이를 낳을 수 없었기 때문이다.

　특히 이삭의 출생은 하나님의 약속의 성취를 뜻하였다. 하나님은 이삭을 통하여 아브라함의 자손이 많아질 것이라고 하셨다. 마찬가지로 갈라디아 교인들은 하나님의 약속으로 말미암아 초자연적인 역사로 하나님의 자녀들이 되었다.

아브라함의 진정한 자손은 누구인가? 자연적인 방식으로 태어난 혈통적인 유대인들인가? 아니면 초자연적인 방식으로 태어난 믿는 모든 신자들인가? 비록 유대인들은 자신들이 아브라함의 자손들이라고 주장하였지만 바울은 모든 신자들이 아브라함의 자손이라고 주장한다. 그러므로 유대인들에게는 자랑할 것이 없다. 하나님께서는 초자연적인 방식으로 이방인들을 아브라함의 자손이 되게 하셨다.

신자들은 하나님의 약속으로 말미암아 하나님의 아들이 되었다. 즉 신자들은 약속의 자녀이다(참고. 3:9, 22, 29). 그들은 하나님의 아들의 명분을 얻었으며 하나님의 유업을 받기로 약속되어 있다. 그러므로 그들은 다시 종노릇하지 말아야 한다.

29절: "그 때에 육체를 따라 난 자가 성령을 따라 난 자를 박해한 것 같이"라는 표현에서 "육체를 따라 난 자"는 이스마엘이며, "성령을 따라 난 자"는 이삭이다. 이스마엘을 가리켜 "육체를 따라 난 자"라고 한 것은 이미 23절에서 설명되었다. 그런데 이삭을 가리켜 "성령을 따라 난 자"라고 한 것은 여기에 처음 언급되었다. 이것은 하나님의 초자연적인 능력이란 바로 성령의 능력임을 뜻한다.

바울은 3장 1-5절에서 갈라디아 교인들이 성령을 받았으며 성령으로 시작하였다고 말하였다. 따라서 그는 성령이라는 개념을 가지고 이삭과 갈라디아 교인들을 연결한다. 이삭이 성령으로 태어났다는 것은 그가 갈라디아 교인들을 상징한다는 점을 보여준다.

육체를 따라 태어난 이스마엘은 약속으로 말미암아 태어난 이삭을 박해하고 괴롭혔다(참고. 창 21:9). 특히 하갈은 임신한 이후에 자신의 여주인인

사라를 멸시하였다(참고. 창 16:4). 육체를 따라 난 자는 성령을 따라 난 자를
멸시 싫어한다. "이제도 그러하도다"라는 말은 지금도 그러한 일이 일어
나고 있다는 뜻이다.

　지금 아브라함의 육적인 자손들인 유대인들(유대주의자들)은 아브라함의
영적인 자손들인 그리스도인들(갈라디아 교인들)을 박해하고 있다. 그리고 역
사적으로 거짓된 가르침을 따르는 거짓 신자들은 참된 가르침을 따르는
참된 신자들을 박해하였다.

　30절: 사라는 이스마엘이 이삭을 괴롭히는 것을 보고 참을 수 없어서 아
브라함에게 가서 "여종과 그 아들을 내쫓으라 여종의 아들이 자유 있는 여
자의 아들과 더불어 유업을 얻지 못하리라"라고 말하였다(참고. 창 21:10, 12).
이 이야기를 통하여 바울이 말하는 것은 갈라디아 교회 안에 들어온 유대
주의자들과 그들의 가르침을 물리쳐야 한다는 사실이다.

　거짓된 가르침을 전하는 자들을 그냥 두어서는 안 된다. 율법이 그리스
도를 통하여 성취되었기에 율법은 그리스도의 관점으로 해석해야 하는
데, 그들은 그리스도를 제외하고 율법을 봄으로써 사람들을 잘못된 길로
인도하였다. 교회는 이런 자들을 내쫓아서 복음이 왜곡되지 않게 하여야
한다.

　31절: 바울은 논의의 결론을 맺는다. 그는 신자들이 어떠한 신분을 가지
고 있는지를 말한다. "그런즉 형제들아 우리는 여종의 자녀가 아니요 자유
있는 여자의 자녀니라." 신자들은 여종의 자녀(종)가 아니라, 자유 있는 여
자의 자녀(아들)이다. 따라서 신자들은 종이 아니기 때문에 다시 종노릇하
지 말아야 한다. 그들은 하나님의 아들로서 당당하고 자유롭게 살아가야
한다.

　지금 갈라디아 교인들은 유대주의자들에게 속아서 율법 아래 종노릇하

고 있다. 하지만 그들은 율법 규정을 지킴으로 의롭게 되는 것이 아니라는 점을 알아야 한다. 참으로 그들에게는 율법을 지킬 의무가 없다. 그들은 성령으로 시작하였다가 육체로 마치지 말아야 한다(참고. 3:3).

갈라디아서 5장

1 그리스도께서 우리를 자유롭게 하려고 자유를 주셨으니 그러므로 굳건하게 서서 다시는 종의 멍에를 메지 말라 2 보라 나 바울은 너희에게 말하노니 너희가 만일 할례를 받으면 그리스도께서 너희에게 아무 유익이 없으리라 3 내가 할례를 받는 각 사람에게 다시 증언하노니 그는 율법 전체를 행할 의무를 가진 자라 4 율법 안에서 의롭다 함을 얻으려 하는 너희는 그리스도에게서 끊어지고 은혜에서 떨어진 자로다 5 우리가 성령으로 믿음을 따라 의의 소망을 기다리노니 6 그리스도 예수 안에서는 할례나 무할례나 효력이 없으되 사랑으로써 역사하는 믿음뿐이니라

7 너희가 달음질을 잘 하더니 누가 너희를 막아 진리를 순종하지 못하게 하더냐 8 그 권면은 너희를 부르신 이에게서 난 것이 아니니라 9 적은 누룩이 온 덩이에 퍼지느니라 10 나는 너희가 아무 다른 마음을 품지 아니할 줄을 주 안에서 확신하노라 그러나 너희를 요동하게 하는 자는 누구든지 심판을 받으리라 11 형제들아 내가 지금까지 할례를 전한다면 어찌하여 지금까지 박해를 받으리요 그리하였으면 십자가의 걸림돌이 제거되었으리니 12 너희를 어지럽게 하는 자들은 스스로 베어 버리기를 원하노라

13 형제들아 너희가 자유를 위하여 부르심을 입었으나 그러나 그 자유로 육체의 기회를 삼지 말고 오직 사랑으로 서로 종 노릇 하라 14 온 율법은 네 이웃 사랑하기를 네 자신 같이 하라 하신 한 말씀에서 이루어졌나니 15 만일 서로 물고 먹으면 피차 멸망할까 조심하라

16 내가 이르노니 너희는 성령을 따라 행하라 그리하면 육체의 욕심을 이루지 아니하리라 17 육체의 소욕은 성령을 거스르고 성령은 육체를 거스르나니 이 둘이 서로 대적함으로 너희가 원하는 것을 하지 못하게 하려 함이니라 18 너희가 만일 성령의 인도하시는 바가 되면 율법 아래에 있지 아니하리라 19 육체의 일은 분명하니 곧 음행과 더러운 것과 호색과 20 우상 숭배와 주술과 원수 맺는 것과 분쟁과 시기와 분냄과 당 짓는 것과 분열함과 이단과 21 투기와 술 취함과 방탕함과 또 그와 같은 것들이라 전에 너희에게 경계한 것 같이 경계하노니 이런 일을 하는 자들은 하나님의 나라를 유업으로 받지 못할 것이요 22 오직 성령의 열매는 사랑과 희락과 화평과 오래 참음과 자비와 양선과 충성과 23 온유와 절제니 이같은 것을 금지할 법이 없느니라 24 그리스도 예수의 사람들은 육체와 함께 그 정욕과 탐심을 십자가에 못 박았느니라 25 만일 우리가 성령으로 살면 또한 성령으로 행할지니 26 헛된 영광을 구하여 서로 노엽게 하거나 서로 투기하지 말지니라

| 갈라디아서 주해 |

제5장

5:1-6 그리스도 안에서의 자유

¹ 그리스도께서 우리를 자유롭게 하려고 자유를 주셨으니 그러므로 굳건하
게 서서 다시는 종의 멍에를 메지 말라 ² 보라 나 바울은 너희에게 말하노니
너희가 만일 할례를 받으면 그리스도께서 너희에게 아무 유익이 없으리라
³ 내가 할례를 받는 각 사람에게 다시 증언하노니 그는 율법 전체를 행할 의
무를 가진 자라 ⁴ 율법 안에서 의롭다 함을 얻으려 하는 너희는 그리스도에
게서 끊어지고 은혜에서 떨어진 자로다 ⁵ 우리가 성령으로 믿음을 따라 의
의 소망을 기다리노니 ⁶ 그리스도 예수 안에서는 할례나 무할례나 효력이
없으되 사랑으로써 역사하는 믿음뿐이니라

바울은 갈라디아 교인들에게 그리스도를 통하여 얻은 자유를 굳건하게
지키라고 말한다. 그는 거짓 신자들(율법 아래 있는 자들)과 참 신자들(성령을 받
은 자들)을 구분하는데, 거짓 신자들을 향해서는 만일 그들이 율법 안에서
의롭다 함을 얻으려 한다면 그리스도에게서 끊어지고 은혜에서 떨어질 것
이라고 경고하며, 참 신자들을 향해서는 성령으로 믿음을 따라 의의 소망
을 기다리라고 당부한다.

1절 | 신자들은 자유를 얻었음

¹ 그리스도께서 우리를 자유롭게 하려고 자유를 주셨으니 그러므로 굳건하

게 서서 다시는 종의 멍에를 메지 말라

1절: 이 구절은 바울이 갈라디아서 전체를 통하여 갈라디아 교인들에게 하려는 말을 매우 정확하게 요약해 준다. 그는 4장에서 줄곧 갈라디아 교인들에게 '종노릇하지 말라'고 권면하였다.

갈라디아 교인들은 이방 종교를 믿으면서 이방 신들에게 종노릇하다가 복음을 듣고 예수 그리스도를 믿어 그러한 상태로부터 벗어났지만 곧 유대주의자들의 속임수에 넘어가서 다시 율법의 종이 되었다. 이에 바울은 신학적인 논리, 구약 이야기가 주는 교훈, 그리고 자신과 그들 사이의 개인적인 관계 등에 의지하여 다시는 '종노릇하지 말라'고 간곡하게 호소하였다.

바울은 "그리스도께서 우리를 자유롭게 하려고 자유를 주셨으니"라고 말한 후, "그러므로 굳건하게 서서 다시는 종의 멍에를 메지 말라"라고 당부한다. 이 언급을 통하여 바울은 세 가지 교훈을 전달한다.

첫째 교훈은, '그리스도께서' 자유를 주셨다는 사실이다. 우리의 자유의 근거 혹은 원천은 '그리스도'이다. 우리가 누리는 자유는 아무런 대가 지불도 없이 주어진 것이 아니다. 그리스도께서 친히 십자가에 달려 돌아가심으로 우리를 대신하여 저주를 받으셨기 때문에 우리가 저주에서 풀려나 자유롭게 된 것이다. 그러므로 우리의 자유는 대단히 값지다.

둘째 교훈은, "종의 멍에"(쥐고스 둘레이아, a yoke of slavery)라는 비유적인 표현이 주는 충격이다. 바울은 종노릇하는 자들의 끔찍한 상태를 묘사하기 위하여 짐승을 옭아매는 도구인 '멍에'를 소재로 하여 말한다(참고. 행

15:10). 율법에 종노릇하는 자들은 그러한 비참한 처지에 놓여있다.[133]

셋째 교훈은, "굳건하게 서서"에서 발견되는데, 이것은 유대주의자들의 거짓된 가르침에 속아 넘어가지 말라는 뜻이다. 그들은 바른 복음을 따라야 한다. 그들은 성령으로 시작하였으니 성령으로 살아가야 하며 결코 육체로 마치지 말아야 한다(참고. 3:3).

그렇다면 하나님께서는 무엇으로부터 우리를 자유롭게 하셨는가? 하나님께서는 우리를 율법의 의식들과 규례들로부터 자유롭게 하셨다. 그러나 도덕적인 규정들에 대한 순종으로부터 자유롭게 하시지는 않았다.[134]

우리는 할례와 같은 의식들, 그리고 절기와 같은 규례들로부터 자유롭게 되었기 때문에 그러한 것들을 더 이상 지킬 필요가 없지만, 도덕적인 규정들과 지침들(예. 십계명)은 반드시 지킴으로 신자의 윤리적인 책무를 다해야 한다. 우리는 육체의 일(육체의 욕심, 육체의 소욕)을 죽이고 성령의 열매를 맺도록 성령을 따라 행하여야 한다(참고. 5:16-26).

2-4절 | 율법 안에 있는 자들

2 보라 나 바울은 너희에게 말하노니 너희가 만일 할례를 받으면 그리스도께서 너희에게 아무 유익이 없으리라 3 내가 할례를 받는 각 사람에게 다시 증언하노니 그는 율법 전체를 행할 의무를 가진 자라 4 율법 안에서 의롭다 함을 얻으려 하는 너희는 그리스도에게서 끊어지고 은혜에서 떨어진 자로다

133) 사도행전 15:10에는 율법 규정들에 대하여 "우리와 우리 조상도 능히 메지 못하던 멍에"라는 표현이 있다.
134) ESV Study Bible.

2절a: 2-4절의 대명사는 "너희"로서 거짓 신자들이다. 이들은 5-6절에
나오는 참 신자들인 "우리"와 대조를 이룬다. "보라 나 바울은 너희에게
말하노니"라는 언급에서 그의 주장의 엄중성과 사도적 권위가 드러난다.
이것은 3절의 "내가 … 다시 증언하노니"라는 표현에서도 마찬가지이다.

갈라디아서에서 바울은 종종 강조를 위하여 "나"(에고)라는 표현을 사용
하는데(참고. 1:12; 2:19-20; 4:12; 5:10-11, 16-17), 때로는 자신이 말하는 것에 사도
적 무게를 더하기 위하여 "나 바울"(에고 파울로스)이라는 표현을 사용하기
도 한다(참고. 고후 10:1; 엡 3:1; 골 1:23; 살전 2:18).[135]

2절b: 바울은 "너희가 만일 할례를 받으면 그리스도께서 너희에게 아무
유익이 없으리라"라고 말한다. 여기서 "아무 유익이 없으리라"(우덴 오펠레
세이)는 말은 미래 시제인데, 장차 틀림없이 일어날 것임을 강조한다.

갈라디아 교회에 들어온 거짓 선생들은 구원을 받기 위하여 할례를 받
아야 한다고 주장하였다. 그들의 이러한 주장은 그리스도의 십자가 사역
이 구원을 위한 충분하고 완전한 조건이 되지 않는다는 사실을 내포한다.
즉 자신의 힘으로 구원에 이르겠다는 뜻이 담겨 있다. 그러므로 이들에게
는 그리스도의 공로가 아무런 유익이 없게 된다.

그런데 사도행전 16장 3절에는 바울이 자신의 제자인 디모데에게 할례
를 행하였다는 언급이 있다. 할례를 그토록 반대하던 바울이 디모데에게
할례를 행한 이유는 무엇인가? 그것은 사역의 효율성 때문이었다. 즉 디모
데가 할례를 받지 않으면 유대인들로부터 상당한 오해를 받을 수 있고 심
지어 방해와 박해를 받을 수도 있었기 때문에 그런 어려움을 미연에 방지
하기 위하여 할례를 행한 것이다.

---

135) R. N. Longenecker, 523.

사실 바울은 할례 의식 자체에 의미를 두지 않았다. 그는 "할례나 무할례나 효력이 없으되"라고 말하였다(6절). 그에게 있어서 할례는 행하여도 그만이고 행하지 않아도 문제가 없었다. 중요한 것은 사람이 의롭게 되는 수단이 오직 그리스도의 구속 사역이라는 사실이었다. 즉 할례가 가지는 교리적 함축이었다. 참으로 할례가 구원의 수단이라고 여겨지지 않는 경우에는 할례를 행하여도 전혀 문제될 것이 없었다.

3절a: 헬라어 본문에는 "내가 … 다시 증언하노니"(마르튀로마이 데 팔린)라는 말이 제일 앞에 위치해 있다(참고. 2절).[136) 바울은 지금 자신이 하려는 말이 중요하다는 사실을 강조하려고 이 표현을 일부러 문장의 제일 앞에 두었다.

여기서 그가 "다시" 말하려고 하는 것은 3장 10절에 있는 "무릇 율법 행위에 속한 자들은 저주 아래에 있나니 기록된 바 누구든지 율법 책에 기록된 대로 모든 일을 항상 행하지 아니하는 자는 저주 아래에 있는 자라 하였음이라"이다. 이제 그는 율법을 행하여야 의롭게 된다고 믿는다면 율법 전체를 행하여야 의롭게 된다는 사실을 말하려고 한다.

3절b: 바울은 "할례를 받는 각 사람에게" 증언한다. 이 사람들은 할례로 대표되는 율법 규정들을 지킴으로 의롭게 될 수 있다고 믿는 자들이다. 즉 유대주의자들과 그들의 가르침에 미혹된 갈라디아 교인들이다. 그들은 "율법 전체를 행할 의무를 가진 자"이다.

할례를 받음으로 의롭게 되려는 자들은 율법 전체를 다 지켜야 된다. 그런데 이 세상의 어느 누구도 율법의 모든 규정을 다 지킬 수는 없다. 따라

---

136) 3절의 헬라어 본문은 다음과 같다. "μαρτύρομαι δὲ πάλιν παντὶ ἀνθρώπῳ περιτεμνομένῳ ὅτι ὀφειλέτης ἐστὶν ὅλον τὸν νόμον ποιῆσαι" 여기에서 보는 것처럼 "증언하노니"(마르튀로마이)가 먼저 나오고 "다시"(팔린)가 이어서 나온다.

서 할례를 받음으로 의롭게 되는 것은 불가능하다. 특히 바울은 "네가 율법을 행하면 할례가 유익하나 만일 율법을 범하면 네 할례는 무할례가 되느니라"라고 말했는데(롬 2:25), 이것은 율법 하나를 범하면 결국 율법 전체를 범한 것이 된다는 뜻이다.[137]

4절: "율법 안에서 의롭다 함을 얻으려 하는 너희는"이라는 표현은 유대주의자들과 갈라디아 교인들의 실상을 잘 보여준다. 그들은 율법만을 중시하였으며 정작 율법의 실체이신 그리스도의 구속 사역을 부인하였고 그분의 죽음에 아무런 의의를 두지 않았다. 그리하여 그들은 "그리스도에게서 끊어지고 은혜에서 떨어진 자"가 되었다. "끊어지고"(카타르게오)라는 말은 '무효화되는 것' 혹은 '파기되는 것'을 뜻한다(참고. 롬 3:3; 4:14). 그리고 "은혜에서 떨어진 자"라는 표현은 하나님의 구원하시는 은혜가 없어서 철저한 멸망과 저주에 빠진 자를 가리킨다.

그러므로 "그리스도에게서 끊어지고 은혜에서 떨어진 자"란 자신들의 힘으로 구원을 받을 수 있다고 믿었기 때문에 복음 안에서 드러난 하나님의 값없는 은혜와 그분의 한없는 사랑에서 멀어진 자를 가리킨다.[138] 그러나 여기서 바울이 구원을 받은 자가 구원을 잃어버릴 수도 있다는 가능성을 말하는 것은 아니다. 그는 단지 율법 안에서 의롭다 함을 얻으려 하는 자는 사실상 그리스도와 관계가 없으며 그리스도의 은혜를 얻지 못한 것이 분명하다는 사실을 말하는 것이다.[139] 갈라디아서 전반에서 바울은 상당히 강한 표현들을 사용하여 경고하는데 여기서도 그러하다.

---

137) 참고. R. N. Longenecker, 523-27.

138) E. Burton, 276-77을 보라.

139) ESV Study Bible.

한편, 그리스도는 율법을 부정하거나 무시하지 않으셨다. 오히려 그리스도는 율법을 완성하셨다. 그래서 바울은 "그리스도는 모든 믿는 자에게 의를 이루기 위하여 율법의 마침이 되시니라"라고 말하였다(롬 10:4). 율법은 선하며 완전하기 때문에 율법에는 아무런 문제가 없다. 오히려 율법을 잘못 해석한 사람들에게 문제가 있다.

율법은 그리스도를 내다보며 그리스도는 율법의 마침이 되셨다. 따라서 율법과 그리스도의 관계는 모형과 실체이다. 그렇다면 다시 율법으로 돌아가는 것은 그리스도를 무시하는 것이 된다. 즉 사람이 율법을 행함으로 말미암아 의로워진다고 믿는 것은 그리스도가 우리의 구속을 위하여 이루신 일을 부정하는 것이 된다.

5-6절 | 성령을 받은 자들

⁵ 우리가 성령으로 믿음을 따라 의의 소망을 기다리노니 ⁶ 그리스도 예수 안에서는 할례나 무할례나 효력이 없으되 사랑으로써 역사하는 믿음뿐이니라

5절: 바울은 "우리가 성령으로 믿음을 따라 의의 소망을 기다리노니"라고 말한다. 이렇게 5-6절에서는 대명사가 "우리"로 바뀐다. "우리"란 그리스도의 공로를 믿고 그분을 구주로 받아들임으로 의롭게 된 그리스도인들을 가리킨다. 이것은 2-4절에 나오는 "너희"와 대조되는데, 2-4절에서 "너희"란 할례를 받음으로 의롭게 된다고 생각하는 자들을 가리킨다.

"성령으로"(프뉴마티)라는 말은 '성령의 사역과 능력으로'라는 뜻이다. "믿음을 따라"(에크 피스테오스)라는 말은 '믿음으로 말미암아'라는 뜻이다. "의의 소망을 기다리노니"라는 말은 '완전한 의로움을 사모하며 기다리는 것'을 의미한다. 따라서 이것은 그리스도인의 삶에 대한 요약이다.

성령께서는 믿음의 근원이 되신다. 믿음은 사람이 스스로 만들어낼 수 있는 것이 아니다. 사람의 의지와 노력으로 믿음을 생성해낼 수 없다. 믿음은 성령께서 주입해 주시는 것이다. 즉 믿음은 성령 하나님의 선물이다. 신자는 성령을 받은 사람이다(참고. 3:1-5). 신자 안에 성령께서 들어오셔서 믿음을 부여해 주심으로 신자는 믿게 되었다. 그런데 신자의 생애 가운데 성령님은 지속적으로 역사하셔서 더욱 강한 믿음을 주신다. 그리고 신자는 성령을 받으면서 동시에 의롭게 되었는데, 성령으로 말미암아 믿음이 강화되면서 점점 의로운 사람이 되어간다.

하지만 신자의 의로움은 이 세상에서 완전히 이루어지지 않는다. 그래서 신자는 "의의 소망"을 기다린다. 이러한 기다림은 믿음에 근거하는데, 믿음이 없으면 의에 대한 기다림도 없다. 그런데 "기다리노니"에 해당하는 헬라어 단어 *아페크데코메따*는 신약성경에서 예수 그리스도의 재림을 기다리는 것과 관련하여 일곱 번 사용되었다(참고. 롬 8:19, 23, 25; 고전 1:7; 갈 5:5; 빌 3:20; 히 9:28). 그러므로 이 말은 예수 그리스도께서 다시 오시면 비로소 의가 완전히 이루어진다는 뜻이다.

결국 유대주의자들은 이땅에서 행위로 완전히 의로워질 수 있다고 믿었으나 바울은 신자의 의로움이란 예수 그리스도의 재림과 함께 완성될 것이라고 말한다.

6절a: 바울은 "그리스도 예수 안에서는 할례나 무할례나 효력이 없으되"라고 말한다. "그리스도 예수 안에서는"이라는 표현은 그리스도 예수의 오심으로 말미암아 시작된 새로운 시대를 가리킨다. 그리고 이것은 신자들이 그리스도 예수로 말미암아 새롭게 된 것을 의미한다.

"할례나 무할례나"라는 표현은 '할례를 받는 것이나 할례를 받지 않는 것이나'라는 뜻이다. 혹은 이것은 '할례를 받은 유대인이나 할례를 받지 않은 이방인이나'라는 의미이다. 그리스도 예수 안에서는 의식 준수의 의무가 전혀 없으며 어떠한 인종적인 차별도 없다. 우리에게 필요한 것은 오직 '그리스도 예수 안에 있는 것'이다.

6절b: 그렇다면 우리가 그리스도 예수 안에 있다는 말은 무슨 뜻인가? 이에 대한 답변은 바울이 "사랑으로써 역사하는 믿음뿐이니라"라고 한 곳에서 찾을 수 있다. 바울은 이미 5절에서 "믿음을 따라"라고 말하였다. 분명히 성령께서 역사하심으로 믿음이 발생한다. 그런데 이 부분의 헬라어 본문을 직역하면 '사랑을 통하여 역사하는 믿음'(피스티스 디 아가페스 에네르구메네)이 된다.[140] 이것은 '사랑의 삶을 통하여 믿음이 드러난다'는 뜻이다.

믿음이란 가만히 있으면서 아무 것도 하지 않는 것이 아니다. 오히려 믿음은 열심히 그리고 뜨겁게 사랑하는 것이다. 적극적이고 능동적으로 하나님을 사랑하고 이웃을 사랑하는 것이 참된 믿음이다.[141]

5:7-12 거짓 선생들을 물리침

7 너희가 달음질을 잘 하더니 누가 너희를 막아 진리를 순종하지 못하게 하더냐 8 그 권면은 너희를 부르신 이에게서 난 것이 아니니라 9 적은 누룩이 온 덩이에 퍼지느니라 10 나는 너희가 아무 다른 마음을 품지 아니할 줄을 주 안에서 확신하노라 그러나 너희를 요동하게 하는 자는 누구든지 심판을 받으리라 11 형제들아 내가 지금까지 할례를 전한다면 어찌하여 지금까지

---

140) 6절b의 헬라어 본문은 다음과 같다. "ἀλλὰ πίστις δι᾽ ἀγάπης ἐνεργουμένη"
141) E. Burton은 믿음과 사랑의 관계를 다음과 같이 말한다. "Faith in christ generates love, and through it becomes effective in conduct." E. Burton, 280.

박해를 받으리요 그리하였으면 십자가의 걸림돌이 제거되었으리니 ¹² 너희
를 어지럽게 하는 자들은 스스로 베어 버리기를 원하노라

앞 단락으로 바울은 신학적인 논의를 모두 마쳤다. 그는 '다른 복음' 의
문제점을 지적하면서 '바른 복음' 에 대하여 말하였다. 이 단락에서 그는
잘못된 가르침을 전한 '거짓 선생들 자체' 에게로 방향을 돌린다. 그는 거
짓 선생들이 하나님의 심판을 받을 것이라고 강경한 어조로 말한다.

사실 거짓 선생들을 향한 책망은 이 서신의 서두에서 신학적 논의가 시
작되기 전에 이미 나왔던 것인데(참고. 1:8-9), 이제 신학적 논의가 끝나고 여
기에 다시 나온다. 신자들은 잘못된 가르침을 배격해야 할 뿐만 아니라 잘
못된 가르침을 전하는 사람들을 물리쳐야 한다.

7-10절 | 적은 누룩을 조심하라

⁷ 너희가 달음질을 잘 하더니 누가 너희를 막아 진리를 순종하지 못하게 하
더냐 ⁸ 그 권면은 너희를 부르신 이에게서 난 것이 아니니라 ⁹ 적은 누룩이
온 덩이에 퍼지느니라 ¹⁰ 나는 너희가 아무 다른 마음을 품지 아니할 줄을
주 안에서 확신하노라 그러나 너희를 요동하게 하는 자는 누구든지 심판을
받으리라

7절: 바울은 갈라디아 교인들의 신앙생활을 "달음질" 에 비유한다. 이러
한 달음질 비유는 바울이 그의 다른 서신들에서도 자주 사용한 것인데(참
고. 2:2; 고전 9:24-27; 빌 3:14; 딤후 4:7; 행 20:24), 이렇게 삶을 운동 경기에 비유하
는 것은 고대 세계에서 흔한 일이었다.[142]

그는 그리스도인들의 신앙생활을 증진시키기 위하여 "운동장에서 달음
질하는 자들이 다 달릴지라도 오직 상을 받는 사람은 한 사람인 줄을 너희

---

142) R. N. Longenecker, 530.

가 알지 못하느냐 너희도 상을 받도록 이와 같이 달음질하라"라고 말하였으며(고전 9:24), 자신의 삶을 회고하면서 "나는 선한 싸움을 싸우고 나의 달려갈 길을 마치고 믿음을 지켰으니"라고 말하였다(딤후 4:7).

바울이 달음질 비유로 말하고자 하는 것은 신자들이 도중에 멈추지 말고 계속해서 나아가야 한다는 것과 오로지 앞으로만 나아가야 한다는 것이다.

바울은 갈라디아 교인들에 대하여 "너희가 달음질을 잘 하더니"라고 말함으로 그들이 지금까지 잘 해오고 있었다고 칭찬한다. 그들은 바울로부터 복음을 들은 후에 신실하게 지내고 있었다. 그들은 꾸준히 믿음을 지켰다. 그러나 그들에게 찾아온 거짓 선생들은 그들이 더 이상 바른 믿음을 가지지 못하게 하였다. 그리하여 바울은 "누가 너희를 막아 진리를 순종하지 못하게 하더냐?"라고 묻는다.

거짓 선생들은 신자들이 "진리를 순종하지 못하게" 하였다. 그러므로 바울이 거짓 선생들과 싸우는 것은 진리를 지키기 위한 싸움이었다. 바울은 "복음의 진리가" 항상 그들 가운데 있게 하려고 지금까지 싸워왔다(참고. 2:5).

8절: "그 권면은 너희를 부르신 이에게서 난 것이 아니니라"라는 말에서 "그 권면"은 거짓 선생들이 가르친 교훈을 뜻하며, "너희를 부르신 이"란 하나님을 가리킨다(참고. 1:6). 그러므로 이 말은 갈라디아 교인들이 받아들인 가르침이 거짓 선생들에게서 나온 것이며 하나님에게서 나온 것이 아니라는 뜻이다.

안타깝게도 갈라디아 교인들은 '바른 복음'(참된 가르침)과 '다른 복음'(거짓된 가르침)을 분간하지 못했다. 그들은 '다른 복음'을 하나님에게서 유래한 것이라고 생각하였다. 하지만 바울은 그것이 하나님에게서 유래한 것이 아니라고 분명히 말한다. 그러므로 그들은 하나님에게서 유래한 것이 아닌 거짓 선생들의 가르침을 과감하게 버려야 한다.

여기서 바울은 "너희를 부르신 이"(호 칼룬 휘마스)라는 표현을 사용한다. 이 표현은 1장 6절에 이미 나왔는데, 그들을 '부르신 이' 란 바로 하나님이시다.[143] 바울은 1장 6절에서 "부르신" 에 해당하는 동사를 부정과거(aorist) 능동태 분사 형태로 표기하여 하나님이 '과거에' 그들을 사탄의 권세에서 불러내셨던 사실을 말하였다. 그런데 여기서는 "부르신" 에 해당하는 단어를 현재(present) 능동태 분사로 표현하여 하나님이 '지금' 그들을 불러내고 계신다는 사실을 말한다. 참으로 하나님은 우리를 과거에 불러내셨을 뿐만 아니라 지금도 계속해서 불러내고 계신다.

우리가 신자가 된 것은 하나님이 우리를 사탄과 사망의 권세에서 불러내셨기 때문이다. 결코 우리의 자의적인 선행과 공로와 노력으로 우리가 어두운 권세로부터 벗어난 것이 아니다. 오로지 하나님께서 주권적인 은혜로 우리를 선택하시고 우리를 사탄에게서 불러내시고 우리를 거룩하고 의로운 사람으로 인정해 주셨다.

그렇게 사탄의 수중에서 불러냄을 받은 우리는 계속해서 진리를 추구하며 앞으로 나아가야 한다. 우리는 더 이상 과거의 상태로 돌아가려고 하지 말아야 한다. 특히 우리는 부지런히 달려가야 하며 천천히 걸어가지 않아야 한다.

9절: "적은 누룩이 온 덩이에 퍼지느니라" 라는 말은 '적은 누룩이 반죽 전체를 부풀게 한다' (NRSV: A little yeast leavens the whole batch of dough)는 뜻이다. 이것은 당시의 속담인데, 여기서는 거짓 선생들의 심각한 영향력을 강

143) E. Burton, 282.

조하기 위하여 사용되었다. 누룩은 빠른 번식을 상징하면서도 그 특유의 냄새 때문에 좋지 않은 이미지를 가진다.

구약에서 누룩은 대체로 부정적인 의미로 사용되었는데, 특히 유월절 규정에서 그러하였다. "너희는 이레 동안 무교병을 먹을지니 그 첫날에 누룩을 너희 집에서 제하라 무릇 첫날부터 일곱째 날까지 유교병을 먹는 자는 이스라엘에서 끊어지리라"(출 12:15).

예수님도 누룩을 부정적으로 사용하여 말씀하셨다. "예수께서 경고하여 이르시되 삼가 바리새인들의 누룩과 헤롯의 누룩을 주의하라 하시니"(막 8:15). 바울 역시 누룩을 부정적인 뜻으로 말하였다. "너희는 누룩 없는 자인데 새 덩어리가 되기 위하여 묵은 누룩을 내버리라 우리의 유월절 양 곧 그리스도께서 희생되셨느니라"(고전 5:7).[144]

바울이 이처럼 누룩을 소재로 삼아 거짓 선생들의 위험성을 말하는 것은 거짓 선생들에 의하여 전파된 거짓 교리가 급속도로 퍼져서 전체 기독교 공동체에 나쁜 영향을 미칠 수 있다고 보았기 때문이다. 특히 거짓 선생들의 가르침은 "적은 누룩"이다. 따라서 그것은 별것 아닌 것처럼 비춰지며 심지어 정체를 분간하기도 쉽지 않다.

예민하지 않은 신자들은 거짓 선생들의 가르침이 나쁘다는 사실 자체를 인식하지 못하며 그것이 가져오는 치명적인 결과를 간과한다. 하지만 거짓 가르침의 규모는 순식간에 확장되며 그 결과는 대단히 고통스럽다. 따라서 교회는 거짓 선생들이 침투할 여지를 원천적으로 없애야 한다.

10절: 그러나 바울은 갈라디아 교인들에 대하여 낙관적이다. 그는 이렇게 말한다. "나는 너희가 아무 다른 마음을 품지 아니할 줄을 주 안에서 확신하노라." 그는 하나님께서 여전히 그들 가운데 계시며 그들이 진리 외에

144) E. Burton, 283.

다른 아무 마음을 품지 않도록 지키실 것이라고 확신한다. 하지만 그는 거
짓 선생들의 최후에 대해서는 비관적으로 말한다. "그러나 너희를 요동하
게 하는 자는 누구든지 심판을 받으리라." 이러한 경고는 이미 1:8-9에서
두 번이나 언급되었는데, 거기서 바울은 누구든지 다른 복음을 전하는 자
는 저주를 받을 것이라고 단호하게 말하였다.

우리는 성경을 잘못 가르치는 것이 매우 심각한 결과를 가져온다는 사
실을 명심해야 한다. 우선, 거짓 가르침은 그것을 듣는 회중들을 진리에서
멀어지게 한다. 믿음이 연약하고 분별력이 떨어지는 신자들은 쉽게 거짓
가르침에 미혹되기 때문에 교회는 언제나 성경공부와 교리교육을 강조해
야 한다.

다음으로, 거짓 가르침을 받아들이는 순간 교회는 순식간에 분열된다.
바울은 이어지는 15절에서 거짓 가르침 때문에 신자들이 서로 물고 뜯어
서 피차 멸망할 수 있음을 경고한다.

마지막으로, 거짓 교훈을 가르치는 자들은 심판을 받는다. 그들은 하나
님 앞에서 자신들의 행동과 말에 대한 책임을 져야 한다. 그러므로 교회에
서 성경을 가르치는 교사들(특히 목사들)은 항상 겸손한 태도로 자신의 교훈
이 옳은지 그렇지 않은지를 점검해야 한다.

11-12절 | 스스로 베어버리라

**11 형제들아 내가 지금까지 할례를 전한다면 어찌하여 지금까지 박해를 받
으리요 그리하였으면 십자가의 걸림돌이 제거되었으리니 12 너희를 어지럽
게 하는 자들은 스스로 베어 버리기를 원하노라**

11절a: 바울은 갈라디아 교인들을 향하여 "형제들아"라고 자애롭게 부

른다(참고. 1:11; 3:15; 4:12, 28, 31; 5:13; 6:1, 18). 그는 자신의 말을 듣고 그들이 돌아오기를 기대한다. "내가 지금까지 할례를 전한다면"이라는 표현은 '내가 아직도 할례를 전한다면'(NRSV: if I am still preaching circumcision)이라는 뜻이다.

바울은 회심하기 이전에 오랫동안 할례를 전했지만 회심한 이후에는 더 이상 할례를 전하지 않았다. 그러나 어떤 사람들은 바울이 지금도 할례를 전하고 다닌다고 소문을 냈다.[145] 아마도 바울의 이름을 사용하여 할례를 가르치는 사람들이 있었을 수도 있다. 그러나 바울은 할례를 가르치지 않았다고 말하면서 분명한 증거를 제시한다.

11절b: 바울이 할례를 전하지 않았다는 첫 번째 증거는 "내가 지금까지 할례를 전한다면 어찌하여 지금까지 박해를 받으리요"라는 말에서 발견된다.

할례를 전한다는 것은 인간들이 스스로의 힘(선행과 공로)으로 구원에 이를 수 있다고 말하는 것이다. 하지만 예수 그리스도의 십자가를 전한다는 것은 인간들 스스로의 힘으로는 도저히 구원에 이를 수 없으며 오직 예수 그리스도만이 구원의 유일한 길이 된다고 말하는 것이다. 그러므로 할례는 사람 중심이며 사람을 즐겁게 하지만, 그리스도의 십자가는 그리스도 중심이며 사람을 즐겁게 하지 않는다. 이것 때문에 바울이 할례를 말하지 않자 유대주의자들은 그를 미워하였고 심하게 박해하였다.

11절c: 바울이 할례를 전하지 않았다는 두 번째 증거는 "십자가의 걸림돌이 제거되었으리니"라는 말에서 발견된다.

"걸림돌"은 헬라어로 스칸달론이다. 고린도전서 1:23의 "우리는 십자가

---

145) 참고. Matthew Poole, 133.

에 못 박힌 그리스도를 전하니 유대인에게는 거리끼는 것이요 이방인에게
는 미련한 것이로되"에서 "거리끼는 것"이 스칸달론이다. 십자가의 걸림
돌은 인간의 교만에 심각하게 거슬린다. 그리스도의 십자가에 관한 복음
은 인간이 죄인이며 반역자이며 하나님의 진노와 정죄 아래 있으며 인간
이 결코 자신을 구원할 수 없다는 사실을 말하면서 오직 십자가에 달리신
예수 그리스도께서만 인간을 구원하실 수 있다고 선언한다.[146] 이에 유대
주의자들은 십자가의 걸림돌을 싫어하였는데, 그들은 자신들의 종교적 신
념을 그리스도의 십자가가 방해한다고 여겼다.

12절: "너희를 어지럽게 하는 자들은 스스로 베어 버리기를 원하노라"
라는 말은 대단히 강경한 표현이다. "너희를 어지럽게 하는 자들"(호이 아나
스타툰테스)이란 10절의 "너희를 요동하게 하는 자"(호 타라쏜)를 가리킨
다.[147] 이들은 거짓 선생들이다. 그들은 교회에 전혀 유익이 되지 않고 오
히려 교회를 요동하게 하며 어지럽게 한다.

바울은 이런 자들을 향하여 "스스로 베어 버리기를 원하노라"라고 말한
다. '스스로 베어 버리라'(아포콥토)는 말은 자신의 생식기를 잘라버리라는
뜻이다.[148] 이것은 소아시아 프리지아의 여신 시벨(Cybele)을 섬기는 사제
들이 종교 의식을 거행하면서 행하였던 것이다. 바울의 말에는 거짓 선생
들이 스스로 생식기를 잘라버림으로써 더 이상 이단자의 후손을 남기지
말라는 단호한 메시지가 담겨 있다.[149]

---

146) John Stott, 171.

147) E. Burton, 288.

148) 참고. R. N. Longenecker, 537.

149) 참고. C. E. DeVries, "Paul's 'Cutting' Remarks about a Race: Galatians 5:1-12," in M. C.
Tenney, (ed.), *Current Issues in Biblical and Patristic Interpretation*, Grand Rapids: Eerdmans, 1975,
115-20.

바울은 1장 8-9절에서 다른 복음을 전하는 자들에게 저주가 있을 것이라고 두 번이나 선언하였으며, 여기에서는 거짓 선생들을 향하여 스스로 거세하라고 강경하게 말한다. 이러한 바울의 말은 정당하다. 교회는 거짓 선생들을 절대로 받아들이거나 용인하지 말아야 한다. 그렇게 함으로써 교회는 복음의 본질을 유지할 수 있고 교회의 정결함을 지킬 수 있다.

그러나 바울의 저주와 나아가서 성경 여러 곳에서 발견되는 선지자들과 사도들의 경고와 책망을 우리가 그대로 따라야 하는 것은 아니다. 그들과 우리는 다르다. 그들은 하나님의 특별계시를 받아서 말하였으며 그들의 말이 곧 성경이 되었으나 우리는 그렇지 않다. 그러므로 우리에게 하나님의 특별한 말씀이 임하지 않는 한 누군가를 함부로 정죄하거나 저주하지 말아야 한다. 다만 우리는 그들이 진심으로 회개하고 돌아오기를 기도해야 한다.

5:13-15 사랑의 법

13 형제들아 너희가 자유를 위하여 부르심을 입었으나 그러나 그 자유로 육체의 기회를 삼지 말고 오직 사랑으로 서로 종 노릇 하라 14 온 율법은 네 이웃 사랑하기를 네 자신 같이 하라 하신 한 말씀에서 이루어졌나니 15 만일 서로 물고 먹으면 피차 멸망할까 조심하라

바울은 지금까지 신학적인 논증을 하였다. 그는 우리가 그리스도를 믿음으로 말미암아 의롭게 되며 율법을 지킴으로 말미암아 의롭게 되는 것이 아니라고 역설하였다. 그리고 앞 단락에서는 그러한 가르침을 전하는 자들을 철저히 몰아내라고 당부하였다. 이제 이 단락에서부터 그는 도덕적인 권면을 한다. 즉 의롭게 되어서 자유를 얻은 그리스도인들의 실제적인 삶에 대하여 말한다. 그는 그리스도인들이 사랑을 실천해야 한다고 주

장한다.

13절 | 사랑으로 서로 종노릇 하라

13 형제들아 너희가 자유를 위하여 부르심을 입었으나 그러나 그 자유로 육체의 기회를 삼지 말고 오직 사랑으로 서로 종 노릇 하라

13절a: 이 구절은 바울이 갈라디아서 전체에서 말하려는 것을 잘 요약해 준다. 그는 그리스도인들이 자유를 얻은 자들임을 말하면서 그 자유를 남용하지 말 것을 당부한다. 그는 갈라디아 교인들을 부를 때 "형제들아" (아델포이)라는 칭호를 사용하여 친근감을 표시한다(참고. 11절).

갈라디아서에서 바울은 갈라디아 교인들을 향하여 "형제들"이라고 아홉 번이나 부른다(참고. 1:11; 3:15; 4:12, 28, 31; 5:11, 13; 6:1, 18). '형제'는 초기 기독교인들이 동료 신자들을 향하여 사용한 일종의 전문호칭이었는데, 그들은 자신들을 하나님의 가정(family of God)에 소속되어 있다고 생각하였다. 역사적으로 그리스도인들은 서로를 '형제'라고 부르면서 지내왔다. 모든 교회는 하나님의 가정이며 모든 그리스도인들은 하나님의 가정에 속한 가족 구성원이다.

13절b: 바울은 갈라디아 교인들을 향하여 "너희가 자유를 위하여 부르심을 입었으나"라고 말한다(참고. 롬 6:6-7).[150] 이 말은 1절의 "그리스도께서 우리를 자유롭게 하려고 자유를 주셨으니"라는 말과 유사한데, 여기서는

---

150) 원래 헬라어 본문에서는 "너희가 자유를 위하여 부르심을 입었으나" 다음에 "형제들아"가 있다. 그러나 여기서는 편의상 한글성경 개역개정판의 순서대로 해설하겠다. 13절의 헬라어 본문은 다음과 같다. "Ὑμεῖς γὰρ ἐπ᾽ ἐλευθερίᾳ ἐκλήθητε ἀδελφοί μόνον μὴ τὴν ἐλευθερίαν εἰς ἀφορμὴν τῇ σαρκί ἀλλὰ διὰ τῆς ἀγάπης, δουλεύετε ἀλλήλοις"

"부르심을 입었으나"라는 말이 첨가되었다. 신자들이 부르심을 입었다는 말은 8절의 "너희를 부르신 이"라는 표현에서 이미 나왔다.

　그리스도인들은 하나님의 부르심을 입은 사람들이다. 그런데 하나님께서 그리스도인들을 부르신 이유는 그들을 자유롭게 하시기 위해서이다. 그리스도인들의 자유는 마귀로부터의 자유이며 죄와 사망으로부터의 해방이다. 이제 어느 누구도 그리스도인들을 옭아맬 수 없다. 이제 다시는 종의 멍에를 메지 말아야 한다(참고. 1절).

　13절c: "그러나 그 자유로 육체의 기회를 삼지 말고"라는 말에서 "육체"(사르크스)란 용어는 갈라디아서에서 일곱 번 나오는데(참고. 5:13, 16, 17[2번], 19, 24; 6:8), 인간의 타락하고 저급한 본성을 가리킨다. 즉 육체는 거룩한 성령과 반대되는 타락한 실체이다. 이어지는 단락(5:16-26)에서 바울은 육체의 실상을 상세히 드러낸다.[151]

　그리스도인들은 자유를 사용하여 "육체의 기회", 즉 육체의 즐거움을 채우지 않도록 해야 한다. 그리스도인들의 자유는 '죄를 향한 자유'(freedom to sin)가 아니라 '죄로부터의 자유'(freedom from sin)이다.[152] 사실 그리스도인들에게는 죄를 지을 자유가 없다. 그들은 자기 마음대로 살아도 되는 사람들이 아니다. 그들은 육체와 함께 정욕과 탐심을 십자가에 못 박았다(참고. 24절).

　13절d: 바울은 신자들에게 "사랑으로 서로 종노릇 하라"고 당부한다. 갈라디아서에서 '종노릇'이라 하면 부정적인 이미지를 가지는데, 이는 바울이 4장에서 '종노릇하지 말라'는 말을 계속하여 반복했기 때문이다. 그러나 여기서 그는 '사랑으로 종노릇 하라'고 말함으로써 이 표현을 긍정

---

151) 참고. R. N. Longenecker, 545-48.
152) John Stott, 175.

적으로 사용한다.

그리스도인들이 '자유'를 얻었지만 '종노릇' 해야 한다는 말은 역설이다. 자유와 종노릇은 서로 어울릴 수 없기 때문이다. 그러나 바울은 이러한 역설을 사용하여 그리스도인들이 '율법의 종노릇'을 할 것이 아니라, '사랑의 종노릇'을 해야 한다는 교훈을 강하게 심어준다. 그리스도인들이 '사랑으로 종노릇' 하는 주제는 6장 1-5절에서 자세히 설명된다.

14-15절 | 네 이웃을 사랑하라

14 온 율법은 네 이웃 사랑하기를 네 자신 같이 하라 하신 한 말씀에서 이루어졌나니 15 만일 서로 물고 먹으면 피차 멸망할까 조심하라

14절: 바울은 13절에서 언급된 '사랑'을 이 구절에서 확장하여 설명한다. 그는 "온 율법은 네 이웃 사랑하기를 네 자신 같이 하라 하신 한 말씀에서 이루어졌나니"라고 말한다. 여기서 "한 말씀"(헨 로고스, a single command)이란 레위기 19장 18절의 "원수를 갚지 말며 동포를 원망하지 말며 네 이웃 사랑하기를 네 자신과 같이 사랑하라 나는 여호와이니라"라는 말씀이다.

레위기 19장 18절은 예수께서도 인용하신 것인데, 예수님은 마태복음 22장 39절에서 "둘째도 그와 같으니 네 이웃을 네 자신 같이 사랑하라 하셨으니"라고 하셨다. 그런데 이 구절에서 '네 이웃을 사랑하라'는 명령만 있고 '하나님을 사랑하라'는 명령이 없는 것은 전혀 문제가 되지 않는다. 왜냐하면 이웃을 사랑하는 것은 반드시 하나님을 사랑하는 것에 기초하기 때문이다.

율법은 한마디로 '사랑'이라고 할 수 있다. 바울은 로마서에서 "남을 사랑하는 자는 율법을 다 이루었느니라"라고 말하면서, "간음하지 말라, 살인하지 말라, 도둑질하지 말라, 탐내지 말라 한 것과 그 외에 다른 계명이 있을지라도 네 이웃을 네 자신과 같이 사랑하라 하신 그 말씀 가운데 다 들었느니라"라고 하였다(롬 13:8-9). 그리고는 결론적으로 "사랑은 율법의 완성이니라"라고 말하였다(롬 13:10). 분명히 하나님의 모든 명령은 사랑을 말하며 그분의 모든 명령은 사랑에서 비롯된다.

갈라디아 교인들을 미혹한 유대주의자들은 율법 준수를 외쳤으나 정작 율법의 완성인 사랑을 실천하지 않았다. 그러나 바울은 사랑을 실천하라고 명령한다. 우리는 율법을 무시할 것이 아니라 율법의 진정한 의미를 알고 그 의미에 따라 행하여야 한다.

15절: 바울은 마지막으로 경고한다. "만일 서로 물고 먹으면 피차 멸망할까 조심하라." 여기서 "서로 물고 먹으면"이라는 말은 대단히 강력한 표현이다. 그것은 야생짐승들의 싸움을 묘사하는 일종의 수사적 표현이다.
신자들의 싸움은 마치 짐승들이 싸우는 것과 같아서 끔찍하며 잔인하다. 그리고 그들의 싸움은 피차 멸망이라는 결과를 가져온다. 분명히 다툼과 분열의 행동은 본질상 서로 멸망시키는 경향을 가지고 있다.[153] 그러므로 신자들은 서로 싸우지 말아야 한다.

참으로 신자들은 항상 깨어서 근신해야 한다. 한시라도 마음을 놓지 말아야 한다. 분명히 거듭난 신자들이라 하더라도 이 세상에서 육신을 입고 사는 한 여전히 범죄할 수 있다. 신자들은 그리스도께서 그들을 자유롭게 하셨지만 그 자유를 남용하거나 과신하지 않아야 한다.

---

153) Matthew Poole, 137.

5:16-26 성령을 좇아 사는 삶

16 내가 이르노니 너희는 성령을 따라 행하라 그리하면 육체의 욕심을 이루지 아니하리라 17 육체의 소욕은 성령을 거스르고 성령은 육체를 거스르나니 이 둘이 서로 대적함으로 너희가 원하는 것을 하지 못하게 하려 함이라 18 너희가 만일 성령의 인도하시는 바가 되면 율법 아래에 있지 아니하리라 19 육체의 일은 분명하니 곧 음행과 더러운 것과 호색과 20 우상 숭배와 주술과 원수 맺는 것과 분쟁과 시기와 분냄과 당 짓는 것과 분열함과 이단과 21 투기와 술 취함과 방탕함과 또 그와 같은 것들이라 전에 너희에게 경계한 것 같이 경계하노니 이런 일을 하는 자들은 하나님의 나라를 유업으로 받지 못할 것이요 22 오직 성령의 열매는 사랑과 희락과 화평과 오래 참음과 자비와 양선과 충성과 23 온유와 절제니 이같은 것을 금지할 법이 없느니라 24 그리스도 예수의 사람들은 육체와 함께 그 정욕과 탐심을 십자가에 못 박았느니라 25 만일 우리가 성령으로 살면 또한 성령으로 행할지니 26 헛된 영광을 구하여 서로 노엽게 하거나 서로 투기하지 말지니라

바울은 갈라디아서 3장 초반부에서 성령에 대하여 말하기 시작하였는데, "너희가 성령을 받은 것이"(3:2), "성령으로 시작하였다가"(3:3), "너희에게 성령을 주시고"(3:5) 등이라고 말하였다. 그는 그리스도인들을 성령을 받은 사람들이라고 규정하였다.

그러므로 이 단락에서 바울은 그리스도인들이 육체를 따라 살지 말고 성령을 따라 살아야 한다고 말한다. 그는 육체와 성령이 서로 대적한다고 보면서 육체의 일(육체의 소욕, 욕망)을 버리고 성령의 열매를 맺으라고 당부한다. 그는 그리스도인들이 성령으로 시작하였으므로 성령으로 마쳐야 한다고 주장한다.

16-18절 | 성령과 육체

16 내가 이르노니 너희는 성령을 따라 행하라 그리하면 육체의 욕심을 이루

지 아니하리라 ¹⁷ 육체의 소욕은 성령을 거스르고 성령은 육체를 거스르나
니 이 둘이 서로 대적함으로 너희가 원하는 것을 하지 못하게 하려 함이니
라 ¹⁸ 너희가 만일 성령의 인도하시는 바가 되면 율법 아래에 있지 아니하
리라

16절a: "내가 이르노니"(레고)라는 말에는 바울의 사도적 권위가 내재되
어 있다. 바울은 하나님의 말씀을 전하는 사도로서 엄중하게 말한다. "너
희는 성령을 따라 행하라"는 표현에서 "성령"에 해당하는 헬라어 단어 프
뉴마는 단순히 '영'이어서 성령을 가리키는 것인지 사람의 영을 가리키는
것인지 분별하기가 어렵다. 하지만 같은 구절에서 '영'은 타락한 실체인
'육체'와 대비되기에 문맥을 고려하여 '성령'으로 보는 것이 타당하다.
"행하라"에 해당하는 헬라어 동사 페리파테이테는 현재 명령형으로서 계
속해서 행하라는 뜻이다.[154] 그리스도인들은 성령의 인도하심과 도우심을
받아 계속해서 행해야 한다.

16절b: "그리하면 육체의 욕심을 이루지 아니하리라"에서 "육체의 욕
심"이란 타락한 인간이 자연적으로 가지는 본능적인 욕구와 그에 따른 죄
의 성향과 나아가서 실제적인 범죄행위를 의미한다(참고. 13절).
이 문장에서 헬라어 이중 부정형인 우 메가 사용되었는데, 이것은 강조
의 효과를 가진다. 즉 이것은 성령을 따라 행하면 육체의 욕심을 '결단코
이루지 않을 것'이라는 뜻이다. 그런데 성령께서는 신자들이 가만히 있는
데 혼자서 행하시지 않는다. 성령께서는 신자들이 그분께 의존하고 자신
을 헌신하기를 기다리신다. 성령은 사람의 적극성을 요구하신다.

17절: 육체와 성령은 서로 배타적이다. 육체의 소욕은 성령을 거스르고

154) E. Burton, 297.

성령은 육체를 거스르는데 이 둘이 서로 대적한다. 육체의 소욕은 성령의 명령과 인도를 거부한다. 그러나 성령께서는 육체의 소욕대로 살지 말라고 경고하신다. "너희가 원하는 것을 하지 못하게 하려 함이니라"라는 말은 육체와 성령이 우리 안에서 서로 격렬하게 싸우는 가운데 우리가 갈등을 겪게 되리라는 뜻이다.

분명히 우리가 성령 안에서 행할 때에 우리는 점차 육신의 소욕을 버리고 성령의 인도하심을 따를 것이다. 그러나 여전히 우리 안에는 갈등이 존재한다. 이것을 그리스도인 특유의 갈등이라고 말할 수 있다. 비록 믿지 않는 자들에게도 도덕적인 갈등이 있는 것이 사실이지만 믿는 자들에게는 육체와 성령이 서로 끊임없이 싸우는 특유의 갈등이 있다.[155]

18절: 바울은 앞에서 성령과 육체의 대적에 대하여 말하였다. 그런데 여기서는 성령과 율법의 대적에 대하여 말한다. 즉 그는 육체에 상응하여 율법을 말한다. 육체와 율법을 연결하는 것은 율법의 부정적인 측면을 드러내는 것이다.

"성령의 인도하시는 바"라는 표현은 "성령을 따라" 행하는 것을 의미한다. "율법 아래에 있지 아니하리라"라는 말은 율법에 의하여 속박되지 않을 것이라는 뜻인데, 율법 규정들을 지켜야 의롭게 된다는 유대주의자들의 주장에 대한 반박이다. 그러므로 이 구절은 성령께서 인도하시는 자들이 육체의 소욕을 정복하고 이길 수 있다는 뜻이다.

19-21절 | 육체의 일

> [19] 육체의 일은 분명하니 곧 음행과 더러운 것과 호색과 [20] 우상 숭배와 주술과 원수 맺는 것과 분쟁과 시기와 분냄과 당 짓는 것과 분열함과 이단과

---

155) John Stott, 183.

²¹ 투기와 술 취함과 방탕함과 또 그와 같은 것들이라 전에 너희에게 경계
한 것 같이 경계하노니 이런 일을 하는 자들은 하나님의 나라를 유업으로
받지 못할 것이요

19절a: 성령과 육체 중에서 먼저 육체가 나온다. 바울은 "육체의 일은
분명하니"라고 말한다. "육체의 일"이란 "육체의 욕심" 그리고 "육체의
소욕"과 같은 말이다(참고. 16-17절). 이것은 타락한 사람이 가지고 있는 죄의
모든 욕구들, 죄에 대한 광범위한 성향들, 그리고 실제적인 범죄행위들을
뜻한다.

"분명하니"(파네로스)라는 단어는 이제 열거되는 죄의 목록이 육체로부
터 비롯된 것이며 성령으로 말미암은 것이 아니라는 사실을 누구나 잘 알
고 있다는 뜻이다. 게다가 이 단어는 우리의 옛 본성이 은밀하고 눈에 보이
지 않지만 육체가 분출하는 말과 행동이 공개적이고 명백하다는 사실을
시사한다.¹⁵⁶⁾

19절b: 바울은 죄의 목록을 나열한다. 바울은 죄 열다섯 가지를 네 개의
범주로 나누어서 말한다. 특히 그는 마지막 부분에서 이것 외에도 더 많은
죄가 있다는 점을 시사한다(참고. 21절의 "그와 같은 것들이라").

먼저, 그는 성적인 범죄에 대하여 말한다. 성적인 범죄는 매우 일반적으
로 자행되던 죄인데 그 결과가 심각하다. 여기에는 "음행과 더러운 것과
호색"이 있다.

"음행"이란 헬라어로 포르네이아라고 하는데, 모든 성적인 부도덕함과
비합법적인 성행위를 포함한다. "더러운 것"(impurity)이란 생각과 행동에
있어서 음탕하고 추잡한 것을 뜻한다. "호색"(debauchery)은 성적인 쾌락과

---

156) John Stott, 184.

방탕함을 의미한다(참고. 고후 12:21).

20절a: 다음으로, 그는 종교적인 범죄에 대하여 말한다. 종교적인 범죄에는 "우상 숭배와 주술"이 있다.

"우상 숭배"는 하나님 외의 다른 피조물을 예배하거나 하나님을 예배하되 피조물이라는 형상을 통해 예배하는 것이다.[157] 당시에 이방 세계에서는 광범위하고 다양한 방식으로 우상 숭배가 자행되었다.

"주술"은 이방 신들을 숭배하는 의식을 거행할 때 사람들에게 약물을 투입하여 황홀경에 빠지게 하는 것을 뜻한다. 이것을 헬라어로 파르마케이아라고 하는데, 여기서 '조제술'(pharmacy)이란 용어가 나왔다. 당시에 주술사들은 악령의 힘(사실은 약물투입)을 빌려서 신비한 이적을 일으킴으로 사람들의 관심을 모았는데, 사람들에게 대단히 심각한 해를 끼쳤다.

20절b-21절a: 세 번째로, 그는 사회적인 범죄를 말한다. 여기에는 "원수 맺는 것과 분쟁과 시기와 분냄과 당 짓는 것과 분열함과 이단과 투기"가 있다.

"원수 맺는 것"(엑크뜨라이)은 복수형으로 여러 사람들 사이에 얽혀 있는 적대적인 감정들과 행위들을 의미한다. "분쟁"은 서로 싸우는 것을 뜻하는데 "원수 맺는 것"의 결과이다. "시기"는 자기중심적인 열정으로서 다른 사람들보다 많이 가지려고 하는 탐욕이다. "분냄"은 다른 사람에 대한 적대감과 시기를 감정적으로 표출하는 것이다. "당 짓는 것"(에리뻬이아, quarrel)은 싸우려 하고 차지하려고 하는 성향이다. "분열함"(디코스타시아, dissension)은 의견이 충돌하는 것이며, "이단"(하이레시스, faction)은 당파를 형성하는 것이고, "투기"(프또노스)는 다른 사람들의 소유를 탐내는 것이다.

---

157) Matthew Poole, 141.

21절b: 네 번째로, 음주의 범죄가 있다. 여기에는 "술 취함과 방탕함"이 있다. "술 취함"은 술을 너무 많이 마시는 것을 의미한다. "방탕함"은 술과 관련된 범죄이다.

당시 사람들은 술을 즐겼으며 그에 따라 절제하지 못하고 방탕한 생활을 하였다. 바울은 죄의 목록을 말한 후에 "그와 같은 것들이라"라고 하는데, 이것은 여기에 나열된 죄가 전부가 아니라 더 많은 죄들이 있다는 뜻이다. 바울 서신에서 바울은 죄의 목록들을 자주 언급하였는데, 이때 그는 마치 생각나는 대로 적은 듯하다. 즉 죄의 범위를 한정하거나 죄의 성격을 차등하지 않은 것이다.[158]

21절c: "전에 너희에게 경계한 것 같이 경계하노니"라는 말은 바울이 이전에 갈라디아 교인들에게 이러한 죄를 피하라고 설교한 적이 있음을 암시한다. "이런 일을 하는 자들은 하나님의 나라를 유업으로 받지 못할 것이요"라는 표현은 엄중한 경고이다. 이 말은 이러한 죄를 삶의 패턴으로 삼고 살아가면서 이런 행위들에 대하여 아무런 죄책감을 가지지 않으며 회개하지 않는 자들은 하나님의 자녀가 아니며 따라서 그들은 구원을 받지 못할 것이라는 뜻이다(참고. 4:7, 30).[159]

구원을 받았음에도 불구하고 죄를 짓는 것이 현실이다. 그러나 이러한 죄를 반복해서 짓는다면 구원을 받지 않았고 그리스도의 생명이 없으며 성령께서 그 마음에 계시지 않을 가능성이 높다.

---

158) R. N. Longenecker, 563. 신약성경 여러 곳에 덕과 악덕의 목록이 있다. 그것은 복음서에서(막 7:21-22; 마 15:9), 바울 서신들에서(롬 1:29-31, 13:13; 고전 5:9-11, 6:9-10; 고후 12:20-21; 엡 4:31-32, 5:3-5; 골 3:5-8; 딤전 1:9-10; 딤후 3:2-5; 딛 3:3), 그리고 신약의 뒷부분들에서(약 3:13-18, 특히 17절; 벧전 2:1, 4:3, 15; 계 21:8, 22:14-15) 나온다. 신약의 저자들은 독자들이 선과 악을 보다 명확히 분별하게 하기 위하여 구체적으로 덕과 악덕의 목록을 제시한 것으로 보인다.

159) 참고. E. Burton, 311.

22-23절 | 성령의 열매

22 오직 성령의 열매는 사랑과 희락과 화평과 오래 참음과 자비와 양선과 충성과 23 온유와 절제니 이같은 것을 금지할 법이 없느니라

22-23절: 한글성경 개역개정판에는 번역되어 있지 않지만, 22절은 헬라어 접속사 데('그러나')로 시작된다. 이것은 19-21절의 "육체의 일"과 반대되는 "성령의 열매"를 말하기 위함이다. "열매"라는 표현이 주는 이미지는 나무에서 자연스럽게 혹은 필연적으로 열매가 맺히는 것이다.

이처럼 성령을 따라 사는 사람들에게는 자연스럽게 혹은 필연적으로 이러한 성향이 생기며 이러한 행동이 뒤따른다(참고. 요 15:1-8). 그러므로 열매를 맺으려면 반드시 성령을 따라서 살아야 한다. 하지만 16절에서 이미 언급했듯이 신자들이 아무런 일을 하지 않고 가만히 있어도 되는 것은 아니다. 오히려 신자들은 적극적으로 행하여야 한다. 신자들은 성령의 인도하심과 도우심을 바라보면서 풍성한 삶의 열매를 맺도록 노력해야 한다.

성령의 열매는 "사랑과 희락과 화평과 오래 참음과 자비와 양선과 충성과 온유와 절제"이다. 그런데 "열매"에 해당하는 헬라어 단어 카르포스는 단수형인데, 이것은 성령의 아홉 가지 열매가 서로 다른 것이 아니라 하나의 다양한 측면이라는 사실을 보여준다.

일반적으로 성령의 아홉 가지 열매는 세 가지 범주로 나누어진다.

첫 번째 범주는, 하나님을 향한 것으로 "사랑과 희락과 화평"이다. "사랑"은 모든 덕목의 기초이다. 하나님은 사랑이신데(참고. 요일 4:8), 우리는 하나님을 사랑하고 이웃을 사랑해야 한다(참고. 막 12:30-31). "희락"은 그리스도 안에서 신자들이 누리는 기쁨인데, 어떠한 환경이나 조건 가운데에서도 주님을 기뻐하는 것이다. "화평"은 하나님과의 친밀한 관계를 뜻하는데, 그분과의 화평은 매우 중요하다.

두 번째 범주는, 사람을 향한 것으로 "오래 참음과 자비와 양선"이다. "오래 참음"은 자신을 부당하게 대우하는 자들에게 보복하지 않고 인내하는 것이다. 이것은 특별히 주님이 고난을 당하시고 십자가에 못 박히셨을 때 보여주신 덕목이다. "자비"는 다른 사람들을 친절하게 대하는 것이다. 하나님께서는 우리를 자비롭게 대하셨다. "양선"은 다른 사람들에게 선을 베푸는 것이다. 우리가 다른 사람들을 대하는 이러한 지침들은 주님의 모범과 명령에서 발견된다. 주님은 우리에게 친히 오래 참음과 자비와 양선의 본을 보여주셨으며 그대로 행할 것을 당부하셨다.

세 번째 범주는, 자신을 향한 것이다. 그것들은 "충성과 온유와 절제"이다. "충성"은 그리스도인들이 신실하게 살아가는 것을 의미한다. 우리는 말과 행동에서 신실함을 드러내야 한다. "온유"는 화를 내지 않고 언제나 차분하고 진중한 감정을 유지하는 것이다(참고. 마 11:29; 고후 10:1). 하지만 온유는 어떤 순간에도 화를 내지 않는 것이 아니다. 오히려 우리는 화를 내야 하는 순간(예. 불의한 순간)에 화를 내야 한다. 그렇지만 그렇지 않은 순간에는, 특히 자신이 억울한 일을 당했을 때에는 감정을 억눌러야 한다. 마지막 열매인 "절제"는 육체의 소욕을 억제하는 것이다. 절제가 열매들 중에서 제일 마지막에 있다는 것은 그것이 의미심장한 덕목임을 시사한다.

바울은 성령의 열매를 말한 후에 "이같은 것을 금지할 법이 없느니라"라고 마무리한다.[160] 이 문장은 해석하기가 쉽지 않다. 이 구절의 의미에

---

160) 이 문장의 헬라어는 다음과 같다. "*κατὰ τῶν τοιούτων οὐκ ἔστιν νόμος*" 이 구절에 대하여 NRSV는 다음과 같이 번역하였다. "There is no law against such things." 그리고 다른 영어성경들도 이와 비슷하게 번역하였다.

대하여 세 가지 견해가 있다.

첫째, '율법이 이와 같은 것들을 금지하지 않는다' 는 뜻이다. 사실 율법은 성령(혹은 성령의 열매)과 대치하지 않는다. 율법을 잘못 이해한 율법주의자들이 성령과 대치할 뿐이다.

둘째, '이러한 덕목을 금지하거나 반대할 법이 없다' 는 뜻이다. 즉 이 덕목들은 절대성을 가지고 있다는 것이다.

셋째, '율법의 기능이 구속하고 억제하고 제지하는 것인데 반하여 성령은 아무런 제지도 필요 없다' 는 뜻이다.[161]

이 해석들 중에서 어느 것을 택해야 할지 판단하기가 쉽지 않다. 첫 번째 해석이 타당해 보이나 다른 해석들도 무시할 수는 없다. 어쩌면 바울은 이 모든 해석들을 염두에 두고 있었을 지도 모른다. 이것을 '이중의미' 혹은 '다중의미' 라고 한다.

예수님은 "너희가 열매를 많이 맺으면 내 아버지께서 영광을 받으실 것이요 너희는 내 제자가 되리라" 라고 말씀하셨다(요 15:8). 우리는 성령의 열매를 풍성히 맺어야 한다. 그렇다면 '열매' 라는 인유가 가지는 특성은 무엇인가?

첫째, 열매란 인위적으로 만들어지는 것이 아니라 나무가 영양분을 공급할 때에 자연스럽게 만들어지는 것이다. 예수님은 "가지가 포도나무에 붙어 있지 아니하면 스스로 열매를 맺을 수 없음 같이" 라고 말씀하셨다(요 15:4). 그러므로 우리는 성령께 붙어있어야, 즉 성령님을 따라가야 비로소 열매를 맺을 수 있다. 그러나 이것은 우리가 가만히 있어도 된다는 뜻이 아니다. 바울은 16절에서 "행하라"고 명령하였다. 우리는 적극적으로 열매를 맺기 위하여 노력해야 한다.

---

161) John Stott, 186.

둘째, 열매는 서서히 익어가지 어느 순간에 갑자기 완성되지 않는다. 성령의 열매는 그리스도인들의 삶에서 오랜 세월 익어가는 것이다.

셋째, 열매는 먹기 위하여 존재한다. 열매는 결코 감상용이 아니다. 마찬가지로 성령의 열매는 우리의 삶에서 실제로 적용되어야 한다. 성령의 열매는 결코 자기 수련을 위한 장식물이 아니다.

24-26절 | 그리스도인의 삶

²⁴ 그리스도 예수의 사람들은 육체와 함께 그 정욕과 탐심을 십자가에 못 박았느니라 ²⁵ 만일 우리가 성령으로 살면 또한 성령으로 행할지니 ²⁶ 헛된 영광을 구하여 서로 노엽게 하거나 서로 투기하지 말지니라

24절: "그리스도 예수의 사람들"은 예수 그리스도를 영접한 사람들로서 그리스도의 영이신 성령의 인도를 받는 사람들이다. "육체"를 "십자가에 못 박았느니라"라는 말은 그리스도께서 십자가에서 못 박혀 돌아가실 때 옛 사람이 함께 못 박혀 죽었다는 사실을 의미한다(참고. 2:20). "정욕과 탐심"은 19-21절에 나오는 "육체의 일"을 가리킨다.

그리스도 예수의 사람들은 자신의 육신을 십자가에 못 박을 때에 "정욕과 탐심"도 함께 못 박았다. 우리는 십자가를 지고 주님을 따르는 것에서 만족하지 말고 십자가 위에서 자신을 죽이는 데로 나아가야 한다.

고대에 십자가에 못 박힌다는 말은 긍정적인 인상을 주지 않았다. 십자가 처형은 극한 죄를 지은 자들이 받는 형벌이었다. 따라서 우리가 육신을 십자가에 못 박으며 이때 정욕과 탐심을 함께 못 박는다는 말은 처참하고 잔인한 분위기를 자아낸다. 우리는 죄가 증오할 대상임을 알고 자신의 죄를 죽일 때 철저하게 미워하면서 죽여야 한다.

히브리서 12장 4절은 우리가 죄와 싸우되 "피 흘리기까지" 싸우라고 말한다. 게다가 십자가에서 죽는 것은 엄청난 고통을 수반하였다. 우리가 자신의 죄를 못 박을 때 우리는 극한 고통을 느낄 것이다. 하지만 우리는 죄를 죽이기 위하여 그러한 고통을 무릅써야 한다. 죄를 죽이기 위해서는 큰 대가의 지불이 필요하다.

우리가 육신과 함께 우리의 정욕과 탐심을 십자가에 못 박았다는 말은 부정과거시제(aorist)로 되어 있다. 이것은 단회적인 행위를 뜻하지만 동시에 단호한 동작을 의미한다.

우리는 회심할 때에 십자가에 못 박혀 죽은 사람이다. 따라서 한편으로 우리에게는 죄가 없다. 즉 우리는 의인이다. 그러나 다른 한편으로 우리의 죄성이 완전히 없어지지는 않았기에 우리에게는 죄가 있다. 즉 우리는 죄인이다.

실로 우리가 이땅에서 육신을 입고 사는 동안 우리는 여전히 죄 가운데에서 살아간다. 따라서 우리는 이미 십자가에서 죽은 자들로서 계속해서 죄를 죽여야 한다. 이때 단호하고 과감한 결단과 실천이 있어야 한다.

25절: 이 구절에 있는 진술은 바울의 메시지의 요약이라 할 수 있다.[162] "만일 우리가 성령으로 살면"이라는 표현은 우리가 성령님을 모시고 성령님을 의지하며 성령님의 인도하심을 받아서 사는 것을 뜻한다. 그런 사람들은 "성령으로 행할지니", 즉 성령님의 실제적인 도우심 가운데 적극적으로 선을 행하면서 살아가야 한다.

믿음이란 행동을 동반한다. 믿음은 추상적이거나 이론적이지 않고 실제적이다. 바른 복음은 바른 삶으로 이어져야 한다. 분명히 복음과 윤리는 연결되어 있어야 한다. 신자들은 자유를 얻었으나, 그 자유란 주님의 교훈

---

162) R. N. Longenecker, 584-85.

에 순종하기 위한 자유이지 자기 육신의 욕구를 채우기 위한 자유가 아니다.

26절: 성령으로 살아서 성령으로 행하는 사람들은 "헛된 영광을 구하여 서로 노엽게 하거나 서로 투기하지" 말아야 한다. "헛된 영광"과 "노여움"과 "투기"는 "육체의 일"을 요약한 것이다(참고. 19-21절).

구체적으로 말하자면, "헛된 영광"이란 육체의 영광으로서 자신을 높이고 자랑하는 것을 의미한다. 또한 "서로 노엽게" 하는 것은 헛된 영광을 구한 결과인데,[163] 자신을 이롭게 하고 다른 사람을 해롭게 하는 것을 뜻한다. 그리고 헛된 영광을 구하여 서로 노엽게 한 결과는 서로 "투기"하는 것인데, "투기"는 다른 사람의 소유를 탐내는 것을 의미한다.

---

163) Matthew Poole, 146.

갈라디아서 6장

1 형제들아 사람이 만일 무슨 범죄한 일이 드러나거든 신령한 너희는 온유한 심령으로 그러한 자를 바로잡고 너 자신을 살펴보아 너도 시험을 받을까 두려워하라 2 너희가 짐을 서로 지라 그리하여 그리스도의 법을 성취하라 3 만일 누가 아무 것도 되지 못하고 된 줄로 생각하면 스스로 속임이라 4 각각 자기의 일을 살피라 그리하면 자랑할 것이 자기에게는 있어도 남에게는 있지 아니하리니 5 각각 자기의 짐을 질 것이라

6 가르침을 받는 자는 말씀을 가르치는 자와 모든 좋은 것을 함께 하라 7 스스로 속이지 말라 하나님은 업신여김을 받지 아니하시나니 사람이 무엇으로 심든지 그대로 거두리라 8 자기의 육체를 위하여 심는 자는 육체로부터 썩어질 것을 거두고 성령을 위하여 심는 자는 성령으로부터 영생을 거두리라 9 우리가 선을 행하되 낙심하지 말지니 포기하지 아니하면 때가 이르

매 거두리라 10 그러므로 우리는 기회 있는 대로 모든 이에게 착한 일을 하되 더욱 믿음의 가정들에게 할지니라

11 내 손으로 너희에게 이렇게 큰 글자로 쓴 것을 보라 12 무릇 육체의 모양을 내려 하는 자들이 억지로 너희에게 할례를 받게 함은 그들이 그리스도의 십자가로 말미암아 박해를 면하려 함뿐이라 13 할례를 받은 그들이라도 스스로 율법은 지키지 아니하고 너희에게 할례를 받게 하려 하는 것은 그들이 너희의 육체로 자랑하려 함이라 14 그러나 내게는 우리 주 예수 그리스도의 십자가 외에 결코 자랑할 것이 없으니 그리스도로 말미암아 세상이 나를 대하여 십자가에 못 박히고 내가 또한 세상을 대하여 그러하니라 15 할례나 무할례가 아무 것도 아니로되 오직 새로 지으심을 받는 것만이 중요하니라 16 무릇 이 규례를 행하는 자에게와 하나님의 이스라엘에게 평강과 긍휼이 있을지어다 17 이 후로는 누구든지 나를 괴롭게 하지 말라 내가 내 몸에 예수의 흔적을 지니고 있노라 18 형제들아 우리 주 예수 그리스도의 은혜가 너희 심령에 있을지어다 아멘

제6장

6:1-5 범죄한 자에 대한 자세

¹ 형제들아 사람이 만일 무슨 범죄한 일이 드러나거든 신령한 너희는 온유
한 심령으로 그러한 자를 바로잡고 너 자신을 살펴보아 너도 시험을 받을까
두려워하라 ² 너희가 짐을 서로 지라 그리하여 그리스도의 법을 성취하라
³ 만일 누가 아무 것도 되지 못하고 된 줄로 생각하면 스스로 속임이라 ⁴ 각
각 자기의 일을 살피라 그리하면 자랑할 것이 자기에게는 있어도 남에게는
있지 아니하리니 ⁵ 각각 자기의 짐을 질 것이라

앞 단락에서 바울은 성령의 열매에 대하여 말하였다. 이제 이 단락에서
그는 성령의 열매가 실제 삶에서 어떻게 적용되어야 하는지를 말한다. 성
령을 따라 사는 신자들은 다른 사람들에게 실제로 사랑을 베풀어야 한다.
신자들에게 있어서 하나님과의 관계가 중요하지만 다른 사람들과의 관계
도 중요하다. 신자의 믿음은 다른 사람들과의 관계에서 분명히 드러나야
한다.

1절 | 범죄한 신자를 바로 잡으라

¹ 형제들아 사람이 만일 무슨 범죄한 일이 드러나거든 신령한 너희는 온유

한 심령으로 그러한 자를 바로잡고 너 자신을 살펴보아 너도 시험을 받을까 두려워하라

1절a: 바울은 갈라디아 교인들을 향하여 "형제들아"라고 부른다. 갈라디아서에서 바울은 그들을 향하여 "형제들"이라고 아홉 번이나 부르는데 (참고. 1:11; 3:15; 4:12, 28, 31; 5:11, 13; 6:1, 18), 이 호칭에는 그들에 대한 바울의 애정이 담겨 있다.

바울은 "사람이 만일 무슨 범죄한 일이 드러나거든"이라고 말한다. 여기서 "사람"(안드로포스)이란, 비록 '형제'(아델포스)라는 용어가 사용되지는 않았지만, 바깥사람이 아니라 그리스도 공동체의 회원인 신자를 가리킨다(참고. 고전 5:11).[164] 왜냐하면 바울은 신자들이 범죄한 사람을 바로잡는 문제를 말하는데, 신자가 아닌 사람을 영적으로 바로잡을 수는 없기 때문이다.

"만일 무슨 범죄한 일이 드러나거든"이라는 표현이 암시하는 것은 흉악한 죄를 드러내 놓고 수시로 짓는 것이 아니라 가끔씩 유혹에 빠져서 죄를 짓는 것이다.

1절b: "신령한 너희"가 누구인지를 파악하는 것은 대단히 중요하다. 이는 이러한 사람들만이 다른 신자들의 범죄를 처리할 수 있기 때문이다. 바울은 5장 16절에서 "성령을 따라 행하라"고 권면하였으며, 5장 22-23절에서 "성령의 열매"가 무엇인지를 말하였다. 그러므로 여기서 그가 말하는 "신령한 너희"란 성령을 따라 사는 자들이며 성령의 열매를 맺는 자들이라고 할 수 있다.

그들은 다른 신자들의 범죄를 그냥 보고 있어서는 안 되며 반드시 적절한 조치를 취해야 한다. 바울은 다음과 같은 행동지침을 준다. "온유한 심

---

164) E. Burton, 325.

령으로 그러한 자를 바로잡고 너 자신을 살펴보아 너도 시험을 받을까 두
려워하라."

먼저, 신령한 신자들은 범죄한 신자들에 대하여 "온유한 심령으로" 바
로잡아야 한다. 이것은 범죄한 신자를 그냥 내버려두어서는 안 되고 반드
시 바로잡아 주어야 하는데, 그를 대할 때 마음을 가라앉히고 차분하고 침
착하게 대해야 한다는 뜻이다.

"바로잡고"에 해당하는 헬라어 단어 *카타르티조*는 올바른 상태로 되돌
려 놓는 것을 의미하는데, 이 단어가 마가복음 1장 19절에서는 제자들이
그물을 수리할 때 사용되었다. 교회는 신자들의 범죄를 묵인하거나 방조
해서는 안 된다. 교회는 신자들이 범죄했을 때 반드시 바로잡아서 교회의
성결함을 유지해야 한다.

그런데 어떤 학자들은 여기서의 "온유한 심령으로"를 '온유한 성령으
로'로 해석하려고 한다. 헬라어 본문에서는 이 부분이 *엔 프뉴마티 프라오
테토스*로 되어 있어서 두 가지 해석이 모두 가능하다. 그러나 바울은 5장
23절에서 온유를 '성령의 열매'로 소개하였다. 따라서 '온유한 심령'이나
'온유한 성령'에는 별 차이가 없다. 온유한 심령이라고 하더라도 그것이
인간적인 의지나 본성적인 성품으로부터 나온 것이 아니라 성령으로부터
나온 것이기 때문이다. 분명히 온유의 근원은 성령이시다. '신령한 자'는
성령으로 충만한 사람이므로 온유한 심령을 가지고 있다.

다음으로, 신령한 신자들은 범죄한 신자들을 대하면서 자신을 살펴보아
자신도 시험을 받을까 두려워해야 한다. 이것은 범죄자를 거울로 삼아서
자신에게 문제가 있지 않은지를 살펴보라는 뜻이다.

바울은 분명히 신자들이 죄를 지을 수 있다는 사실을 인정한다. 신자들

은 이땅에서 여전히 연약한 육신을 입고 살고 있으며 게다가 지금은 사탄이 이 세상을 지배하고 있어서 신자들에게 악한 영향을 끼치고 있다. 따라서 신자들이 죄를 짓는 것은 엄연한 현실이며 어떤 면에서 어쩔 수 없는 일이다. 우리는 언제든지 범죄할 수 있는 존재임을 알고 주의해야 한다.

2절 | 짐을 서로 지라

² 너희가 짐을 서로 지라 그리하여 그리스도의 법을 성취하라

2절a: 바울은 "너희가 짐을 서로 지라"라고 말한다. 여기서 "짐"에 대항하는 헬라어 *바로스*는 모든 종류의 무겁고 감당하기 힘든 짐을 뜻한다(참고. 마 20:12; 행 15:28; 살전 2:7; 계 2:24).[165] 이것은 사람이 일생을 살면서 가지게 되는 온갖 어려움들을 포괄하지만 특히 1절의 권면을 고려할 때 범죄의 부담과 그에 따른 압박 혹은 고통을 암시한다.

신자들은 이땅에서 육신을 입고 살아가는 동안 비신자와 마찬가지로 많은 어려움을 당한다. 고통은 다양한 이유로 발생하지만 궁극적으로 죄 때문에 생긴다. 이때 신자들은 다른 신자들이 가지고 있는 무거운 죄와 그에 따른 고통스러운 결과를 모른 척 하지 말아야 한다.

그런데 예수님은 "수고하고 무거운 짐 진 자들아 다 내게로 오라 내가 너희를 쉬게 하리라"라고 말씀하셨다(마 11:28). 그래서 우리는 무거운 짐을 주님께 맡겨드려야 하는 것이 아니냐고 생각할 수 있다. 그 생각은 옳다. 분명히 우리는 주님께 무거운 짐을 맡겨드려야 한다. 하지만 주님께 맡겨드리는 방법 가운데 하나는 주님 때문에 형제가 된 다른 신자들에게 부탁하는 것이다. 신자들은 서로를 의지하고 위로하는 형제들로 부르심을 받

---

165) R. N. Longenecker, 600.

았다. 그러므로 우리는 다른 신자들의 시련을 마땅히 동정해야 한다. 그것이 모든 신자들에게 주어진 책임이며 의무이다.

2절b: 그렇게 짐을 서로 질 때 놀라운 일이 일어난다. 바울은 이렇게 말한다. "그리하여 그리스도의 법을 성취하라." "그리스도의 법"이란 표현은 갈라디아 교회에 들어온 유대주의자들의 주장을 풍자한 것으로 보인다. 그들은 율법의 중한 짐을 지게 하면서 그것이 하나님의 법이라고 주장하였다. 하지만 바울은 짐을 서로 지는 것을 말하면서 그것이 "그리스도의 법"이라고 말한다.

"그리스도의 법"이란 그리스도의 명령을 뜻하며 구체적으로 사랑을 의미한다. 그리스도께서는 우리에게 사랑하라고 강하게 명령하셨다(참고. 요 13:15, 33-34; 15:12). 우리는 형제들의 짐을 서로 나누어짐으로써 그리스도께서 명령하신 것을 성취할 수 있다.

유대주의자들은 율법을 문자적으로 해석하여 억지로 선행을 베풀 것을 말하였다. 하지만 우리 주 예수 그리스도는 자발적이고 희생적인 사랑을 말씀하셨다. 예수 그리스도는 우리에게 하나님을 사랑하고 이웃을 사랑하는 것이 '온 율법과 선지자의 강령'이라고 가르쳐주셨다(참고. 마 22:37-40). 특히 예수님은 자신이 직접 이 법을 실천하심으로 우리에게 선례와 모범을 보여주셨다.

우리는 예수님이 우리에게 사랑을 베풀어 주신 모습 그대로 다른 사람들을 사랑해야 한다. 이 사랑은 성령의 열매이면서 동시에 율법의 핵심이다. 이제 예수님은 그분의 영이신 성령으로 이 법을 그분의 백성의 마음에 새겨 주셨다.[166] 우리는 이 법에 주의를 기울여야 한다.

---

166) Matthew Poole, 151.

3-5절 | 겸손하게 책임을 다하라

³ 만일 누가 아무 것도 되지 못하고 된 줄로 생각하면 스스로 속임이라 ⁴ 각각 자기의 일을 살피라 그리하면 자랑할 것이 자기에게는 있어도 남에게는 있지 아니하리니 ⁵ 각각 자기의 짐을 질 것이라

3절: 바울은 이렇게 말한다. "만일 누가 아무 것도 되지 못하고 된 줄로 생각하면 스스로 속임이라." 이 말은 겸손에 대한 촉구이다. 다른 사람의 무거운 짐을 나누어지려면 겸손해야 한다. 만일 자신이 뭔가 대단한 사람이라고 생각한다면 다른 사람의 어려움을 이해할 수 없고 그들의 고통에 동참할 수 없으며 따라서 그리스도의 법을 성취할 수 없다. 사실 모든 사람은 아무 것도 아니며 여기에는 어떠한 예외도 없다. 우리는 다른 사람들이 범죄하는 모습을 보면서 자신도 언제든지 범죄할 수 있는 연약한 존재임을 자각하고 겸손한 마음을 유지해야 한다.

4절: "각각 자기의 일을 살피라"라는 표현은 자신을 냉철하게 돌아보라는 뜻이다. 자신을 돌아보고 자신에게 문제가 많이 있음을 절실하게 깨달아야 다른 문제 있는 사람들을 돌보아줄 수 있기 때문이다.

"그리하면 자랑할 것이 자기에게는 있어도 남에게는 있지 아니하리니"라는 말은 오해하기가 쉽다. 여기서의 "자랑"(카우케마)은 나쁜 측면에서의 자랑이 아니라 좋은 측면에서의 자랑이다. 이것은 자부심 혹은 재능이라 할 수 있는데, 자만심이나 교만과 전혀 다르다. 이것은 약한 사람들이나 고통받는 사람들에 대한 선한 자세 혹은 너그러운 태도를 의미한다.

5절: 바울은 "각각 자기의 짐을 질 것이라"라고 말한다. 그런데 그는 2절에서 "너희가 짐을 서로 지라"라고 말하였는데 여기서 "자기의 짐을 질

것이라"라고 말하여 마치 서로 다른 말을 하고 있는 것처럼 보인다. 어떤
학자들은 여기서의 "짐"에 해당하는 헬라어 포르티온을 일반적으로 행군
하는 병사가 짊어지는 개인적인 짐 꾸러미를 가리킨다고 보면서, 이것이 2
절의 무거운 "짐"인 바로스와 다르기 때문에 이 구절이 2절과 전혀 모순되
지 않는다고 주장한다. 그러나 어떤 학자들은 바로스와 포르티온이 날카
롭게 구분되지 않는다고 주장하는데, 이는 신약성경이나 고대문헌에서 바
로스와 포르티온이 동의어로 사용된 곳이 제법 있기 때문이다.

분명히 바로스와 포르티온이라는 용어 자체는 의미의 차이를 가지고 있
지 않으며, 따라서 이것을 가지고 바울의 의도를 파악하기란 쉽지 않다.
그렇다면 바울이 말하고자 한 것은 무엇인가?

어떤 학자들은 이러한 모순처럼 보이는 문제를 해결하기 위해서, 바울
이 여기서 말하려는 것은 서로의 짐을 나누어지면서 동시에 각자의 짐을
지라는 역설(paradoxical antithesis)이라고 주장한다. 그들은 이것을 빌립보서
2장 12-13절에서 바울이 "두렵고 떨림으로 너희 구원을 이루라"고 말하면
서, 동시에 "너희 안에서 행하시는 이는 하나님이시니"라고 말한 것과 같
다고 본다.[167]

그러나 여기서 바울이 그러한 역설적인 의도를 가지고 있었는지는 의
문이다. 이 구절의 문맥이 그러한 의도를 배경으로 삼고 있다고 보이지 않
는다.

우리는 바울이 2절에서 말한 것과 3-5절에서 말한 것의 초점이 다르다
는 사실을 알아야 한다. 바울은 2절에서 신자들이 서로 무거운 짐을 나누
어져야 하다고 말했는데, 이것은 사랑을 실천하는 삶에 대한 강조였다. 그
러나 3-5절에서는 2절에서와 다른 측면에서 말하는데, 여기서 그는 신자들

---

167) E. Burton, 334.

이 자신을 면밀히 살펴보아야 한다고 말한다.

바울은 4절에서 "각각 자기의 일을 살피라"라고 말했는데, 여기서 "각각 자기의 짐을 질 것이라"라고 말함으로써 사실상 같은 말을 반복한다. 즉 4절과 5절은 같은 뜻이다. 이때 그는 의도적으로 "짐"에 해당하는 헬라어를 다른 단어로 사용하여 상이한 분위기를 만들려고 한 것이다. 그러므로 2절과 5절은 충돌하지 않는다. 신자들은 "짐"(바로스)을 나누어지는 동시에 각각 자신의 "짐"(포르티온)을 져야 한다.

결국 바울이 말한 것을 다음과 같이 세 가지로 정리할 수 있다.

첫째, 신자들은 이땅에서 육신을 입고 사는 동안에는 여전히 죄에서 자유롭지 않은 존재임을 깨달아야 한다.

둘째, 신자들은 자신들이 가지고 있는 좋은 것들, 예를 들어, 재능, 시간, 물질 등을 가지고 다른 사람들을 도와주어야 한다.

셋째, 신자들은 각각 자기의 짐을 져야 하는데, 이것은 자신에게 주어진 책임과 의무를 다하라는 뜻이다.

결국 바울의 말은 신자들이 겸손한 마음으로 자신의 책임과 의무를 수행하면서 자신의 재능을 가지고 다른 사람들을 도와주어야 한다는 것이다.

6:6-10 가르치는 자에 대한 자세

6 가르침을 받는 자는 말씀을 가르치는 자와 모든 좋은 것을 함께 하라 7 스스로 속이지 말라 하나님은 업신여김을 받지 아니하시나니 사람이 무엇으로 심든지 그대로 거두리라 8 자기의 육체를 위하여 심는 자는 육체로부터 썩어질 것을 거두고 성령을 위하여 심는 자는 성령으로부터 영생을 거두리라 9 우리가 선을 행하되 낙심하지 말지니 포기하지 아니하면 때가 이르매 거두리라 10 그러므로 우리는 기회 있는 대로 모든 이에게 착한 일을 하되

더욱 믿음의 가정들에게 할지니라

앞 단락에서 바울은 다른 신자에 대하여 어떠한 자세를 가져야 하는지를 말하였다. 이 단락에서 그는 말씀을 가르치는 자에 대하여 어떠한 자세를 가져야 하는지를 말한다.

아마도 당시에 갈라디아 교회에 가만히 들어온 거짓 선생들(유대주의자들)은 교인들을 미혹하여 그들에게 말씀을 가르치고 있던 사역자들에 대한 재정적인 지원을 못하게 했던 것으로 보인다. 이에 바울은 말씀을 가르치는 자들을 정성껏 대접하는 것이 대단히 중요하다고 일깨운다. 그리고 나아가서 동료 신자들에게 착한 일을 하며 궁극적으로 모든 사람에게 착한 일을 하라고 말한다.

6절 | 사역자를 대접함

⁶ 가르침을 받는 자는 말씀을 가르치는 자와 모든 좋은 것을 함께 하라

6절: "가르침을 받는 자"는 말씀을 듣는 신자들을 가리킨다. 그리고 "말씀을 가르치는 자"는 말씀을 전하는 사도들 혹은 교사들을 의미한다. 교회에는 언제나 말씀을 배우는 자들이 있고 말씀을 가르치는 자들이 있다. "모든 좋은 것"이란 물질적인 것을 포함한 모든 유용한 것들로서 말씀을 가르치는 자들의 생계에 도움을 줄 수 있는 것들이다. "함께 하라"는 말은 헬라어로 *코이노네이토*인데, 이것은 '교제'를 의미하는 *코이노니아*의 동사 형태이다.

하나님의 말씀을 가르치는 일은 신성하고 존귀하며 하나님의 말씀을 배우는 일은 교회가 존재하는 이유가 된다. 참으로 교회에서 가장 왕성하게 이루어져야 할 일은 말씀을 가르치고 배우는 일이다. 이때 말씀을 배우는

238 · 갈라디아서 주해

교인들은 말씀을 가르치는 자들(목사들)에 대하여 물질을 포함한 모든 좋은 것을 지원함으로써 서로 사랑의 교제를 나누어야 한다.

이렇게 말씀을 가르치는 목회자들이 회중들로부터 재정적인 지원을 받을 수 있다는 사실은 예수님 자신으로부터 친히 입증된 것이다. 예수님은 칠십 명의 일꾼들을 파송하시면서 "일꾼이 그 삯을 받는 것이 마땅하니라"라고 말씀하셨다(눅 10:7).

바울은 예수님의 말씀을 인용하여 "일꾼이 그 삯을 받는 것은 마땅하다 하였느니라"라고 말하였다(딤전 5:18). 바울은 또한 "우리가 너희에게 신령한 것을 뿌렸은즉 너희의 육적인 것을 거두기로 과하다 하겠느냐"라고 말하였다(고전 9:11). 그러므로 교인들은 목회자를 재정적으로 후원하는 일을 당연한 것으로 생각해야 하며 목회자는 교회로부터 생활비를 받는 것을 부담스럽게 느끼지 말아야 한다.

그런데 바울은 고린도 교인들에게 보내는 편지에서 "우리가 너희에게 신령한 것을 뿌렸은즉 너희의 육적인 것을 거두기로 과하다 하겠느냐"라고 하면서(고전 9:11), "다른 이들도 너희에게 이런 권리를 가졌거든 하물며 우리일까보냐 그러나 우리가 이 권리를 쓰지 아니하고 범사에 참는 것은 그리스도의 복음에 아무 장애가 없게 하려 함이로다"라고 말하여(고전 9:12), 자신이 교회로부터 재정적인 지원을 받을 수 있었으나 그렇게 하지 않았다고 고백한다.

바울은 고린도에 있을 때 자신의 권리를 포기하고 장막 만드는 일을 하면서 스스로 생활비를 벌었다. 이것은 목회자들에게 상당한 귀감이 된다. 목회자들은 교회에서 재정적인 지원을 받는 일로 회중들과 갈등을 빚어서는 안 된다. 목회자들은 회중들을 위한 헌신과 희생에 몰두해야 한다.

그러나 회중들은 목회자들의 생활비를 지원하는 일에 인색하지 말아야 한다. 목회자들은 생계를 위한 세속적인 직업을 가지지 않고 오로지 교회에서만 일하면서 생활한다. 물론 특별한 경우에 다른 직업을 가지고서 교회를 섬기는 목회자들이 있기는 하지만 대부분의 목회자들은 전임으로 교회에서 일하면서 교회로부터 재정적인 지원을 받고 있다.

그런데 회중들이 그러한 사실을 가지고서 목회자를 위협하거나 목회자의 생계를 볼모로 삼아서 자신들의 권리와 유익을 주장하는 일이 있어서는 안 된다. 목회자들 또한 그러한 위협에 굴복해서도 안 되거니와 교인들은 그러한 위협을 결코 하지 말아야 한다. 참으로 교인들은 자신들이 목회자를 먹여 살린다고 생각해서는 안 된다. 목회자에게 생활비를 지급하는 것은 예수님의 명령이며 사도들의 가르침이기에 교인들은 이 명령에 적극 순종해야 한다.[168]

7절 | 심음과 거둠의 법칙

> [7] 스스로 속이지 말라 하나님은 업신여김을 받지 아니하시나니 사람이 무엇으로 심든지 그대로 거두리라

7절: 이제 바울은 심음과 거둠의 법칙을 말한다. 이 법칙은 일반적인 원리로서 하나님이 친히 정해 놓으신 것이다. 이것은 모든 영역에서 적용되는 일반적인 원리이지만 6절을 고려할 때 특별히 말씀을 가르치는 선생들에 대한 지원과 연관되어 있다.

"스스로 속이지 말라"라는 말은 하나님이 정해 놓으신 질서를 무시하지 말라는 뜻이다. "하나님은 업신여김을 받지 아니하시나니"라는 말은 하나님을 조롱하거나 우롱하지 말라는 뜻이다. 하나님은 법칙에 엄격하신 분

---

168) John Stott, 210-12.

이시며 사람들의 교묘한 속임수와 조롱에 넘어가지 않으시는 분이시다. "사람이 무엇으로 심든지 그대로 거두리라"라는 말은 하나님께서 친히 정해 놓으신 불변의 법칙으로서 하나님의 공의로우신 성품을 잘 보여준다.

8절 | 성령을 위하여 심음

8 자기의 육체를 위하여 심는 자는 육체로부터 썩어질 것을 거두고 성령을 위하여 심는 자는 성령으로부터 영생을 거두리라

8절: 바울은 7절의 내용을 구체화한다. 그는 육체를 위하여 심는 것과 성령을 위하여 심는 것을 대조하면서 육체를 위하여 심지 말고 성령을 위하여 심어야 한다고 말한다. 그는 이미 5:16-26에서 "육체의 일"과 "성령의 열매"를 대조한 적이 있다.

육체의 일은 육체의 욕심 혹은 육체의 소욕인데 타락한 인간의 저급한 본성에서 우러나온 모든 종류의 악과 죄이다. 그러나 성령의 열매는 성령으로 말미암는 아홉 가지 신성하고 거룩한 요소이다. 육체와 성령은 그리스도인들의 마음속에서 끊임없이 싸우는데 이것을 '그리스도인 특유의 갈등'이라고 말할 수 있다(참고. 5:16-26의 주해).

사람이 뿌리는 씨는 둘 중 하나이다. 그것은 육체를 위한 것이거나 성령을 위한 것이다. 먼저 육체를 위하여 심는 자는 육체로부터 썩어질 것을 거두는데, 육체를 위하여 심는다는 것은 연약하고 타락한 삶을 의미한다. 참으로 그것은 저급하고 추악한 생각을 비롯하여 덕이 되지 않는 말과 불순하고 사악한 행동을 포함한다.

썩어질 것을 거둔다는 말은 역설적인데 썩어진 것은 거둘 수가 없기 때문이다. 따라서 이 말은 육체를 좇는 자의 허망함을 드러낸다. 특히 썩어질 것이라는 말에는 영원한 생명이 없다는 뜻이 들어 있어서 영원한 멸망을 암시한다.

반면에 성령을 위하여 심는 자는 성령으로부터 영생을 거둘 것인데, 성령을 위하여 심는다는 것은 성령을 따라 행하는 것이다. 그런 사람들은 성령으로부터 영생을 거두는데, 이 세상에서 사는 동안에 성령의 열매를 풍성히 맺으며, 궁극적으로 영원한 생명 혹은 하나님의 유업을 받을 것이다.

신자들이 성령을 위하여 심는 것은 하나님과의 깊은 교제와 신실한 성도들과의 관계(위로와 격려), 그리고 경건한 독서와 깨끗한 생각 등을 통하여 가능하다. 특히 그리스도인들은 하나님의 말씀을 가르치는 사역자들을 정성껏 대접함으로 성령을 위하여 심을 수 있다.

9-10절 | 그리스도인의 선행

> ⁹ 우리가 선을 행하되 낙심하지 말지니 포기하지 아니하면 때가 이르매 거두리라 ¹⁰ 그러므로 우리는 기회 있는 대로 모든 이에게 착한 일을 하되 더욱 믿음의 가정들에게 할지니라

9절: 성령을 위하여 심는 것, 곧 성령을 따라 사는 것을 '선을 행하는 것'이라고 할 수 있다. 이것은 모든 종류의 착한 일을 의미하며(참고. 롬 7:18, 21; 살전 5:21), 특히 말씀을 가르치는 자를 잘 대접하는 것을 포함한다.

그런데 그리스도인들은 선을 행하다가 포기하거나 낙심할 수 있다. 꾸준히 선을 행하는 것이 결코 쉽지 않기 때문이다. 그래서 바울은 "우리가 선을 행하되 낙심하지 말지니 포기하지 아니하면 때가 이르매 거두리라"라고 말한다. "때가 이르매 거두리라"라는 표현은 7절의 "사람이 무엇으

로 심든지 그대로 거두리라"라는 주제가 지금까지 계속되고 있음을 보여
준다.

"때가 이르매"라는 표현은 추수의 때를 의미하는데, 지혜로우신 하나님
이 정해 놓으신 때를 뜻한다. 농부는 씨를 뿌린 후에 가만히 있지 말아야
한다. 그는 추수하기 위하여 부지런히 땅을 가꾸고 물을 주며 잡초를 뽑아
주어야 한다(참고. 약 5:7). 이때 그는 소망을 가지고 인내해야 하는데 추수의
때가 곧바로 오는 것이 아니기 때문이다.

마찬가지로 신자들은 선을 행하되 지속적으로 행해야 하며 빠른 시간
안에 모든 것을 끝내려고 하지 말아야 한다. 특히 선을 행하는 가운데 고통
과 시련이 올 수 있겠지만 낙심하거나 포기하지 말고 소망을 가지고 인내
해야 한다(참고. 시 126:5-6). 언젠가 하나님이 정해 놓으신 때가 이르면 열매
를 거둘 것이다.

10절a: 바울은 선을 행해야 할 대상이 누구인지를 말한다. 그는 "기회
있는 대로 모든 이에게 착한 일을 하되"라고 말한다. 신자들은 이 세상에
서 사는 동안 선을 행할 기회를 가지고 있다. 그러므로 그들은 최선을 다하
여 모든 사람에게 어떤 식으로든 도움을 줄 수 있도록 착한 일을 행해야 한
다. 그리고 그들에게 선을 행하면 어떤 식으로든 선한 결과가 나올 것이다.
선한 결과란 어려움을 겪는 사람들에게 희망과 실질적인 도움이 되는 것
이며, 사회를 아름답게 만들어 주는 것이며, 특히 사람들을 하나님께로 인
도하여 그들이 구원을 얻을 수 있게 하는 것이다.

10절b: 그러나 바울은 "더욱 믿음의 가정들에게 할지니라"라고 말한다.
이것은 자선행위의 우선순위를 보여준다. "믿음의 가정들"이란 그리스도
안에서 한 형제와 자매가 된 동료 그리스도인들을 의미한다. 그리스도인

들은 하나님의 집에 속한 하나님의 자녀들이다(참고. 딤전 3:15; 벧전 4:17).[169]

신자들은 먼저 동료 신자들에게 선을 행하여야 하며 그 다음에 신앙을 가지지 않은 모든 비신자들에게도 선을 행하여야 한다. 먼저 믿음의 가정들에게 선을 행하지 않으면서 다른 사람들에게 선을 행하는 것은 옳은 일이 아니다. 그런데 신자들이 먼저 동료 신자들에게 선을 행하는 것은 이기적이거나 배타적인 태도가 아니다. 오히려 신자들은 서로 사랑하는 공동체적 정체를 세상 사람들에게 보여주어야 할 의무를 가지고 있기에 이것은 당연한 태도이다(참고. 요 13:34-35).

6:11-18 마지막 권면

> [11] 내 손으로 너희에게 이렇게 큰 글자로 쓴 것을 보라 [12] 무릇 육체의 모양을 내려 하는 자들이 억지로 너희에게 할례를 받게 함은 그들이 그리스도의 십자가로 말미암아 박해를 면하려 함뿐이라 [13] 할례를 받은 그들이라도 스스로 율법은 지키지 아니하고 너희에게 할례를 받게 하려 하는 것은 그들이 너희의 육체로 자랑하려 함이라 [14] 그러나 내게는 우리 주 예수 그리스도의 십자가 외에 결코 자랑할 것이 없으니 그리스도로 말미암아 세상이 나를 대하여 십자가에 못 박히고 내가 또한 세상을 대하여 그러하니라 [15] 할례나 무할례가 아무 것도 아니로되 오직 새로 지으심을 받는 것만이 중요하니라 [16] 무릇 이 규례를 행하는 자에게와 하나님의 이스라엘에게 평강과 긍휼이 있을지어다 [17] 이 후로는 누구든지 나를 괴롭게 하지 말라 내가 내 몸에 예수의 흔적을 지니고 있노라 [18] 형제들아 우리 주 예수 그리스도의 은혜가 너희 심령에 있을지어다 아멘

이 단락은 갈라디아서의 마지막 부분이다. 바울은 갈라디아서를 마치면서 지금까지 언급했던 주제들을 간략하게 정리한다. 그는 갈라디아 교회에 들어온 거짓 선생들의 정체를 밝히면서 자신이 무엇을 추구하는지를

---

169) R. N. Longenecker, 612를 보라.

드러낸다. 그리고 축도로 서신을 마친다.

11절 | 큰 글자로 씀

11 내 손으로 너희에게 이렇게 큰 글자로 쓴 것을 보라

11절: "내 손으로 너희에게 이렇게 큰 글자로 쓴 것을 보라"는 말은 바울이 지금까지 이 서신을 구술하면서 대필자에게 기록하게 하였는데, 이제 서신의 말미에 이르러 자신이 직접 펜을 취하여 추신을 적어 넣었음을 보여준다. 바울은 다른 서신들을 보낼 때에도 이렇게 자신이 구술하고 대필자가 받아 적게 하였으며, 때로는 인사말만 자신이 직접 기록하였다(참고. 롬 16:22; 고전 16:21; 살후 3:17).[170]

당시에 유명한 사람들의 이름을 도용해서 편지를 보내는 경우가 종종 있었는데, 바울은 이 편지가 위조된 것이 아니라 자신이 직접 쓴 것임을 증명하기 위하여 이렇게 자신이 친필로 썼다는 사실을 언급한다.[171] 게다가 그는 이 언급을 통하여 갈라디아 교인들에 대한 자신의 간절하고 안타까운 마음을 드러낸다.

---

170) 참고. G. J. Bahr, "The Subscriptions in the Pauline Letters," *JBL* 87 (1968): 27-41; J. Nijenhuis, "The Greeting in My Own Hand," *BT* 19 (1981): 225-58.

171) 그런데 바울이 갈라디아서 전체를 썼는지 아니면 11절이나 그 이후를 썼는지가 분명하지 않다. 어떤 학자들은 바울이 11절만 직접 썼다고 보는 반면에(마치 친필 서명처럼), 어떤 학자들은 그가 11절부터 마지막 18절까지를 모두 썼다고 본다. 그러나 어떤 학자들은 바울이 갈라디아서를 쓸 때에 그렇게 나이가 많지 않았음을 말하면서 그가 이 편지 전체를 썼다고 주장한다. 어느 것이 옳든지 간에 바울이 이 편지의 발신자가 자신이라는 점을 강조하고 싶어 했던 것은 분명하다. 한편, R. N. Longenecker는 바울 서신이 그 수신 대상인 교회들에서 낭독되어야 했을 것이므로, 그가 그 서신의 본문이 끝나고 그 서명이 시작되는 곳에 대한 명시적인 언급을 할 필요가 있었는데, 이는 모든 사람이 필적의 변경을 직접 볼 위치에 있지는 않았을 것이기 때문이었다고 말한다. R. N. Longenecker, 621.

그런데 바울은 "큰 글자"로 썼다고 말하는데, 어떤 학자들은 바울이 이렇게 큰 글자로 쓴 이유가 그의 '안질' 때문이라고 주장한다. 그들은 바울이 4장 13-15절에서 자신의 "육체의 약함"을 말하면서 "너희의 눈이라도 빼어 나에게 주었으리라"라고 말한 것으로부터 바울의 육체의 약함을 안질로 보면서 이렇게 말한다.

물론 바울의 시력에 문제가 있어서 그가 큰 글자로 썼을 수도 있지만 바울이 가지고 있던 육체의 결함이 무엇인지 분명하지 않은 상태에서 그러한 결론을 내리는 것은 옳지 않다(참고. 4:13-15의 주해). 보다 개연성이 있는 견해는 본문의 문두에 "보라"(이데테)라는 2인칭 복수 명령법 동사가 있는 것을 고려할 때 바울이 갈라디아 교인들에게 자신의 주장을 강조하기 위한 의도를 가지고 있었다고 보는 것이다.

12-13절 | 거짓 선생들은 육체를 자랑함

> ¹² 무릇 육체의 모양을 내려 하는 자들이 억지로 너희에게 할례를 받게 함은 그들이 그리스도의 십자가로 말미암아 박해를 면하려 함뿐이라 ¹³ 할례를 받은 그들이라도 스스로 율법은 지키지 아니하고 너희에게 할례를 받게 하려 하는 것은 그들이 너희의 육체로 자랑하려 함이라

12절a: 12-13절에서 바울은 거짓 선생들의 정체를 드러낸다. 여기서 그는 거짓 선생들의 정체를 우회적으로 말하지 않고 노골적으로 말한다. 그들은 한마디로 "육체의 모양을 내려하는 자들"이다. 이 말은 '육체적인 과시를 하려는 자들'(NRSV: those who want to make a good showing in the flesh)이라는 뜻이다.[172]

---

172) 12절의 헬라어 본문은 다음과 같다. "ὅσοι θέλουσιν εὐπροσωπῆσαι ἐν σαρκί οὗτοι ἀναγκάζουσιν ὑμᾶς περιτέμνεσθαι μόνον ἵνα μὴ τῷ σταυρῷ τοῦ Χριστοῦ διώκωνται"

거짓 선생들의 관심은 내면에 있지 않았고 겉모습에 있었다. 그들은 믿음에는 관심이 없었으며 오로지 육체에 할례를 행하는 것만을 자랑스럽게 생각하였고 중요하게 여겼다. 그들은 할례를 받는 것이 아브라함의 자손이라는 증거가 되며 구원을 받을 수 있는 수단이 된다고 확신하여 할례를 중대한 의식으로 격상시켰다. 그러나 바울은 그것이 한낱 육체를 과시하는 것에 불과하다고 평가 절하한다.

12절b: 거짓 교사들은 "억지로" 갈라디아 교인들에게 할례를 받게 하였다. 여기서 "억지로"(아낭카조)라는 단어가 암시하는 것은 거짓 교사들이 매우 강경하게 할례를 받아야 한다고 주장하면서 갈라디아 교인들에게 강압적으로 할례를 시행했다는 사실이다.

아마도 갈라디아 교인들 가운데 일부는 바울의 가르침을 기억하면서 거짓 선생들의 말을 듣지 않으려 했을 것인데, 거짓 선생들이 그들을 재촉하여 강제로 할례를 행하자 어쩔 수 없이 따랐을 것이다. 이렇게 하여 그들은 그들을 부르신 하나님을 '속히 떠나' 다른 복음을 따르고 말았다(참고. 1:6).

그러나 할례와 같은 외적이고 신체적인 시술이 어떻게 영혼의 구원을 보증하거나 구원을 받기 위한 불가결한 조건이 될 수 있겠는가? 그것은 명백하게 우스운 일이다. 마찬가지로 오늘날 많은 교회는 세례를 지나치게 강조한 나머지 세례를 받아야만 중생한다고 가르치는데 이것은 할례를 강조했던 유대주의자들의 잘못을 반복하는 것이다. 할례나 세례는 언약의 일원이 되었다는 외적인 표식일 뿐이지 그 자체로 구원의 수단이 되지 않는다. 아무리 할례와 세례가 중요하다고 해도 그것을 구원의 필수불가결한 조건으로 믿게 하는 것은 터무니없는 일이다.[173]

---

173) John Stott, 221-22.

12절c: 바울은 거짓 선생들이 할례를 그토록 강요한 이유를 밝힌다. 그 것은 "그들이 그리스도의 십자가로 말미암아 박해를 면하려 함뿐이라"는 표현에 드러나 있다. 당시에 유대인들은 할례를 받고 율법을 지키는 사람 들에 대해서는 유대인이든 그렇지 않든, 혹은 기독교인이든 그렇지 않든 호의적으로 대하였다. 그러나 할례를 받지 않고 율법을 지키지 않는 자들 에 대해서는 누구를 막론하고 적대적으로 대하였다(참고. 5:11). 따라서 바울 은 거짓 선생들이 할례를 강조한 것이 거창한 종교적 신념 때문이 아니라 사실은 유대인들이 주는 박해를 두려워했기 때문이라며 냉소적으로 말한 다.

13절a: 바울은 거짓 선생들의 또 다른 정체를 드러낸다. "할례를 받은 그들"이라는 표현은 거짓 선생들이 할례를 대단히 중대한 것으로 여기는 자들이었음을 보여준다. 그러나 바울은 할례가 구원에 아무런 효력이 없 는 것이라고 말하였다.

"스스로 율법은 지키지 아니하고 너희에게 할례를 받게 하려 하는 것" 이란 표현은 거짓 선생들의 위선을 적나라하게 보여준다. 그들이 율법을 지키지 않았다는 말은 율법의 진정한 의미와 정신을 몰랐다는 뜻이면서 동시에 그들이 율법주의자들로서 율법 전체를 행해야 하는 의무를 가지고 있었음에도 불구하고 그렇게 하지 못했다는 뜻이다(참고. 5:3).

13절b: "그들이 너희의 육체로 자랑하려 함이라"는 문장은 목적을 나타 내는 헬라어 단어 *히나*('~하기 위하여', so that)로 시작된다. 이 구절은 '그들 이 너희의 육체에 대하여 자랑하려 함이라'(NRSV: so that they may boast about your flesh)라는 뜻으로 이해할 수 있다. '자랑하다'라는 말은 *카우카오마이* 인데, 이것은 단순한 자랑을 뜻할 수도 있고 종교적인 신념을 뜻할 수도 있다.

바울은 그의 서신들에서 '자랑'이란 용어를 복음에 대한 분명한 신념이라는 측면에서 사용하였다(참고. 롬 1:16; 15:18; 빌 3:3). 하지만 여기서는 그러한 종교적인 신념의 측면보다는 자신들의 말에 설득을 당한 갈라디아 교인들로 인하여 자신들이 박해를 받지 않게 되었으며 더군다나 그들의 숫자가 많아진 것을 통하여 자신들의 위상이 높아졌다는 교활한 자부심을 드러내기 위하여 사용한다.[174]

14-15절 | 바울은 십자가를 자랑함

14 그러나 내게는 우리 주 예수 그리스도의 십자가 외에 결코 자랑할 것이 없으니 그리스도로 말미암아 세상이 나를 대하여 십자가에 못 박히고 내가 또한 세상을 대하여 그러하니라 15 할례나 무할례가 아무 것도 아니로되 오직 새로 지으심을 받는 것만이 중요하니라

14절a: 이 구절의 헬라어 본문에는 제일 앞에 "내게는"(에모이)이 나오고 그 다음에 "그러나"(데)가 나오는데, 이것은 12-13절에서 언급된 거짓 선생들과 분명히 구분되는 바울 자신을 대조하려는 의도를 가진다.[175] 12-13절에서 바울은 거짓 선생들의 정체를 드러내면서, 그들이 육체를 자랑한다고 지적하였다.

그런데 14-16절에서 그는 자신에 대하여 말하면서, "내게는 우리 주 예수 그리스도의 십자가 외에 결코 자랑할 것이 없으니"라고 말한다. 여기서 "결코 ... 없으니"(메 게노이토, '결코 그럴 수 없느니라')는 희구적 표현으로, 바울은 자신의 서신들에서 강한 부정을 위하여 자주 사용하였다(참고.

---

174) 참고. Matthew Poole, 159.

175) 14절의 헬라어 본문은 다음과 같다. "ἐμοὶ δὲ μὴ γένοιτο καυχᾶσθαι εἰ μὴ ἐν τῷ σταυρῷ τοῦ κυρίου ἡμῶν Ἰησοῦ Χριστοῦ δι᾽ οὗ ἐμοὶ κόσμος ἐσταύρωται κἀγὼ τῷ κόσμῳ."

2:17; 3:21; 롬 3:4, 6, 31; 6:2, 5 등).

14절b: "그리스도로 말미암아 세상이 나를 대하여 십자가에 못 박히고 내가 또한 세상을 대하여 그러하니라"는 말은 2장 20절의 "내가 그리스도와 함께 십자가에 못 박혔나니 그런즉 이제는 내가 사는 것이 아니요 오직 내 안에 그리스도께서 사시는 것이라"라는 말과 같다.

이 말을 통하여, 바울은 자신이 이미 십자가에 못 박혀 죽었으며 이제는 그리스도와 함께 부활한 새로운 사람이라고 고백한다. "세상"이란 믿지 않는 자들의 영역을 가리킨다. 과거에는 바울이 세상을 좋아하였고 세상 역시 그를 좋아하였다. 그러나 이제 그는 세상에 대하여 관심을 가지고 있지 않으며 세상 역시 그를 좋아하지 않는다. 그리하여 세상과 그는 서로 단절되어 버렸다. 특히 바울은 '못 박히다'(에스타우로타이)라는 동사에 2:20에서와 마찬가지로 여기서도 현재완료형을 쓰는데, 이것은 과거에 못 박혔으며 지금도 그런 상태로 있다는 뜻이다.

15절: "할례나 무할례가 아무 것도 아니로되"라는 말은 사람이 할례를 받았는지 혹은 받지 않았는지의 구별이 아무런 의미가 없고, 더욱이 할례를 받은 유대인이나 할례를 받지 않은 이방인의 구별도 아무런 의미가 없다는 뜻이다(참고. 5:6; 고전 7:19; 골 2:16-17, 20-23). "오직 새로 지으심을 받는 것만이 중요하니라"는 표현은 그리스도 안에서 새로운 피조물이 되는 것이 가장 중요하다는 뜻이다(참고. 롬 6:11; 엡 2:10).

바울은 고린도전서 5장 17절에서 "그런즉 누구든지 그리스도 안에 있으면 새로운 피조물이라 이전 것은 지나갔으니 보라 새 것이 되었도다"라고 말하였다. 하나님께서는 '그리스도를 안에서' 새로운 창조를 이루셨다. 이제 그리스도 안에서 새롭게 지음을 받은 자들은 육체를 따라 살 것이 아니라 성령을 따라서 살아야 한다.

16-18절 | 인사말

> 16 무릇 이 규례를 행하는 자에게와 하나님의 이스라엘에게 평강과 긍휼이
> 있을지어다 17 이 후로는 누구든지 나를 괴롭게 하지 말라 내가 내 몸에 예
> 수의 흔적을 지니고 있노라 18 형제들아 우리 주 예수 그리스도의 은혜가
> 너희 심령에 있을지어다 아멘

16절a: "이 규례를 행하는 자에게와 하나님의 이스라엘에게"라는 구절
에서 "이 규례를 행하는 자"와 "하나님의 이스라엘"은 헬라어 본문에서
접속사 카이로 연결되는데, 여기서 이 단어를 '그리고'라는 뜻이 아니라
'곧'이라는 뜻으로 이해하여야 한다.[176] 따라서 이 두 부류는 동일하다.
그리고 이들은 3장 29절에 있는 "아브라함의 자손"과도 같으며 4장 26-27
절에 나오는 "위에 있는 예루살렘"과도 같다. 곧 이들은 그리스도로 말미
암아 창설된 새로운 언약 공동체인 교회를 가리킨다(참고. 롬 9:6-8).

"이 규례를 행하는 자"에서 "규례"란 '복음'을 뜻하는데, 직접적으로는
'그리스도의 십자가'(참고. 14절)와 '그리스도 안에서의 새로운 창조'(참고.
15절)를 의미한다. "행하는 자"에서는 5장 25절의 "[성령으로] 행할지니"에서
와 같은 단어인 스토이케오(행하다, 따르다)가 사용되었다.

16절b: 바울은 하나님의 교회에게 "평강과 긍휼이 있을지어다"라고 축
복한다. "평강과 긍휼"이라는 단어들의 구성에 대하여, 그것이 바울이 통
상적으로 사용하는 "은혜와 평강"과 다르다는 이유 때문에, 학자들 사이
에 약간의 논란이 있으나 어떠한 명쾌한 해답도 제시되지 않았다.[177] 아마
도 바울은 이 단어들을 "은혜와 평강"과 같은 것으로 사용한 듯하다(참고.

176) 참고. ESV Study Bible. 16절의 헬라어 본문은 다음과 같다. "καὶ ὅσοι τῷ κανόνι τούτῳ στοιχήσουσιν εἰρήνη ἐπ᾽ αὐτοὺς καὶ ἔλεος, καὶ ἐπὶ τὸν Ἰσραὴλ τοῦ θεοῦ"
177) R. N. Longenecker, 634를 보라.

1:3). 어찌되었든 그가 18절에서 "은혜"를 덧붙여 말하기 때문에 특별한 문제가 있지는 않다.

우리가 하나님의 "평강과 긍휼"을 누릴 수 있는 길은 "이 규례"를 행하는 것이다. 예수 그리스도께서 사도들을 통하여 가르쳐 주신 '그리스도의 십자가'와 '새롭게 지으심을 받는 것'을 중요한 가치로 삼는 자들은 하나님의 "평강과 긍휼"을 누릴 것이다. 반대로 "이 규례"를 지키지 않는 자들, 즉 그리스도의 십자가로 말미암아 새롭게 되지 않은 자들은 "평강과 긍휼"을 누리지 못할 것이다.

17절a: 바울은 갈라디아 교인들을 축복하고 나서 갑자기 생소한 언사를 덧붙인다. 이것은 문맥의 흐름에서 이탈한 것처럼 보일 수도 있는데, 바울이 마지막 축도를 하기 전에 한번 더 갈라디아 교인들에게 당부하는 것이다. 이 서신이 논리적인 글이 아니라 교회의 문제를 해결하기 위해 보낸 목회적 돌봄의 글이기 때문에 이러한 언사가 첨부된 것을 이상하게 볼 필요는 없다.

"이 후로는 누구든지 나를 괴롭게 하지 말라"는 말은 갈라디아 교회에 들어온 거짓 선생들이 바울을 심하게 비방한 것을 시사한다. 지금 바울은 거짓 선생들의 행태에 속고 있는 갈라디아 교인들로 인하여 상당한 고통을 겪고 있다.

17절b: "내가 내 몸에 예수의 흔적을 지니고 있노라"라는 문구는 비록 한글성경 개역개정판에는 번역되어 있지 않지만 '왜냐하면'이라는 가르로 시작된다. 따라서 이 문구는 "이 후로는 누구든지 나를 괴롭게 하지 말라"는 문구의 이유가 된다. 이런 점에서 17절은 바울을 괴롭게 하지 말아야 할 이유가 그의 몸에는 복음을 전하다가 받은 박해의 상처를 가지고 있기 때문이라는 뜻이 된다. 바울은 복음을 전파하는 과정에서 유대주의자들과 로마인들로부터 수많은 핍박을 당했는데 이제 같은 동료 신자들에게서도 고난을 당하는 것을 피하고 싶어 했다.

이 문장에서 "흔적"이라는 단어는 헬라어로 *스티그마*인데, 이것은 고대에 노예들이 범죄했을 때 몸에 새긴 표식이다. 여기서의 *스티그마*가 무엇을 뜻하는지에 대해서 논란이 있기는 하지만, 아마도 그가 주님의 복음을 전하다가 받은 상처와 흉터 자국을 의미할 것이다(참고. 고전 4:11; 고후 4:10-11; 6:4-6).

바울은 5장 11절에서 자신이 현재 박해를 받고 있다고 말하였으며, 고린도후서 11장 23-27절에서는 자신이 옥에 갇히기도 하고 매도 수없이 맞았고 여러 번 죽을 뻔했으며 유대인들에게 사십에서 하나 감한 매를 다섯 번 맞았고 세 번 태장으로 맞았고 한 번 돌로 맞았다고 회고하였다.

18절: 바울은 다른 서신들에서와 같이 '축도'로 서신을 마친다.

"형제들아 우리 주 예수 그리스도의 은혜가 너희 심령에 있을지어다 아멘." 바울은 갈라디아 교인들을 향하여 마지막으로 "형제들아"(아델포이)라고 부른다. 그는 이 편지에서 그들을 가리켜 아홉 번이나 '형제들'이라고 부름으로써 그들을 향한 애정을 표시하였는데, 마지막에서도 그렇게 함으로써 그의 애정이 여전하다는 사실을 드러낸다(참고. 갈 1:11; 3:15; 4:12, 28, 31; 5:11, 13; 6:1, 18).

바울은 "예수 그리스도의 은혜"가 그들의 심령에 있기를 선언한다. 이것은 16절에 나오는 "평강과 긍휼"에 이어서, 갈라디아 교인들이 바울의 편지를 받고 '바른 복음'으로 돌아올 것이라는 확신을 반영한다. "예수 그리스도의 은혜"는 사람들을 회심하게 하며, 회심한 자들이 회개하게 하며, 그들의 삶을 거룩하게 한다. 그러므로 우리에게는 언제나 "예수 그리스도의 은혜"가 필요하다.

253

⟨갈라디아서 연구에 도움이 되는 문헌들⟩

Bahr, G. J., "The Subscriptions in the Pauline Letters," *JBL* 87 (1968): 27-41.

Barber, Joseph, *St. Paul's Epistle to the Galatians*, London: Macmillan, 1880.

Barclay, John M. G., "Mirror-Reading a Polemical Letter: Galatians as a test Case," *JSNT* 31 (1987): 73-93.

Barlcay, John M. G., *Obeying the Truth*, Edinburgh: T.&T. Clack, 1988.

Barrett, C. K., "The Allegory of Abraham, Sarah, and Hagar in the argument of Galatians," in J. Friedrich, W. Pöhlmann, and P. Stuhlmacher (eds.), *Rechtfertigung: Festschrift für Ernst Käsemann zum 70*, Tübingen: Mohr-Siebeck, 1976.

Bauckham, R. J., "Barnabas in Galatians," *JSNT* 2 (1979): 61-70.

Bauer, Walter, William F. Amdt, Wilbur F. Gingrich, and Frederick Danker, *A Greek-English Lexicon of the New Testament and Other Early Christian Literature*, Chicago: University of Chicago Press, 1979.

Belleville, L. L., "Under Law' Structural Analysis and the Pauline Concept of Law in Galatians 3.21-4.11," *JSNT* 26 (1986): 53-78.

Betz, Hans Dieter, *Galatians*, Philadelphia: Fortress, 1979.

Boice, James Montgomery, *Galatians*, The Expositor's Bible Commentary, Frank E. Gaebelein (ed.), vol. 10, Grand Rapids: Zondervan, 1976.

Brown, John, *An Exposition of the Epistle to the Galatians*, Evansville: The Sovereign Grace Book Club, [1853]1957.

Bruce, F. F., *The Epistle to the Galatians*, The New International Greek Testament Commentary, Grand Rapids: Eerdmans, 1982.

Burton, Ernest Dewitt, *A Critical and Exegetical Commentary on the Epistle to the Galatians*, The International Critical Commentary, Edinburgh: T.&T. Clark, 1921.

Byrne, Brendan J., *Son of God: Seed of Abraham*, Rome: Biblical Institute Press, 1979.

Cole, R. Alan, *The Epistle of Paul to the Galatians*, Tyndale New Testament Commentaries, vol. 9, Downers Grove: Inter Versity Press, 1989.

Cooper, S. Andrew, *Marius Victorinus' Commentary on Galatians*, New York: Oxford University Press, 2005.

De Bore, Martinus C., *Galatians*, Louisville: Westminster John Knox Press, 2010.

DeVries, C. E., "Paul's 'Cutting' Remarks about a Race: Galatians 5:1-12," in M. C. Tenney, (ed.), *Current Issues in Biblical and Patristic Interpretation*, Grand Rapids: Eerdmans, 1975.

Donaldson, T. I., "The 'Curse of the Law' and the Inclusion of the Gentiles: Galatians 3.13-14," *NTS* 32 (1986): 94-112.

Du Toit, A. B., *Guide to the New Testament*, V, Pretoria: NGKB, 1985.

Dunn, James, D. G., *Galatians*, Peabody, MA: Hendrickson, 1993.

Dunn, James. D. G., "Works of the Law and the Curse of the Law (Galatians 3.10-14)," *NTS* 31 (1985): 523?42.

Dunnam, M. D., *Galatians, Ephesians, Philippians, Colossians, Philemon*, The Communicator's Commentary, Waco: Word, 1982.

Dupont, J., "The Conversion of Paul and Its Influence on His Understanding of Salvation by Faith," in W. W. Gasque and P. Martin (eds.), *Apostolic History and the Gospel: Biblical and Historical Essays Presented to F. F. Bruce on His 60th Birthday*, Exeter: Paternoster, 1970, 176-94.

Eckstein, Hans J., *Verheibung und Gesetz: Eine exegetische Untersuchungen zu Galater 2,14-4,7*, Tübingen: Mohr-Siebeck, 1996.

Fee, Gordon D., *Galatians*, Blandford Forum: Deo Publishing, 2008.

Fung, R. Y., *The Epistle to the Galatians*, Grand Rapids: Eerdmans, 1953.

Gaventa, Beverly R., "Galatians 1 and 2: Autobiography as Paradigm," *NovT* 28/4 (1986): 309-26.

Gaventa, Beverly R., "The Maternity of Paul: An Exegetical Study of Galatians 4:19," in J. Louis Martyn, R. T. Fortna and B. R. Gaventa (eds.), *The Conversation Continues: Studies in Paul and John in Honor*, Nashville: Abingdon Press, 1990.

George, Timothy, *Galatians*, The New American Commentary, vol. 30, Nashville: Broadman & Holman Publishers, 1994.

Gromacki, Robert G., *Stand Fast in Liberty: An Exposition of Galatians*, Grand Rapids: Baker Book House, 1979.

Hansen, G. W., *Abraham in Galatians: Epistolary and rhetorical context*, JSNT Suppl 29, Sheffield: JSOT Press, 1989.

Hawthorne, Gerald F., *Dictionary of Paul and His Letter*, Downers Grove: IVP, 1993.

Hengel, Martin & Schwemer, Anna Maria, *Paul Between Damascus and Antioch: The Unknown Years*, trans, John Bowden, Louisville: Westminster John Knox Press, 1997.

Howard, G., "Was James an Apostle? A Reflection on a New Proposal for Gal. I. l9," *NovT* 19 (1977): 63-64.

Hunter, A. M., *Galatians to Colossians*, Layman's Bible Commentary, London: SCM Press, 1960.

Jewett, R., *Paul's anthropological terms: a study of their use in conflict settings*, Leiden: Brill, 1971.

Käsemann, E., "The Pauline Theology of the Cross," *Int* 24 (1970): 151-77.

Lategan, B. C., "Is Paul defending his apostleship in Galatians?," *NTS* 34 (1988): 411-430.

Lightfoot, J. B., *The Epistle of St. Paul to the Galatians*, Grand Rapids: Zondervan, 1980.

Longenecker, Richard N., *Galatians*, Word Biblical Commentary Series, Dallas: Word Books, 1990, 이덕신 역, 서울: 솔로몬, 2003.

Lührmann, D., *Galatians*, A Continental Commentary, Minneapolis: Fortress Press, 1992.

Lull, D. J., "The Law Was Our Pedagogue: A Study in Galatians 3:19-25," *JBL* 105 (1986): 481-98.

Luther, Martin, *A Commentary on St. Paul's Epistle to the Galatians*, London: James Clarke & Co. Ltd., 1953.

Martyn, J. Louis, *Galatians*, New York: Doubleday, 1997.

McKnight, S., *Galatians*, NIV Application Commentary, Grand Rapids: Zondervan, 1995.

Moo, Douglas, *Galatians*, BECNT, Grand Rapids: Baker Academic, 2013.

Morland, K. A., *The rhetoric of curse in Galatians*, Atlanta: Scholars Press, 1995.

Morris, L., *Galatians: Paul's Charter of Christian Freedom*. Leicester: IVP, 1996.

Mullins, T. Y., "Formulas in New Testament Epistles," *JBL* 91 (1972): 380-90.

Neill, Stephen C., *Paul to the Galatians*, World Christian Books, Cambridge: Lutterworth Press, 1958.

Nijenhuis, J., "The Greeting in My Own Hand," *BT* 19 (1981): 225-58.

Nonos, Mark D., *Irony of Galatians: Paul's Letter in First-Century Context*, Minneapolis, MN: Fortress, 2002.

Pelser, G. M. M., Du Toit, A. B., Kruger, M. A., Lemmer, H. R. & Roberts, J. H., "Discourse Analysis of Galatians", *Addendum to Neotestamentica* 26/2 (1992): 1-41.

Pfitzner, Victor C., *Paul and the Agon Motif: Traditional Athletic Imagery in the Pauline Literature*, Leiden: Brill, 1967.

Plumer, Eric, *Augustine's Commentary on Galatians*, New York: Oxford Universtiy Press, 2003.

Poole, Matthew, 『갈라디아서』, 김용훈 역, 서울: 그책의 사람들, 2014.

Ramsay, W. M., *Historical Commentary on Galatians*, Grand Rapids: Kregel, 1997.

Reicke, B., "The Law and This World According to Paul: Some Thoughts Concerning Gal 4:1-11," *JBL* 70 (1951): 259-76.

Ridderbos, H. N., *Galatians*, NICNT, Grand Rapids: Eerdmans, 1984.

Riesner, Reiner, *Paul's Early Period*, Grand Rapids: Eerdmans, 1998.

Sanders, E. P., *Paul and the Palestinian Judaism*, Philadelphia: Fortress Press, 1997.

Schreiner, Thomas R., *Galatians*, ZECNT, Grand Rapids: Zondervan, 2010.

Silva, M., *Interpreting Galatians: Explorations in Exegetical Method*, Grand Rapids: Eerdmans, 2001.

Stanley, C. D., "Under a curse: A fresh reading of Galatians 3.10-14," *NTS* 36 (1990): 481-511.

Stott, John R. W., *Only One Way: The Message of Galatians*, Downers Grove, Illinois: IVP, 1968, 정옥배 역, 서울: IVP, 2007.

Stowers, Stanley K., *Letter Writing in Greco-Roman Antiquity, Library of Early Christianity*, Louisville: Westminster John Knox Press, 1986.

Tenney, Merrill C., *Galatians: The Charter of Christian Liberty*, Grand Rapids: Eerdmans, 1957.

Tyson, J. B., "'Works of Law' in Galatians," *JBL* 92 (1973): 423-31.

Vos, Howard F., *Galatians: A Call to Christian Liberty*, Chicago: Moody Press, 1970.

Williams, S. K., "Justification and Spirit in Galatians," *JSNT* 29 (1987): 91-100.

Witherington, B., *Grace in Galatia: a commentary on St. Paul's letter to the Galatians*,

Grand Rapids: Eerdmans, 1998.

Wuest, Kenneth S., *Galatians in the Greek New Testament for the English Reader*, Grand Rapids: Eerdmans, 1944.

Young, N. H., "Paidagogos: The Social Setting of a Pauline Metaphor," *NovT* 29 (1987): 150-76.

황원하, 「목회서신주해」, 서울: 교회와 성경, 2014.

성구색인